U0814490

21世纪经济管理精品教材·旅游管理系列

旅游市场营销案例实训

舒伯阳　编著

清华大学出版社
北　京

内 容 简 介

本书对接目前国内旅游管理专业核心课程"旅游市场营销"，以旅游市场营销学的基础理论和核心知识点为体系，以旅游行业现实为背景，以能力培养及就业导向为课程建设目标。

鉴于目前学生社会阅历较少、实践经验缺乏以及专业教师缺少适用合适的案例教材的客观现实，我们编写了这本书。

全书共14章，我们借助一系列鲜活的旅游行业现实案例，对涉及旅游市场营销的基本理论、知识点和实际应用进行了全面的论述，以提高读者的分析能力和营销能力。

本书主要适用于本专科层次的旅游管理专业师生教学，以及旅游从业者的自学及培训。

图书在版编目（CIP）数据

旅游市场营销案例实训/舒伯阳编著. --北京：清华大学出版社，2015
（21世纪经济管理精品教材·旅游管理系列）
ISBN 978-7-302-39937-7

Ⅰ. ①旅…　Ⅱ. ①舒…　Ⅲ. ①旅游市场－市场营销学－案例－高等学校－教材　Ⅳ. ①F590.8

中国版本图书馆CIP数据核字(2015)第085916号

责任编辑：左玉冰
封面设计：汉风唐韵
责任校对：王荣静
责任印制：王静怡

出版发行：清华大学出版社
网　　址：http://www.tup.com.cn，http://www.wqbook.com
地　　址：北京清华大学学研大厦A座　　**邮　　编**：100084
社 总 机：010-62770175　　**邮　　购**：010-62786544
投稿与读者服务：010-62776969，c-service@tup.tsinghua.edu.cn
质量反馈：010-62772015，zhiliang@tup.tsinghua.edu.cn
印 装 者：北京国马印刷厂
经　　销：全国新华书店
开　　本：185mm×260mm　　**印　张**：15.25　　**字　　数**：348千字
版　　次：2015年7月第1版　　**印　　次**：2015年7月第1次印刷
印　　数：1～3000
定　　价：35.00元

产品编号：055187-01

前言

“旅游市场营销”作为旅游管理专业的核心课程，应以学生的旅游专业导向、能力导向及就业导向为教学目标。由于学生的社会阅历较少、实践经验缺乏，在教学中对营销理论掌握难度较大。那么，如何解决这一难题？教学实践中许多教师都是通过案例介绍分析来增强教学内容的形象性，使学生易于理解把握讲授内容。这种做法在教学实践中得到的验证是好的，但是由于教材编写内容、授课时间和典型案例选取等因素的限制，影响了这种案例教学法在教学实践中的全面、充分运用。

本书涵盖了现有的多个版本的《旅游市场营销》，以通行的旅游营销理论知识点及逻辑构架为主线，以启发学习者思考分析能力以及构建其营销能力为出发点，采用案例分析及项目管理的系统方法，借助一系列鲜活的旅游行业案例，对涉及旅游市场营销的基本理论、知识点和实际应用进行了全面的串联，以开拓学生视野，让学生在实际的旅游营销案例中培养系统强化的营销行为习惯，从而真正培养学生的实际营销能力。

本书具有如下特色：

1. 章节内容精要全览图

通过全览图对本章所涉及的主要概念、内容、思想方法做一个简要的介绍，使学习者尽快了解本章节理论知识的框架体系。

2. 典型案例

本书所选案例既考虑了教材内容的全面性，也考虑了其在实践中的典型性。通过这些案例，学生能更多地了解旅游行业、企业营销的方方面面，并给学生提供了在营销实践中运用营销理论分析旅游营销中成败得失的经验，为学生步入旅游行业和走向社会提供参考借鉴。

3. 案例讨论与单元实训

本书从培养技术型、应用型人才这一目标出发，将案例分为典型案例和思考讨论案例两类。不仅给学生提供了典型案例的分析，而且将案例分析、理论知识及实践中所要解决的现实问题融为一体，设置案例讨论与单元实训部分，以提高学生理论与实践相结合的认识能力和思考能力，从而达到突出强化实践教学环节、突出能力培养的教学目的。

本书是集中多所高校力量编撰完成，执笔分工如下：

第一章、第二章：武汉航海职业技术学院魏日。

第三章、第四章、第六章、第七章、第九章、第十二章、第十四章、第十五章：中南财经政法大学舒伯阳、马雄波、刘娟。

第五章、第八章、第十一章：中南民族大学夏琳康、何炼。

第十章、第十三章：湖北第二师范学院张帆。

全书由舒伯阳、吴寒统稿。

案例实训类教材具有一定的探索性，限于时间和能力，本教材编写中的不妥之处在所难免，敬请同行先进及读者不吝赐教指正(来信联系 969406213@qq.com)，以使本案例教材臻于完善。

编　者

2015 年 6 月

目录

第一章 旅游市场营销概述

本章节内容精要全览

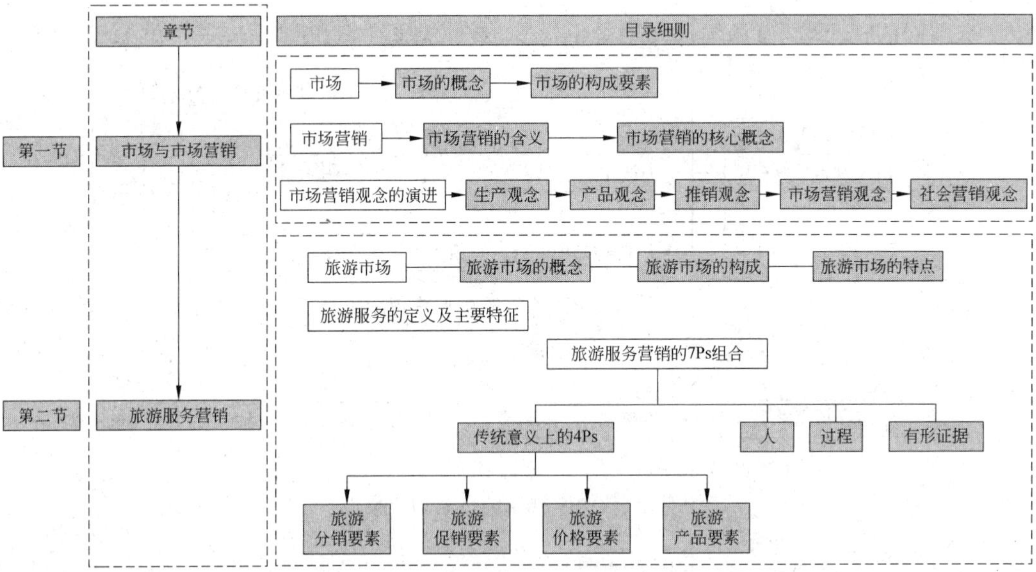

第一节　市场与市场营销

一、市场

（一）市场的概念

经济学、市场营销学对“市场”的概念从不同方面进行了界定（见表1-1），本文编者从广义、狭义两个方面对什么是“市场”进行了如下总结。

表1-1　市场的概念

阐述视角	主要观点
经济学角度	市场是商品交换的场所，是商品交换关系的总和，反映了人与人之间的关系。也就是说市场是商品生产和商品交换及由此所产生的各种经济关系的总和
市场营销学角度	市场是指在一定时期内、某一地区中存在的对某种商品具有购买力、购买欲望的现实和潜在的购买者群体

续表

阐述视角	主要观点
菲利普·科特勒(Philip Kotler)	可能与卖者交易的现实和潜在的买者所构成的集合
观点总结	狭义的市场是指商品交换的场所;广义的市场是指一定时间、地点、条件下商品交换关系的总和

(二)市场的构成要素

从不同的视角看,市场构成要素是不同的,具体见图 1-1 和图 1-2。

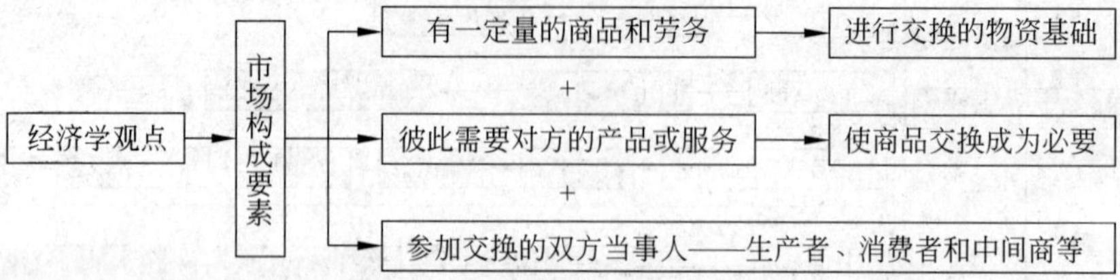

图 1-1 经济学视角的市场构成要素

图 1-2 营销学视角的市场构成要素

二、市场营销

(一)市场营销的含义

有关市场营销的含义可详见表 1-2。

表 1-2 市场营销的含义

专家及协会	主要观点
美国市场营销协会(AMA)	对观念、产品及服务进行设计、定价、促销及分销的计划和实施的过程,从而产生满足个人和组织目标的交换
麦卡锡(E. J. McCarthy)	引导商品和服务从生产者到消费者或使用者的企业活动,以满足顾客并实现企业的目标
菲利普·科特勒(Philip Kotler)	市场营销是企业识别目前尚未满足的需要和欲望,估量和确定需求量的大小,选择本企业能最好地为其服务的目标市场,并决定适当的产品、服务和计划,以便为目标市场服务的活动过程
观点总结	市场营销是指企业在充分了解市场和自身资源的前提下,发现、挖掘、创造需求,以消费者的需求为中心和出发点,使企业的商品和服务到达消费者,从而满足消费者需要并实现企业目标的一系列活动

拓展阅读

顾客体验价值

顾客体验价值：指顾客内心期望利益与实际所获得利益之间的差额。

顾客让渡价值：由菲利普·科特勒提出的这一概念，是对市场营销理论的新发展。其含义指顾客总价值(total customer value)与顾客总成本(total customer cost)之间的差额。顾客总价值是指顾客购买某一产品与服务所期望获得的一组利益，它包括产品价值、服务价值、人员价值和形象价值等。顾客总成本是指顾客为购买某一产品所耗费的时间、精神、体力以及所支付的货币资金等。顾客总成本包括货币成本、时间成本、精神成本和体力成本等。顾客在选购产品时，往往从价值与成本两个方面进行比较分析，从中选择出价值最高、成本最低，即"顾客让渡价值"最大的产品作为优先选购的对象。

（二）市场营销的核心概念

要真正理解市场营销的含义，还需了解需要、欲望、需求、产品、商品、效用、费用、满足、交换和交易等概念。这几组概念具体如图 1-3 所示。

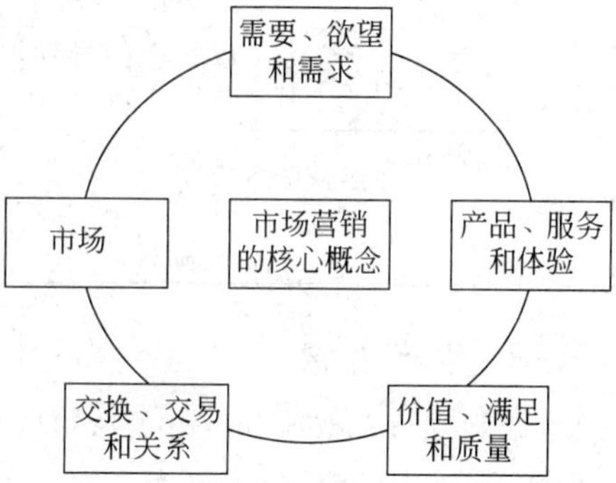

图 1-3　市场营销核心概念示意图

1. 需要、欲望和需求

需要和欲望是市场营销活动的立足点和出发点。所谓需要，是指没有得到某些基本满足的感受状态。所谓欲望，是指希望得到某种基本需要的具体满足物的愿望。所谓需求，是指人们有能力并且愿意购买某个具体产品的欲望。

2. 产品和商品

任何能够满足人们需要和欲望的东西都可以称为产品。产品的价值在于它们带来的满足欲望的效用。商品是指用来交换的产品，自产自销的产品不属于商品。市场营销者必须清醒地认识到，满足自身的需求和欲望是顾客进行消费的终极追求，所以营销的任务是向市场展示产品中所包含的利益或服务，而不是仅限于描述产品的形貌。

3. 效用、费用和满足

效用是指消费者对产品满足其需要的整体能力的评价。通常情况下，消费者会根据这种产品价值的主观评价和要支付的费用来做出购买决策。例如，某人在节假日外出旅游，为了满足从常住地到目的地的交通需要，他会对满足这种需要的产品服务组合（飞机、火车、汽车等）和他的需要组合（速度、安全、方便、舒适和节约等）进行综合评价，以决定哪一种产品能提供最大的总满足。

4. 交换和交易

交换(exchange)是指人们相互交换活动或交换劳动产品的过程。主要包括人们在生产中发生的各种活动和能力的交换，以及一般产品和商品的交换。交易(transactions)是指双方以货币为媒介的价值的交换。它是以货币为媒介的，物物交换不能算在内。

三、市场营销观念的演进

市场营销观念是指企业在开展市场营销的过程中，处理企业、消费者和社会三者利益时所持的态度、思想和意识，即企业进行营销管理时的指导思想和行为准则，也就是说企业以什么为中心来开展营销活动。

企业市场营销观念大致经历了如下几个阶段的演变(见表1-3)。

表1-3 市场营销观念的演进

观念演变	出发点	主要特征	营销方法	营销目标
生产观念	增加产量	以产定销，以量取胜	降低成本，提高生产效率	在销售增长中获利
产品观念	提高产品质量	以产定销，以质取胜	生产更加优质的产品	用高质量的产品推动销售增长
推销观念	产品销售	以推销、促销活动刺激消费	加强推销和宣传	在扩大市场销售中获利
市场营销观念	顾客需求	以顾客为导向，协调市场营销	运用整体营销策略	在满足顾客需求中获利
社会营销观念	社会整体利益	统筹兼顾企业、消费者和社会三方面的利益	运用整体营销策略	维护社会长远利益，满足消费者需求

(一) 生产观念

生产观念(production concept)是以生产为中心的市场营销观念。这种观念产生于20世纪20年代以前。

主要特征：以产定销，以量取胜。

主要表现：①社会生产力比较落后；②企业经营以生产为出发点，如“我们景区有什么，就卖什么”；③消费者喜欢那些价格低廉的产品；④企业的任务是提高生产率、增加产量、降低成本及提高分销效率；⑤在组织形式上，生产部门是企业的核心部门，无市场经营部门，商品销售、广告推销无足轻重。

(二) 产品观念

产品观念(product concept)和生产观念盛行于同一时期，这两种观念的主要特征非常相似。

主要表现：①企业认为消费者喜欢高质量、多功能和具有某种特色的产品，忽视消费者需求的变化；②企业在营销管理中缺乏远见，只看到自己的产品质量，看不到市场的变化，典型表现为“景美不怕路途远”、“好景不愁游客来”。

产品观念比生产观念多了一层竞争的色彩，并且考虑到了消费者对产品质量、性能、特色和价格方面的要求。持产品观念的企业假设消费者欣赏精心制作的产品，相信他们能够鉴别产品的质量和功能，并愿意出较高的价格购买质量上乘的产品，强调“以质取胜”。

（三）推销观念

推销观念(selling concept)是以销售为中心的市场营销观念。这种观念盛行于20世纪20—50年代。

主要特征：开始重视广告和推销，以推销、促销活动刺激消费。

主要表现：①生产力有了巨大发展，由卖方市场向买方市场过渡；②消费者一般不会购买某企业太多的产品；③一味强调把自己生产出来的产品推销出去，而不是生产能够适应消费者需要的新产品，具体表现为“我们推销什么，人们就买什么”；④企业开始设立推销部门。

（四）市场营销观念

市场营销观念(marketing concept)是以消费者为中心的市场营销观念。这种观念产生于20世纪50年代。

主要特征：以市场为中心，以顾客为导向，协调市场营销。

主要表现：①社会生产力迅速发展，市场呈现为供过于求的买方市场；②消费者需求不断变化，要求不断提高；③实现企业目标的关键是满足目标市场消费者的需要与欲望；④强调顾客的需要和企业的利润；⑤市场营销部门成为组织、指挥整个企业活动的中心。

市场营销观念同推销观念相比具有很大的差别(见表1-4)。

表1-4　市场营销观念与推销观念的对比

项　目	出发点	中心点	导向	方法手段	经营目标
推销观念	企业已有产品	企业自身	产品	推销与促销(着眼于每次交易)	扩大销售获得利润
市场营销观念	企业目标顾客的欲望和需求	市场	顾客	整体营销(着眼于整体市场)	通过顾客满意获得利润

案例1-1

“为客人着想”的四季饭店

当客人乘坐的出租车离去之后，多伦多四季饭店的门童戴蒙特发现这位客人的手提箱遗忘在饭店的门口。戴蒙特联系到这位已经在华盛顿的客人后，得知这只箱子中有关于这天上午将要召开的一次重要会议的文件。戴蒙特意识到现在最保险的方法是在会议召开之前自己亲自把这只手提箱送到华盛顿，于是，他这样做了。他的初衷是为客人着想，而没有考虑经理是否批准。当他返回的时候，等待他的不是批评或解雇，而是成为饭店的正式员工。

四季饭店是世界上实践营销理念的大型饭店联号之一，以其对客人的优质服务而闻名于世。它的首席执行官艾沙道尔·夏普称该联号的最高宗旨是“创造满意的客人”。在包括最高管理层在内的整个饭店的工作流程中，“为客人着想”的理念无处不在。四季饭店的企业文化鼓励员工竭尽全力去满足客人的需要。员工从来不会因为努力为客人服务而受到惩罚。

与其他很多饭店把赢利和增长视为自己的首要目标相比，四季饭店是一个特例。四季饭店的实践表明，把客人放在第一位能够给饭店带来其他饭店可望而不可即的利润率。

（资料来源：Phlip Kotler 等. 旅游市场营销. 谢彦君译. 北京：旅游教育出版社，2002）

（五）社会营销观念

社会营销观念（social marketing concept）产生于 20 世纪 70 年代（见图 1-4）。

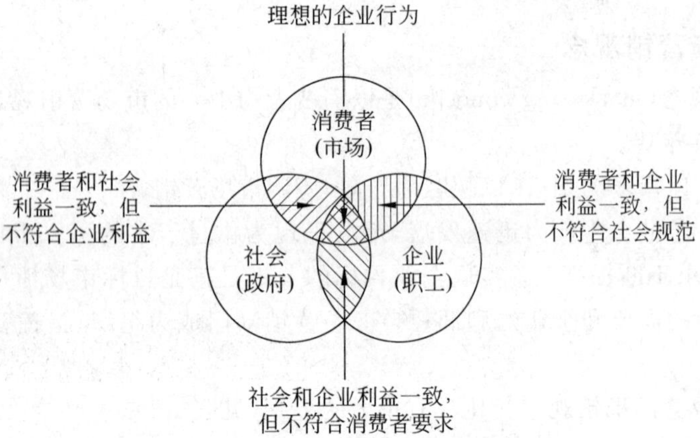

图 1-4 社会营销观念

主要特征：市场营销过程中要统筹兼顾企业、消费者和社会三方面的利益，要把社会的长远利益放在第一位。

主要表现：社会营销观念提倡市场营销活动要由“以消费者为中心”转变为“以社会为中心”。这种观念倡导在确保社会可持续发展、保护生态环境和广大公众整体利益的前提下来满足消费者的需求。

拓展阅读

1984 年，菲利普·科特勒提出了大市场营销理论。所谓大市场营销是指“为了成功地进入特定市场并在那里从事业务经营，在策略上协调地使用经济的、心理的、政治的和公共关系等手段，以获得外国或地方的各有关方面的合作与支持”。一般的市场营销理论显然只看到了外部环境制约和影响企业经营活动的一面，忽视了企业的经营活动也可以影响外部环境的另一面。大市场营销的基本思想是：企业不能仅仅消极、被动地顺从和适应外部环境，而必须采用适当、有力的措施，积极主动地影响外部环境，使其朝有利于企业经营的方向发展。也就是说，企业要巧妙地运用政治力量和公共关系来为自己开拓市场服务。

1992 年，菲利普·科特勒提出了一个市场营销新观念——整体市场营销。他认为，从长远利益出发，企业市场营销活动应囊括企业内、外部环境的所有重要影响者，即供应商、分销商、最终顾客、职员、财务公司、政府、同盟者、竞争者、传媒、一般大众。企业通过分别对这些影响者实行相应的营销对策，从而实现其整体营销目标。

第二节 旅游服务营销

一、旅游市场

（一）旅游市场的概念

从不同的角度，旅游市场有不同的理解。一般而言，主要有以下几种解释(见图 1-5)：

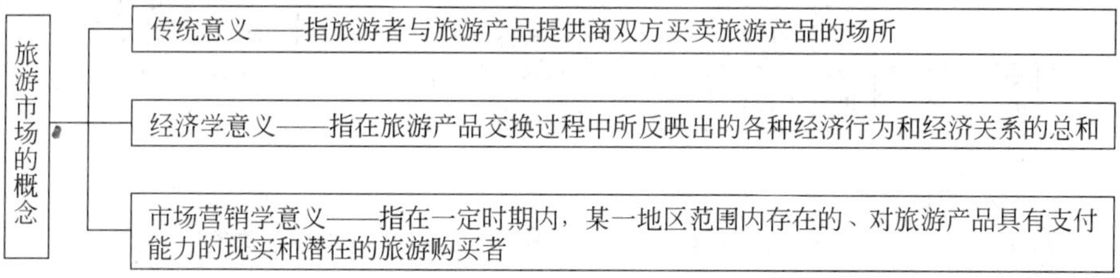

图 1-5 旅游市场的概念

（二）旅游市场的构成

旅游市场须同时具备四个要素：人口、旅游愿望、购买力和购买权利(见图 1-6)。首先，一个旅游市场规模的大小，收入水平相同情况下，人口越多，市场潜量就越大；其次，只有在具备旅游动机的条件下，人口才有可能转变为旅游产品的消费对象；再次，旅游产品的交换必须以一定的支付能力为前提；最后，旅游者必须拥有相应的旅游消费权利。

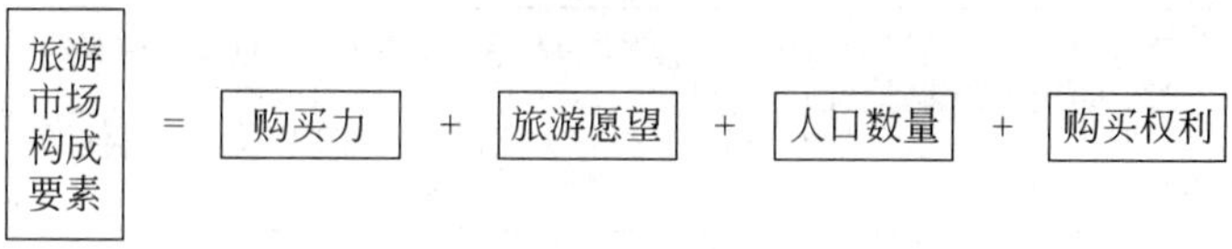

图 1-6 旅游市场构成要素

（三）旅游市场的特点

旅游市场的特点主要有全球性、异地性、波动性、高度竞争性等四点，具体内容如图 1-7 所示。

二、旅游服务的定义及主要特征

（一）旅游服务的定义

旅游服务的概念可以从旅游者、旅游服务供给等角度进行解析(见图 1-8)。

（二）旅游服务的主要特征

与有形产品相比，旅游服务具有以下基本特征(见图 1-9)：

- 旅游市场的特点
  - 1. 全球性——世界经济一体化和现代交通的发展推动旅游市场向国际化和全球化发展
  - 2. 异地性——旅游消费是一种异地消费，旅游者必须离开居住地，借助一定的旅游服务设施和功能，实现自己的消费目的
  - 3. 波动性或敏感性——旅游市场的旅游需求和旅游供给两个方面都容易受外部环境的影响，诸如经济波动、通货膨胀、汇率变化、国际局势变化、战争、自然灾害、季节变化等
  - 4. 高度竞争性——旅游业在各个国家者是充分竞争的行业，故市场竞争异常激烈

图 1-7　旅游市场的特点

- 旅游服务的定义
  - 旅游者角度——指旅游者在旅游准备阶段、旅游过程中、旅游结束延续过程中与相关旅游企业或非旅游企业发生的互动关系中所获得的经历和感受
  - 旅游服务供给角度——指旅游企业或非旅游企业向旅游者提供的各种无形产品

图 1-8　旅游服务的定义

- 旅游服务的主要特征
  - 1. 不可感知性——这是旅游服务最为显著的一个特征，它可以从三个不同的层次来理解。首先，与有形产品不同，服务在购买之前是看不见、嗅不出、摸不着、听不见、闻不到的。其次，顾客在购买服务之前，往往不能肯定他能得到什么样的服务。最后，顾客在接受服务后通常也很难察觉或立即感受到服务的利益，难以对服务质量做出准确的评价。
    为了减少由于旅游服务的不可感知性所造成的不确定性，购买者会搜寻能够提供有关服务的信息和能形成对服务的信赖的各种有形证据
  - 2. 不可分离性——旅游服务生产过程与消费过程同时进行，也就是说服务人员向顾客提供服务时，也正是顾客消费服务的时刻，二者在时间上不可分离。
    顾客与服务人员成为产品的一部分。服务人员的服务态度和技能、其他顾客的表现都会影响服务质量的评价
  - 3. 差异性——指服务无法像有形产品那样实现标准化，企业每次服务带给顾客的效用、顾客感知的服务质量都可能存在差异。这主要体现在三个方面：①由于服务人员的原因，如心理状态、服务技能、努力程度等，即使同一服务人员提供的服务在质量上也可能会有差异。②由于顾客自身的原因，如知识水平、爱好、情绪等，也直接影响服务的质量和效果。③由于服务人员与顾客间相互作用的原因，即使是同一服务人员为同一顾客提供的服务也可能会存在差异
  - 4. 缺乏所有权——指在服务产品的生产和消费过程中不涉及任何物质所有权的转移
  - 5. 不可储存性——服务产品无法储存

图 1-9　旅游服务的主要特征

从上述五个特征的分析中不难看出，“不可感知性（无形性）”是服务产品的最基本特征，其他特征都是从这一特征派生出来的。

表 1-5 为旅游服务与有形商品的比较。

表 1-5　旅游服务与有形商品相区别的典型特点

旅游服务	有形商品
表现出来的	制造出来的
生产现场有顾客参与(不可分性)	生产场地不向顾客开放(可分性)
顾客前往服务的生产地	商品被运送到顾客的居住地
购买赋予买者在指定时间和地点享受服务的暂时使用权	购买意味着获得所有权,可随意使用商品
服务在销售点是不可触膜的,通常不能接受检验	商品在销售点拥有可触摸的形状,可以接受消费者检验
易折损,不可实地储存	可实地储存

(资料来源:改编自程萩,朱生东.旅游市场营销.合肥:合肥工业大学出版社,2005)

案例 1-2

优质服务的典范——丽兹-卡尔顿酒店

当你经过长途旅行到达酒店时,店员会面带灿烂的微笑热情欢迎你,并很快帮你办好了入住手续。前台会在把钥匙交给你之时轻柔地说:“感谢您下榻丽兹-卡尔顿酒店。××先生,您的房间有两个非常结实的枕头和一床毯子,我给您送一杯夏得乃(chardonnay)酒过去好吗?”对这种人性化的服务很满意,但并不惊讶,毕竟,丽兹-卡尔顿酒店以全心全意满足顾客而闻名于世。在服务领域,丽兹-卡尔顿酒店是唯一一家两次荣获马尔科姆·波德里奇国家质量奖的公司。它之所以能一直保持卓越的服务质量,原因之一在于它建立了一套以解决顾客所有问题(无论巨细)为目标的衡量体系。为了培育顾客忠诚,丽兹-卡尔顿酒店在大量数据收集的基础上,利用先进的信息技术,创建了“顾客定制”法。通过各种方式收集的数据(比如过夜顾客填写的服务反馈表或者会议计划者执行后审核资料)都被收入数据库。数据库里存有上百万顾客的资料。通过数据库,遍及世界各地的所有丽兹-卡尔顿酒店的员工都能提前知道回头客的需要,并着手准备以确保顾客能得到高质量的体验。

丽兹-卡尔顿酒店还利用其数据库不断地改进服务绩效。公司采用了一种有事实根据的系统化的方法来收集和分析数据,并对所有流程设立了服务标准。他们仔细分析每个流程,找出可能出现问题的地方并加以预防。分析显示,在对过夜顾客的服务过程中出现问题的概率有 970 次,在对会议计划者服务过程中出现问题的概率则高达 1 071 次。丽兹-卡尔顿酒店追求质量的努力得到了回报。会议计划者与过夜顾客的满意程度都高于其他竞争对手。财务业绩也大幅增长,自 1995 年以来,公司业绩衡量的大部分财务指标几乎都实现了翻番。每间客房的收入一直在增加,高出同类产业平均值 300%。

(资料来源:王成慧,陶虎.旅游营销学.北京:高等教育出版社,2006)

三、旅游服务营销的 7Ps 组合

（一）旅游市场营销组合的基本要素

美国市场学家麦卡锡将这些要素归纳为四大类，因为这四类要素的英文第一个字母均为 P，所以市场营销组合又称为 4Ps（见图 1-10）。

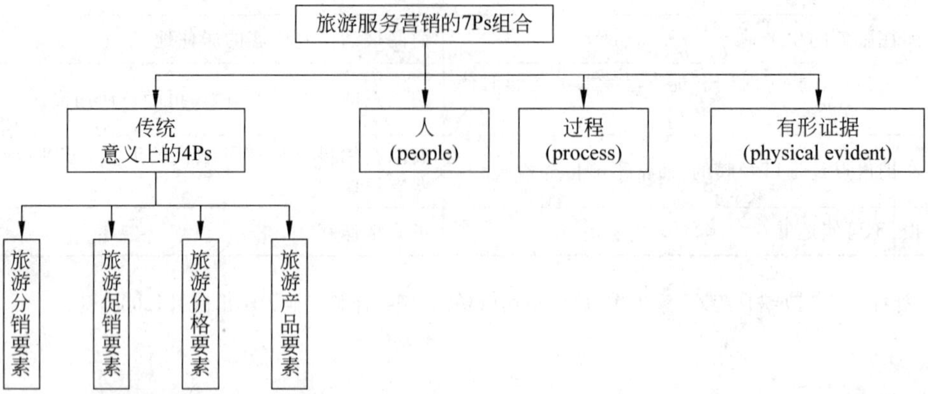

图 1-10 旅游服务营销的 7Ps 组合

（1）产品（product）。产品是企业市场营销组合中最重要的因素。它包括旅游产品满足旅游者利益的程度、旅游产品的功能和特色、旅游产品的品牌信誉、旅游产品的质量和售后服务等方面的内容。旅游企业在产品设计方面要考虑以下几点：一是实施产品差异化战略，通过具体设计、宣传促销等突出产品特色；二是旅游产品的开发与组合必须针对细分市场的需要来进行；三是确保产品或服务质量，以树立良好的市场口碑和吸引回头客；四是不断推出新的旅游产品，从而赢得更多的顾客。

（2）价格（price）。价格包括旅游产品的成本、营销与管理费用、定价策略、付款期限、信贷条件等方面的内容。一方面，旅游产品价格的制定必须符合旅游企业的目标，同时符合顾客的承受能力，有利于刺激和吸引旅游者的购买；另一方面，还要考虑目标市场的竞争状况，以免引起激烈的价格竞争。

（3）销售渠道（place）。旅游产品销售渠道是指旅游产品使用权在转移过程中所经过的各个环节连接而成的通道。它包括产品流通的途径和环节、网点设置以及储存运输等因素的组合和运用。

（4）促销（promotion）。旅游促销的实质就是旅游营销者通过合理的方式，将企业理念、产品及服务等相关信息传递给旅游产品的潜在购买者及其他公众。旅游促销方式主要有广告宣传、营业推广、人员推销及公共关系四种。

（二）旅游市场营销组合的其他要素

与传统行业不同的是，旅游企业提供给旅游消费者的产品本质上主要是一种服务，所以，旅游服务营销组合是“7Ps”组合，即包括产品、价格、渠道、促销、人员、有形展示以及过程七要素。

1. 旅游人员

对于旅游企业来说，这里的“人员”不仅包括旅游服务的提供者——员工，还包括旅游服务的消费者——旅游者。

旅游企业的员工（特别是一线员工）参与旅游服务的“生产”过程，他们是旅游产品的重要组成部分。旅游企业员工不同的精神状态、服务态度会给旅游者带来截然不同的心理体验。另一方面，旅游者的行为、参与度以及旅游者之间的接触也会影响旅游者满意度。

2. 旅游有形展示

旅游有形展示是指旅游企业为提高产品的吸引力，对自身的服务特色进行有效的实物化，通过展示使旅游产品更容易被旅游者把握和感知。旅游环境、旅游信息以及旅游结果所涉及的一切有形载体和设施都可以划归有形展示的范畴，比如文字、图片、旅行地图、宣传片等。

3. 旅游过程

旅游者参与服务的生产过程通常被认为是产品的组成部分，旅游者对旅游产品的满意不仅来自旅游产品的实物组成，同时也来源于服务的传递过程。旅游企业为旅游者提供服务的所有活动都是旅游营销的过程。

案例讨论与单元实训

优质服务——香格里拉的营销之道

香格里拉是国际著名的大型酒店连锁集团，它的经营策略很好地体现了服务营销的内容。香格里拉始终如一地把顾客满意当成企业经营思想的核心，并围绕它将其经营哲学浓缩于一句话“由体贴入微的员工提供的亚洲式接待”。香格里拉有以下8项指导原则：

（1）我们将在所有关系中表现真诚与体贴。

（2）我们将在每次与顾客接触中尽可能为其提供更多的服务。

（3）我们将保持服务的一致性。

（4）我们确保我们的服务过程能使顾客感到友好、员工感到轻松。

（5）我们希望每一位高层管理人员都尽可能地多与顾客接触。

（6）我们确保决策点就在与顾客接触的现场。

（7）我们将为我们的员工创造一个能使他们的个人、事业目标均得以实现的环境。

（8）客人的满意是我们事业的动力。

香格里拉饭店的回头客很多。饭店鼓励员工同客人交朋友，员工可自由地同客人进行私人交流。饭店要在2000年前建立一个“顾客服务中心”。这个项目建立后，客人只需打一个电话就可解决所有问题。饭店因此也可更好地掌握顾客信息，协调部门工作，及时满足顾客需求。在对待客人投诉时，绝不说不，全体员工达成共识，即“我们不必分清谁对谁错，只需分清什么是对、什么是错”。让客人在心理上感觉他“赢”了，而我们在事实上做对了，这是最圆满的结局。每个员工时刻提醒自己多为客人着想，不仅在服务的具体功能上，而且在服务的心理效果上满足顾客。香格里拉饭店重视来自世界不同地区、不同国家客人的生活习惯和文化传统的差异，有针对性地提供不同的服务。如对日本客人提供“背对背”服务：客房服务员必须等客人离开客房后再打扫整理客房，避免与客人直接碰面。饭店为客人设立个人档案长期保存，作为为客人提供个性化服务的依据。

（资料来源：靳医兵.酒店关系营销：大型酒店业服务营销的核心.市场营销，2001,6）

思考题

1. 你认为香格里拉饭店集团在其经营中采用了什么营销理念？现代饭店业为什么必须运用这种营销理念？

2. 香格里拉酒店员工在营销活动中起到了什么作用？

第二章 旅游市场营销环境

本章节内容精要全览

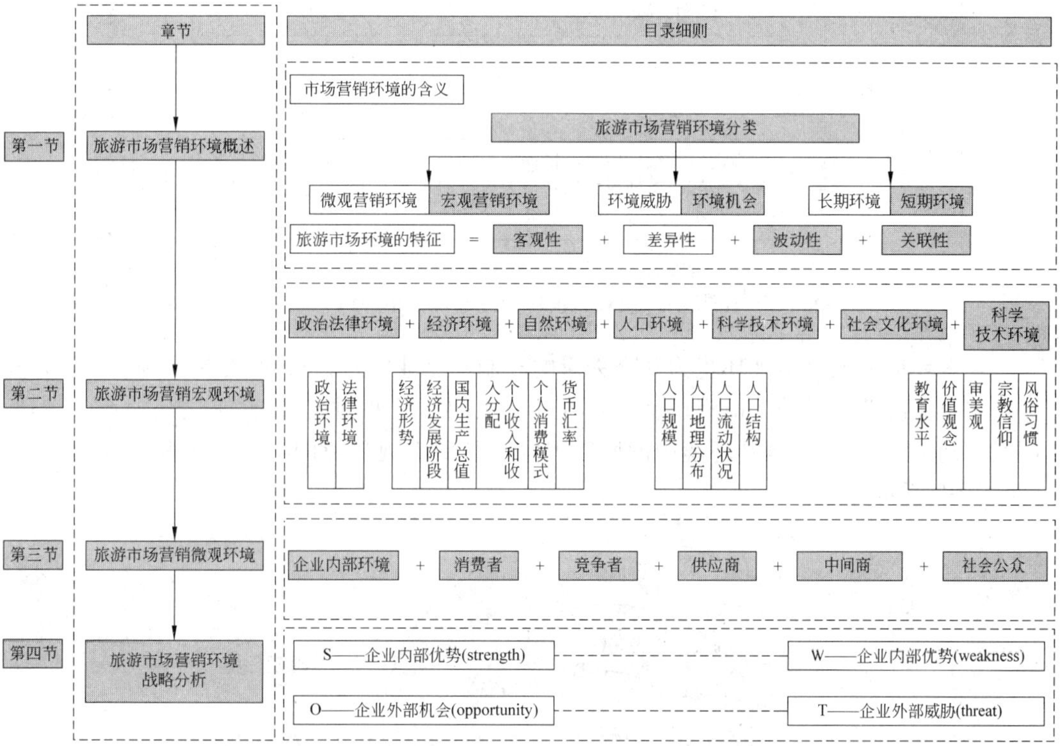

第一节 旅游市场营销环境概述

一、市场营销环境的含义

旅游市场营销环境是指与旅游企业有关并对其市场营销活动有影响的所有力量和因素。简而言之，旅游市场营销环境就是指一切影响和制约企业市场营销决策和实施的内部条件和外部环境的总和。旅游市场营销环境既包括企业外部因素，也包括企业内部因素。旅游企业所面对的环境因素经常处于变动之中，并且许多变动往往由于其突然性而形成强大的冲击。

另外，企业虽然无法控制这些因素，但并不是无所作为。在大市场营销理论看来，企业完全可以运用自身的力量(power)和公共关系(public relation)来影响环境，进而改变环境。

二、旅游市场营销环境分类

（一）微观营销环境和宏观营销环境

按环境对企业营销活动影响因素的范围划分，可分为微观营销环境和宏观营销环境（见图 2-1）。

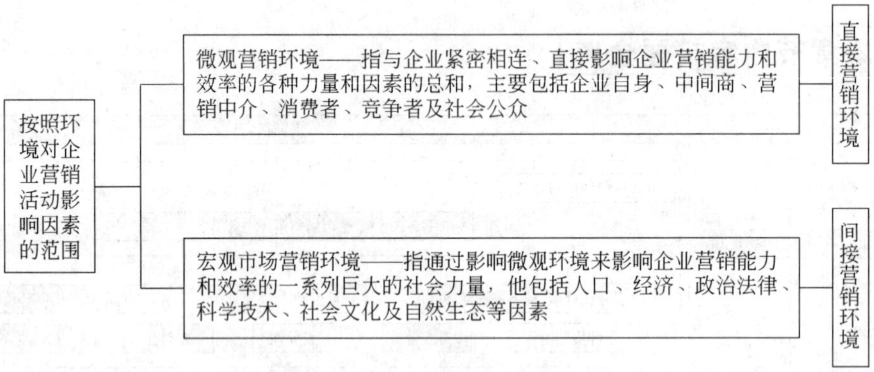

图 2-1 微观营销环境与宏观营销环境

宏观环境一般以微观环境为媒介去影响和制约企业的营销活动，在特定场合，也可直接影响企业的营销活动。微观环境和宏观环境之间不是并列关系，而是主从关系。微观环境受制于宏观环境，微观环境中的所有因素均受到宏观环境的各种力量和因素的影响（如图 2-2 所示）。

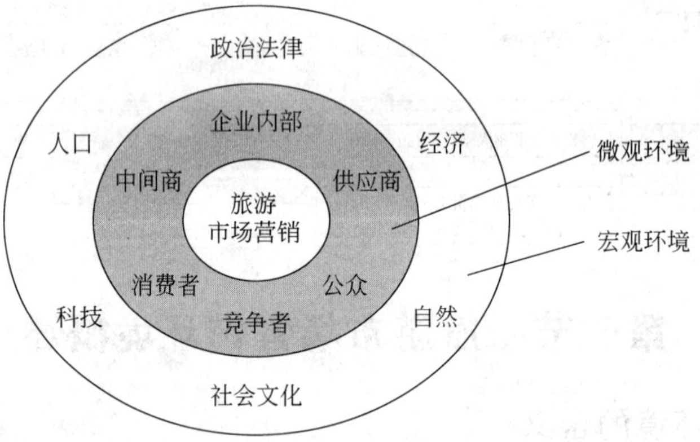

图 2-2 旅游市场营销环境的构成

（二）环境威胁和环境机会

按照环境对营销活动影响的方向，可分为环境威胁和环境机会（见图 2-3）。

（三）长期环境和短期环境

按照对企业营销活动影响的时间划分，可分为长期环境和短期环境（见图 2-4）。

我们还需要了解现实环境，即不可预见的、短期的，没有社会、经济和政治意义的环境；趋势环境，即能预见且持续时间较长，能揭示未来趋势的环境；大趋势环境，即社会、经

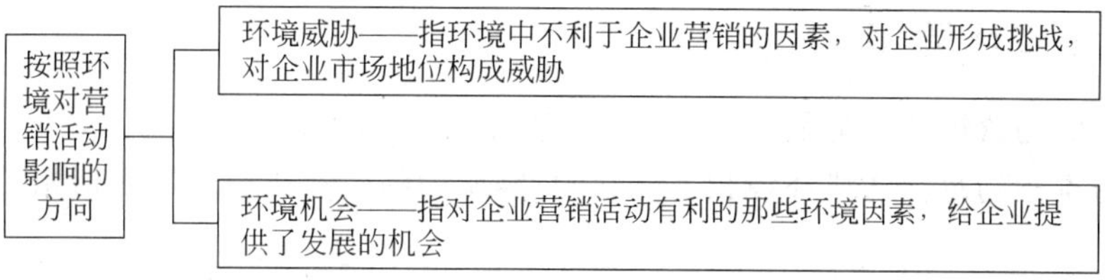

图 2-3　环境威胁与环境机会

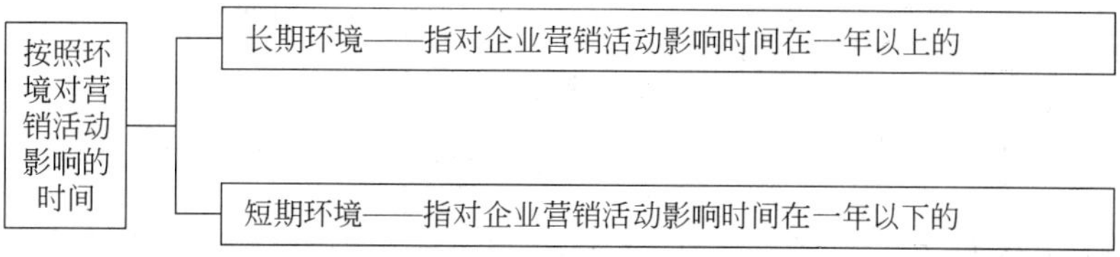

图 2-4　长期环境与短期环境

济、政治和技术的大变化，对市场和企业营销产生较长时间影响的环境。

三、旅游市场环境的特征

旅游市场环境的特征主要有客观性、差异性、波动性、关联性等，具体内容如图 2-5 所示。

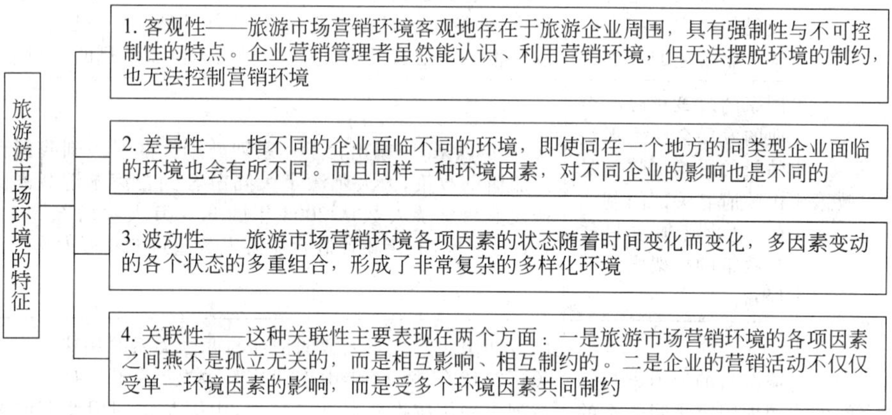

图 2-5　旅游市场环境的特征

第二节　旅游市场营销宏观环境

旅游市场营销宏观环境是指影响旅游企业的外部大环境，既包括国际环境，也包括国内环境，它对旅游企业营销活动有着重要影响。宏观环境包括政治法律环境、经济环境、自然环境、人口环境、社会文化环境以及科学技术环境等。

一、政治法律环境

旅游企业的营销活动都是在一定的政治与法律环境下进行的(见图 2-6)。旅游业的发展不仅与本国的政治法律环境相关,而且与客源国的政治法律环境密切相关。

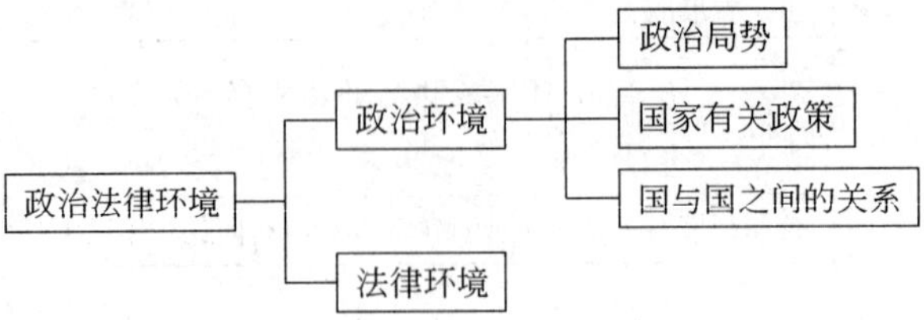

图 2-6 政治法律环境

(一)政治环境

政治环境是指给企业市场营销活动带来或可能带来影响的外部政治形势和状况,一般分为国内政治环境与国际政治环境。它主要指政治局势、国家有关政策和国与国之间的关系等(见表 2-1)。

表 2-1 政治环境因素及其对旅游营销的影响

政治环境因素	对旅游营销的影响	实　例
政治局势	一个国家在一定时期政局的稳定直接影响整个旅游业的发展	中东一些国家因长年战乱不断,旅游业几乎停滞。我国政局稳定,旅游市场日益规范,接待条件不断完善,已成为 2004 年以来世界上增长最快、最具生机活力的旅游目的地国家
国家有关政策	国家的政策对旅游企业的发展会产生无法估量的影响。政策是由政府有关部门制定的,企业必须也只能在政策的框架内开展经营	2009 年以来,国家出台了一系列鼓励大陆居民到我国台湾地区旅游的政策,大大刺激了大陆游客到台湾旅游观光。大陆居民赴台旅游人数从 2008 年的 5.5 万人次增至 2012 年的 197 万人次,五年累计赴台旅游人数超过 620 万人次
国与国之间的关系	旅游目的地国家与客源地国家之间关系的好坏,直接影响着旅游营销效果的好坏	中俄两国旅游往来人数的增加与两国关系的快速发展密切相关。2012 年、2013 年中俄两国互办“旅游年”,双方举办了一系列大型旅游推介活动。目前,中国是访问俄罗斯游客人数第二多的国家。2013 年,中国公民赴俄罗斯旅游人数达 91.5 万人次,在欧洲国家中,俄罗斯接待中国游客的人数位列第一

(二)法律环境

法律环境主要是指国家有关部门及地方政府颁布的各项法律、法规和规章等。政府的有关法律,特别是针对旅游业的法律,对旅游行业的所有企业都会有影响。对法律环境的研究,除了要研究国内与旅游企业营销活动有关的法律,还要研究国外各客源国及旅游目的地国家的法律。

二、经济环境

经济环境是指一个国家或地区在一定时期的经济发展状况，主要包括经济形式、国内生产总值、经济发展阶段、收入分配形式、个人消费模式、货币汇率等有关购买力的变量。经济环境直接影响旅游需求的形成、规模和质量。进行经济环境分析时，要着重分析以下经济因素(见表 2-2)：

表 2-2 经济环境因素及其对旅游营销的影响

经济环境因素	对旅游营销的影响	实　例
经济形势	一个国家或地区经济形势良好，会大大推动旅游业的发展，旅游业会表现得非常兴旺；如果经济形势恶化，受到冲击最大的可能就是旅游业	2008 年年底的全球金融危机严重地冲击了海南的旅游业，各种国内外高端的会议和会展大幅度下降，因而使国际游客大幅度下降
经济发展阶段	美国学者罗斯托(W. W. Rostow)所著的《经济发展阶段论》将世界各国的经济发展分为六个阶段：传统经济社会、经济起飞准备阶段、经济起飞阶段、经济趋向成熟阶段、高消费阶段、追求生活质量阶段。一个国家所处的经济发展阶段或所属类型直接影响着在该国开展旅游市场营销活动的广度和深度	在发达国家或收入水平较高的国家，人们对于精神上的满足要求较高，他们会比较注意旅游产品的功能、价格和实用性。世界输出国际旅游者最多的 7 个国家均为发达国家，在接待方面，发达国家也占据了国际旅游市场的半壁江山
国内生产总值(GDP)	国内生产总值是指一定时期内(一个季度或一年)，一个国家或地区的经济中所生产出的全部最终产品和提供劳务的市场价值的总值。人均国内生产总值是指一国或地区的国民生产总值在该国或地区居民每人名下的平均数	一般来说，人均国民生产总值达 1 000 美元，就会有出境旅游的需求。2010 年，我国的人均 GDP 已将近达到 4 000 美元，进入旅游消费快速增长阶段
个人收入和收入分配	个人收入＝个人可支配收入＋消费者个人缴纳的各项税款和交给政府的非商业性开支；个人可随意支配收入＝个人可支配收入－用于购买日常生活必需品的固定支出(如房租、保险费、分期付款、抵押贷款等)。收入分配差距是指在一定社会经济条件下居民之间按照同一货币单位或实物单位所表示的收入水平差别以及居民收入在社会总收入中占有比重的差别	个人可随意支配收入是决定旅游购买者购买能力的决定性因素。另外，在人均收入相当的情况下，收入分配差距越小，中产阶级的数量越多，从而能形成旅游购买力的人也越多。 例如，德国国民收入高，收入分配差距小，已经成为世界上最大的客源输出国之一
个人消费模式	个人消费模式是指消费者对于消费和储蓄的比例分配。当消费者收入一定时，用于储蓄的越多，则用于消费的就越少	例如，中国农村的部分老年人，虽然手里有钱，但习惯于储蓄，旅游消费比较少
货币汇率	货币汇率反映不同国家不同货币之间的比价。当旅游客源国货币升值，而旅游目的地国商品价格(包括旅游价格)又未相应提高，则前者的居民去后者旅游时支出的货币就会减少，从而促使前者居民对后者旅游需求的增加	例如，2007 年以来这几年美元贬值人民币升值的环境下，美国人到中国旅游的人数明显减少

案例 2-1

美国次贷危机引发的中国旅游业萧条

2007 年由美国次贷危机引发的全球金融危机，对中国旅游市场的影响也在逐步显现。在中国旅游业三大旅游市场中，受影响最大的是入境旅游市场。2008 年中国旅游经济发展相继受到年初南方地区雨雪冰冻灾害、“3·14”拉萨严重暴力事件、“5·12”汶川大地震等危机事件的冲击，奥运年中国入境旅游业并没有出现预期的增长态势。而美国次贷危机引发的全球性金融危机导致经济放缓，造成海外游客收入减少，削弱消费者的购买欲望，境外游客的消费需求萎缩，入境旅游市场下滑严重，入境旅游市场进入了明显的萧条期。

我国近程入境旅游客源主要来自中国香港、中国澳门、中国台湾，以及韩国、日本、俄罗斯等周边地区和国家。作为我国第一大入境客源国韩国，2008 年经济增长率降至 4.5%以下。我国第二大入境客源国日本的经济指数也持续恶化。在远程市场方面，我国入境客源的主体是“西方七国集团”中的美国、英国、德国、加拿大和法国等国。受金融危机影响，企业投资缺乏信心，私人消费普遍缩减。

旅游业是高度关联的产业，由于客源市场大幅度缩水，很多旅游企业都在生命线上挣扎，大打价格战，争取有限的市场份额。国航、南航和东航三大航空巨头大幅降低机票价格和燃油附加费，部分国内航线的机票价钱甚至低于火车票价；全国各地旅游景点纷纷调降门票价格，甚至采取免费赠票的形式促进旅游消费；旅行社纷纷大幅下调旅游团费，采用零团费甚至负团费的形式吸引旅游消费者，2009 年春节期间，澳洲游同比 2008 年下降 2 000 元左右，澳洲大堡礁艳阳之旅 8 天最低只需 11 999 元，包括欧洲游、日本游等在内的出境游价格普遍降幅均在 20%以上；宾馆饭店的价格和入住率均明显下降，截至 2008 年 11 月，饭店平均出租率北京下降 8.1%，上海下降 5.51%。可以预见，这种“赔本赚吆喝”的结局最终会使一些实力较差的旅游企业淡出舞台，旅游企业“微利”局势下将面临重组洗牌，规模化、信息化、连锁化将成为新的发展趋势，会造成个别旅游企业破产、员工失业等现象，给社会带来沉重的负担和不稳定因素。

评析：金融危机是当今社会各个行业所必须面对的困境，作为高度关联性与外向性的旅游业，受其综合影响十分严重。金融危机旅游业最主要的影响是对旅游市场以及旅游企业的影响，其中旅游市场包含入境、出境、国内三大市场，旅游企业包含与之相关的交通运输、旅行社、宾馆饭店、旅游景区等。

相关链接

GDP 与 GNP

20 世纪 90 年代以前，世界各国主要采用国民生产总值(gross national product, GNP)和人均 GNP 衡量经济增长快慢以及经济实力。进入 90 年代后，96%的国家纷纷放弃 GNP 和人均 GNP，而开始采用 GDP 和人均 GDP，并用国民总收入(gross national

income,GNI)取代 GNP,各国仅对外公布 GDP 与 GNI 数据,GNP 数据已基本不再统计和发布。一般认为 GNI 就是 GNP。1994 年,联合国、世界银行、国际货币基金组织、经济合作和发展组织及欧洲共同体委员会共同颁布的 1993 年国民经济核算体系(SNA)中,统计术语 GNI 取代 GNP。

GDP 和 GNP 作为国民收入核算的两个指标,反映了统计上的两种原则。

GNP 是与所谓国民原则联系在一起的。按照这一原则,凡是本国国民(包括本国公民以及常驻外国但未加入外国国籍的公民)所创造的收入,不管生产要素是否在国内,都应计入本国的 GNP,而外国公司在该国子公司的利润收入则不应计入该国的 GNP。

GDP 是与所谓国土原则联系在一起的。按照这一原则,凡是在本国领土上创造的收入,不管是不是本国国民所创造的,都应计入本国的 GDP。外国公司在某一国所设公司的利润都应计入该国的 GDP,而该国企业在外国子公司的利润就不应被计入。

根据以上说明,以对外要素收入净额来表示本国生产要素在世界其他国家获得的收入减去外国生产要素在本国获得的收入,则 GNP 与 GDP 的关系式为

GNP=GDP+对外要素收入净额

相关链接

恩格尔定律

19 世纪德国统计学家恩格尔根据统计资料,对消费结构的变化得出一个规律:一个家庭的收入越少,家庭收入中(或总支出中)用来购买食物的支出所占的比例就越大,随着家庭收入的增加,家庭收入中(或总支出中)用来购买食物的支出所占的比例则会下降。恩格尔系数是根据恩格尔定律得出的比例数,是表示生活水平高低的一个指标。其计算公式如下:恩格尔系数=食物支出金额/总支出金额。国际上常常用恩格尔系数来衡量一个国家或地区人民生活水平的状况。根据联合国粮农组织提出的标准,恩格尔系数在 59%以上为贫困,50%~59%为温饱,40%~50%为小康,30%~40%为富裕,低于 30%为最富裕。

相关链接

基尼系数

基尼系数(Gini coefficient)为意大利经济学家基尼(Corrado Gini,1884—1965)于 1912 年所提出,用来定量测定收入分配差异程度。经济学家通常用基尼系数来表现一个国家或地区的财富分配状况。基尼系数最大为 1,最小等于 0。前者表示居民之间的收入分配绝对不平均,即 100%的收入被一个单位的人全部占有了;而后者则表示居民之间的收入分配绝对平均,即人与人之间收入完全平等,没有任何差异。联合国有关组织规定:收入绝对平均,基尼系数低于 0.2;收入比较平均,基尼系数 0.2~0.3;收入相对合理,基尼系数为 0.3~0.4;收入差距较大,基尼系数为 0.4~0.5;收入差距悬殊,基尼系数在 0.5 以上。通常把 0.4 作为收入分配差距的“警戒线”,0.5 是“危机线”。一般发达国家的

基尼系数在0.24～0.36之间，美国偏高，为0.4。中国大陆基尼系数2010年已达0.46，已跨入收入差距悬殊行列，财富分配非常不均。

三、自然环境

对于旅游产业而言，自然环境主要是指旅游业所依赖的地理环境和景观资源。地理位置、自然资源、气候条件直接影响着旅游业的发展。

（一）自然环境对旅游产业的影响

气候、空气、阳光等都是构成自然资源的主要因素，也是吸引游客的重要因素。丰富绚烂的自然资源是旅游业得到长足发展的重要支柱，也是旅游企业开展国际市场营销的主要依托。自然环境的变化和破坏有时会给旅游业带来无法估量的影响。地震、山崩、火山爆发、洪水袭击、恶劣天气等自然灾害都可能给旅游业造成损失。

（二）旅游产业对自然环境的影响

在人类活动及现代工业发展的影响下，旅游景点开发所依托的自然资源如水源、空气、土壤都受到了不同程度的污染，植被的破坏也较为严重，一些文物古迹遭受了不同程度的侵蚀，这在很大程度上影响了旅游景观的品质。这就要求旅游企业在景点的开发建设中要采用无污染或少污染的设备设施，并合理控制旅游者容量，以减少对生态环境的破坏。

四、人口环境

旅游市场是由具有购买欲望和购买能力的人所构成的，旅游企业市场营销活动的最终对象是旅游者。人口环境是指人口规模、人口地理分布、人口结构和人口流动状况等，人口环境的影响将直接反映到最终的旅游消费需求变化上。表2-3所示为人口环境因素及其对旅游营销的影响。

表2-3　人口环境因素及其对旅游营销的影响

人口环境因素	对旅游营销的影响
人口规模	在收入水平一定的条件下，人口规模的大小决定着市场容量的大小，即一般情况下，人口数量与市场容量、消费需求成正比
人口的地理分布	从人口地域分布与旅游市场的关系看，随着地理距离的增大，旅游费用和时间便逐渐增多，客源便逐渐衰减。远距离会给出游形成一定的阻碍，但从另一方面来讲，“距离产生美”，远距离有时候会产生较强烈的吸引力
人口结构	人口结构主要是指性别结构、年龄结构、职业结构、家庭结构、民族结构。这些因素从不同方面对人产生不同的影响，导致其旅游市场需求明显的差异
人口的流动状况	人口流动状况包括人口流动的数量、人口流动的区域、人口流动的时间长短、人口流动的距离长短、人口流动的比率及人口的结构变化

表 2-4 家庭在不同发展阶段的旅游消费特点及旅游营销机会

家庭发展阶段	特征	旅游消费	旅游营销机会
单身期	① 财务比较自由 ② 希望建立自己独特的生活方式	① 对新的旅游线路感兴趣 ② 与同伴出游较多	新鲜、探险、刺激的旅游线路
新婚期	婚姻在磨合	希望通过旅游增进感情	新婚旅游产品
满巢期	① 有小孩 ② 财务压力较大	① 外出旅游相对较少 ② 学校的假期是安排子女进行旅游消费活动的重要时期	① 加大对小孩的营销 ② 抓住中考、高考升学的良机 ③ 夏令营、冬令营、野外生存训练营
空巢一期	① 小孩开始不在家住 ② 财务状况有了明显好转 ③ 父母大部分身体状况良好 ④ 开始有更多的时间培养兴趣	① 度假服务的主体市场 ② 有些家庭有条件参与国外旅游度假	① 档次较高的旅游线路 ② 品牌的树立
空巢二期	① 退休在家，有充足的时间可支配 ② 稳定的退休金使出游选择自由度更大	① 由于健康状况下降，倾向于节奏较慢、体力消耗较少的旅行 ② 探亲访友祭祖动机增多	① 节奏较慢的带有回忆性质的旅游线路 ② 面向子女设计的以“父母满意”为主题的旅游线路

五、社会文化环境

社会文化环境是指在一定社会形态下形成的价值观念、宗教信仰、道德规范、审美观念及世代相传的风俗习惯等社会所公认的各种行为规范。社会文化环境通过影响消费者的思想和行为来影响企业的市场营销活动。

旅游在某种程度上是一种文化的交流和传播。“只有民族的才是世界的”，越是民族的，就越能走向世界。从另一方面讲，传统文化对人们的价值观、欣赏能力、消费结构都有很重要的影响，有些已经固化为特有的模式。旅游营销从吸引客源的角度来讲，要突出自己的文化，宣传自己的文化；从服务游客的角度来讲，要适应并尊重旅游者的文化传统。表 2-5 所示为社会文化环境因素及其对旅游营销的影响。

表 2-5 社会文化环境因素及其对旅游营销的影响

社会文化环境	对旅游营销的影响
教育水平	教育水平是指消费者受教育的程度。教育水平的高低反映人们的文化素养，影响旅游者的消费结构、购买行为和审美观念，从而影响旅游企业的营销活动
价值观念	价值观念是人们对社会生活中各种事物的态度、看法和评价。消费者对商品的需求和购买行为深受其价值观念的影响
审美观	审美观通常是指人们对事物好坏、美丑和善恶的评价。人们的旅游活动实际上是一次审美活动，这个审美活动的全过程主要是由消费者的审美观来支配的

续表

社会文化环境	对旅游营销的影响
宗教信仰	宗教直接影响人们的生活态度、价值观念和风俗习惯，从而影响人们的消费行为。不同的宗教信仰有不同的文化倾向和戒律，从而影响人们认识事物的方式、价值观念和行为准则，影响人们的消费行为
风俗习惯	风俗是指世代相袭固化而成的一种风尚。习惯是指由于重复发生而固定下来并变成需要的行为方式。世界上不同国家和地区的风俗习惯千差万别，甚至在同一个国家的不同地区风俗习惯也差别很大，不同的风俗习惯会对旅游市场产生巨大的影响

六、科学技术环境

科学技术是人类在生产实践中认识自然和改造自然而积累起来的经验、知识的总和及体现这些知识、经验的劳动资料。科学技术的发展对旅游业的影响主要表现在以下三方面。

（一）科学技术推动旅游市场的发展

随着大型民航客机、高速列车等现代化交通工具的出现，人们出行更加便利，有利于远程旅游和国际旅游的发展。

（二）科学技术为旅游业提供了新的管理手段

科技进步极大地提高了旅游企业的营销效率和服务水平，增强了旅游企业的竞争优势。例如，星级旅游饭店普遍使用的计算机预订系统、VOD 视频点播系统、电子门锁系统，为客人提供了前所未有的便利；现代互联网技术使旅游企业可利用新媒体手段发布旅游广告。

（三）科学技术改变了人们的生活方式

科学技术包括消费方式和购买习惯。例如，网络预订被越来越多的人接受，网络营销也日益显示出其重要性；同时，以网络技术为媒介所构建的虚拟现实娱乐系统为很多年轻人所喜爱，这正在成为旅游的一种替代品。

第三节　旅游市场营销微观环境

构成旅游市场营销微观环境的各种制约力量存在于企业周围，与企业形成协作、竞争、服务、监督的关系。微观环境与宏观环境虽然都是企业外部因素的集合，但两者却有着明显的区别，首先，微观环境对企业的影响比宏观环境更为直接；其次，微观环境中的一些因素是企业可以在不同程度上加以控制的。旅游市场营销微观环境主要包括企业内部环境、消费者、竞争者、供应商、中间商、社会公众等（见图 2-7）。表 2-6 所示为微观环境因素对旅游营销的影响。

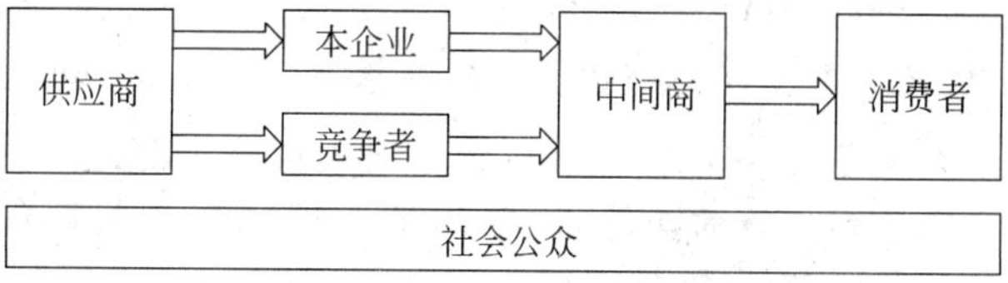

图 2-7　企业微观营销环境的主要构成因素

表 2-6　微观环境因素及其对旅游营销的影响

微观环境因素	对旅游营销的影响
企业内部环境	企业内部环境主要包括企业所有员工和企业内部所有部门。企业营销计划目标必须服从企业的整体战略目标，营销决策与执行必须有各部门的密切配合。此外，企业的经营观念、管理体制与方法、企业的目标和宗旨、企业精神与企业文化等因素也都影响着企业的营销活动
消费者	消费者是影响旅游营销活动的最基本、最直接的环境因素，也是企业最重要的环境因素。就旅游行业而言，一般把消费者分为个体购买者和组织购买者两大类
竞争者	从消费需求的角度划分，每个企业都面临四种类型的竞争者：愿望竞争者是指提供不同产品或服务以满足不同需求的竞争者。一般竞争者是指提供能够满足同一种需求的不同产品或服务的竞争者。产品形式竞争者是指提供同类产品或服务，但提供不同规格、档次、型号、款式的竞争者。品牌竞争者指的是产品规格、档次相同，但品牌不同的竞争者
供应商	旅游供应商是指向旅游企业及其竞争者提供旅游产品生产所需资源的企业和个人，包括提供能源、设备、劳务、资金等。供应商所提供产品和服务的质量决定着企业最终向旅游者提供产品和服务的质量，进而影响企业营销目标的实现
中间商	中间商是指处于旅游营销组织与消费者之间，促使交易行为完成的组织和个人，包括经销商、代理商等。中间商承担营销职能，简化交易程序，节约交易时间和成本
社会公众	社会公众是指对企业实现其市场营销目标构成实际或潜在影响的任何组织和个人。旅游企业开展市场营销活动时不但要针对目标市场的消费者，而且要考虑公众的心理和利益，采取各种措施与公众保持良好的关系

案例 2-2

从微观营销环境入手，升级“千名老人下江南”

湖北远大旅行社 2003 年推出“千名老人下江南”旅游产品，2003 年开行 5 班，2004 年开行 7 班，2005 年开行 8 班，2006 年开行 8 班，2007 年开行 10 班，班班爆满，六年来共接待了来自新疆、甘肃、河南、河北、陕西、湖北、湖南、广东、江西等地的两万多名老年朋友，收到的感谢信、诗歌、散文逾千封。2008 年，湖北远大旅行社在进行品牌梳理、行程梳理后，从自身微观营销环境入手，确定了游船升级、理念升级、服务升级、形象升级等几大重要提升版块。

（1）游船升级。把原来的国内三星级游船“江山 6 号”更换为国内四星级游船“江山 8 号”，它是目前国内等级最高的游船，设施新，房间布局合理，活动空间大，五层整层为娱乐大厅和观景平台，面积达800m^2；棋牌室、医务室、小超市、小图书馆，配套设施齐全；船上各舱室有卫星电视、独立卫生间，空调制冷好，热水供应充足，舒适如家。

(2) 理念升级。深度精心策划了“老年之家活动安排表”，行程方面新增了锡惠公园、虎丘景区以及江南六大古镇之一的南浔，使之更有江南味，同时在船上又精心安排了老年运动、保健、心理健康与生活等方面的经验交流，以及“寻梦童年”趣味运动会（体育）、“江南美”金陵大家唱（音乐）、“诗画江南”书画比赛（艺术）、“风光人生，笑满江南”颁奖文艺联欢会等娱乐活动。除此之外，还特别精心编撰了《千名老人下江南口袋书》，送给每一位老年游客。这本书集“千名老人下江南”所有行程相关的景点、历史、地理、诗词、旅游知识、养生保健大成，融知识性、趣味性、可读性于一体，体积小巧，便于随身携带，既可解闷去乏，又能增进知识，深受老年朋友的喜爱。

(3) 服务升级。“千名老人下江南”这个产品制定出“品质下江南”标准，与“普通下江南”形成差异。旅游是一次导游与游客之间的对话，作为老年团队的导游，由于这个群体的特殊性，导游的表现就更加重要。一个导游，不仅要业务熟练、操作规范，最重要的是要有一个好心态。对老人真诚地关心、照顾，不是按照流程操作来执行就可以的，这应该是发自内心的一种行为，导游领队一个心态的要求：儿女般的暖心服务。同时还制定了《“千名老人下江南”导游工作表》，对导游每个时间段的工作进行分解，力求每个服务都用心到位。

(4) 形象升级。前期理念策划结束后，“千名老人下江南”进入了标志和形象设计阶段，深度发现原来的“千名老人下江南”没有自己注册的商标，字体运用也比较随意，没有使用规范，单张形象没有统一风格，没能在消费者头脑里留下深刻的记忆画面。所以，深度在为其标志升级的基础上策划设计了整套的地接规范系统以及提供给代理商的全套宣传物料，包括包、旗、帽、接站牌、逍遥扇、单张、折页、报广、X展架、海报等。同时还对“江山8号”游船进行实地察看，设计出整套游船装饰方案。

评析：旅游市场的需求受到旅游者的兴趣、爱好、收入等微观因素的直接影响，这些影响因素构成了旅游市场的微观营销环境。旅游产品的需求替代性较强，旅游市场的潜在竞争对手较多。旅游企业就必须密切注视消费者的任何需求变化，并作出相应的对策。

第四节　旅游市场营销环境战略分析

一、企业内部条件优势—劣势(SW)分析

旅游企业营销要素是指旅游企业自身所具有的营销资源，或称营销能力。一般而言，旅游企业的营销要素依形态可以分为以下两大类。

(1) 有形资源，包括企业的人力、财力和物力等，是旅游企业实施市场战略的物质基础。

(2) 无形资源，包括技术、信息、组织、企业文化等，是企业营销活动的助推器。

企业要定期检查自己在营销、组织等方面的优势与劣势所在，并将每一要素都按照特强、稍强、中等、稍弱、特弱来划分等级。通过这样的划分，企业可以了解自己突出的优势

是什么,还存在哪些明显的不足之处,并明确已有的优势是否足以帮助企业把握现有的市场机会。

二、外部营销环境机会—威胁(OT)分析

外部营销环境机会是指外部环境中给旅游企业带来好处的有利因素,环境机会能否被企业所利用,要看企业能否制定与之相适应的发展目标。

(一) 机会矩阵

为了找到价值最大的市场机会,企业应该从市场机会的吸引力和成功概率两方面来对其进行评价。

(1) 市场机会的吸引力,是指企业利用该市场机会所能创造的最大利益。通常用市场需求规模、利润率和发展潜力等指标来反映市场机会的吸引力。

(2) 成功概率,是指企业把握市场机会并将其转化为具体利益的可能性。

通过以下机会矩阵(见图 2-8),我们把环境机会按照成功率的高低和吸引力的大小分别标在不同区域,可以清楚地看出:A 是最佳机会,应准备若干计划以利用其中一个或几个机会;B 和 C 应密切关注,可能成为最佳机会;D 机会太小,不予考虑。

(二) 威胁矩阵

外部营销环境威胁是指对旅游企业发展产生不利影响和抑制作用的因素,它们对旅游企业形成挑战。对于环境威胁,可以采用威胁矩阵来分析。

旅游企业需要对风险进行衡量,衡量风险时要考虑风险损失发生的概率、损失的严重程度。通过以下威胁矩阵(见图 2-9),我们把环境威胁按照发生概率的高低和严重性的高低分别标在不同区域,可以清楚地看出:A 是关键性的威胁,会严重危害企业利益且出现可能性大,应准备应变计划;B 和 C 不需准备应变计划,但需密切关注,可能发展成严重威胁;D 威胁较小,不加理会。

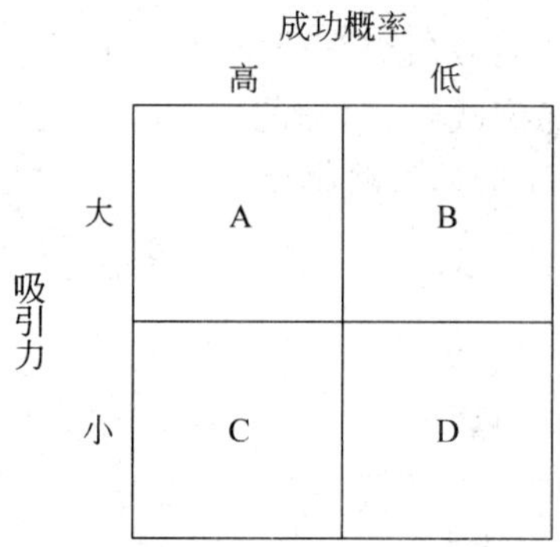

图 2-8　机会矩阵

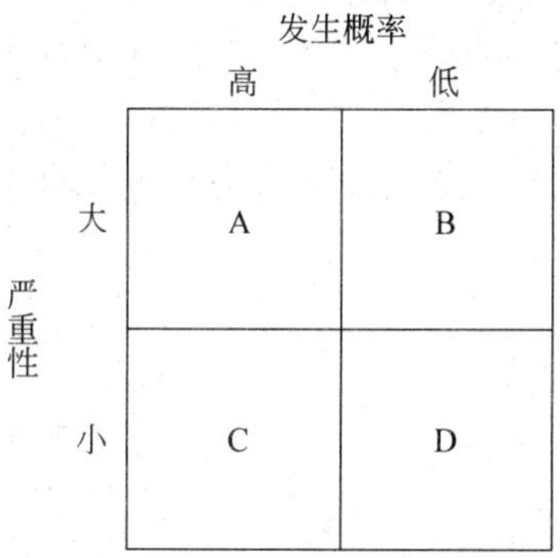

图 2-9　威胁矩阵

三、旅游市场营销战略选择

SWOT 分别是英文 strength(优势)、weakness(劣势)、opportunity(机会)和 threat(威胁)的首字母缩写。SWOT 分析就是企业对内部条件的优势、劣势和外部营销环境的

机会、威胁进行综合分析，据此对可能的多个营销战略方案作出评价，最终选出合适的方案。

由于机会与威胁对旅游企业的影响程度有大有小，不同的机会和威胁可以组合成四种不同的环境类型，即理想环境、风险环境、成熟环境和困难环境(见图 2-10)。

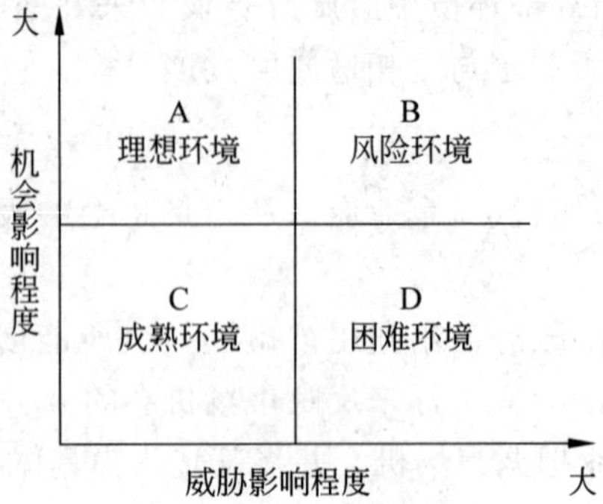

图 2-10 机会—威胁矩阵

(1) 理想环境：市场机会很多，严重威胁很少。

(2) 风险环境：市场机会很多，威胁也很严重。

(3) 成熟环境：市场机会很少，威胁也不严重。

(4) 困难环境：市场机会很少，威胁却很严重。

针对以上不同的环境，企业的对策如下。对理想环境，企业必须不失时机地进行产品开发和市场拓展，扩大销售，提高市场份额，提升市场地位。对风险环境，企业应在充分的市场调查和科学预测的基础上，努力捕捉营销机会，及时做出正确的营销战略决策，争取突破性发展。对成熟环境，企业在经营好常规业务以维持正常运转的同时，应积极寻找新的营销机会，为开展新业务准备必要的条件。对困难环境，要么努力改善经营，走出困境；要么立即转移，摆脱困境。

根据 SWOT 分析法，在对旅游企业的内外部环境做出综合分析之后，从内外环境协调平衡的角度出发，其营销战略可分为发展战略、稳定战略、紧缩战略和多元化战略四种(见图 2-11)。在战略矩阵分析的基础上，可以选择不同的战略决策(见表 2-7)。

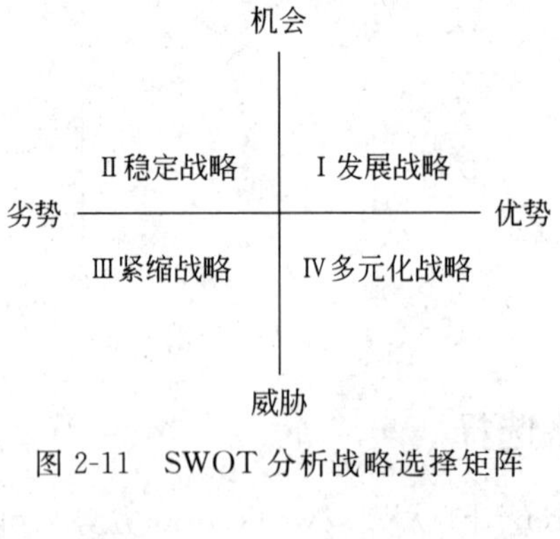

图 2-11 SWOT 分析战略选择矩阵

表 2-7　不同 SWOT 状态下的营销战略选择

企业内部 / 营销环境	优势 1. 企业具有规模经济 2. 企业管理运营机制好，管理水平高 3. 产品质量过硬，企业品牌知名度高 4. 企业利润率高于行业平均水平 5. 企业员工素质高	劣势 1. 营销体系不健全，信息不准确 2. 产品研发能力不强，生产成本高 3. 企业资金短缺 4. 企业培训投入少，员工素质低 5. 企业物流能力差
机会 1. 行业发展趋势好，市场空间大 2. 国家政策的支持 3. 产品需求差异化增加 4. 市场尚未出现真正的领导品牌	S+O：发展战略 利用优势，抓住机会 1. 扩大产品市场占有率 2. 扩大企业的规模 3. 创建世界性品牌 4. 管理创新	W+O：稳定战略 克服劣势，抓住机会 1. 完善企业营销管理体系 2. 加大研发投入，开发新产品 3. 加强对员工的培训 4. 加强销售渠道建设
威胁 1. 国外品牌资金雄厚，抢走市场份额 2. 国内各大小品牌逐步树立 3. 消费者价格敏感性增加，易引发价格战 4. 消费者对新产品需求	T+S：多元化战略 利用优势，避免威胁 1. 制定富有竞争力的价格 2. 缩短新产品研发周期 3. 提供差异化的产品	T+W：紧缩战略 克服劣势，避免威胁 1. 加强应收账款的管理，回收资金 2. 加强成本控制 3. 加强客户关系管理

通过 SWOT 分析，旅游企业可以明确自身具备的优势，改进或回避存在的不足，并把握有利于自身生存与发展的机会，从而将优势转变为企业的竞争力。

相关链接

三峡工程建设对三峡旅游的利与弊

三峡地区包括三峡 175m 水位库区流域范围、乌江流域、赤水河流域、神农架地区、宜昌市、恩施州、张家界市、湘西州等地区，是我国重要的旅游区。对于该区域发展旅游的相关环境可做以下分析。

(1) 优势分析。三峡是长江产业经济带上的重要节点和区域，区位优越，交通便捷，资源丰富，潜力巨大。旅游资源既有自然景观，又有人文景观；既有现代化雄伟工程，又有古老城堡，寺院、建筑群；既有险滩峻岭，又有柔水平湖；既有飞瀑，又有涌泉；既有大川巨轮，又有石林暗洞；既有宗教名地，又有科研瑰宝；既有浩瀚林海，又有珍稀动植物。自然景观中，三峡、大宁河、香溪河、龙船河等如自然长幅山水画卷。人文旅游资源包括悠久的文化古迹，如亭阁、古寨、塔坊、石雕、碑刻、古道等。

(2) 劣势分析。三峡地区，也包括长江流域经济普遍效益不高，其外向型经济发展与所处地位不相称，产品结构与市场需求脱节，区域分工尚缺乏统一部署；交通建设普遍滞后、运输能力不足、东西向交通薄弱，长江航运能力发挥不足。

(3) 机会分析。三峡工程是当今世界上最大的水利枢纽工程，其巨大的工程量、物资设备需求量和资金投入量，必将形成一个巨大的“三峡大市场”，从而对长江流域经济的发展以及中国乃至世界的旅游市场发展产生巨大的拉动作用，带来新的发展机遇。因此，要牢牢把握住三峡工程，完善具有强大吸引力的“中国三峡旅游大市场”。

(4) 威胁分析。三峡工程是当今世界上最大的水利枢纽工程，在其修建过程中，三峡有些以险、奇为特点的自然景观位于水位线以下，从游人视线中消失，这对以新、奇、险为旅游兴趣的目标顾客群有一定消极影响；大力发展三峡旅游势必对三峡的生态自然环境造成影响。

中国的三峡要想成为世界级的旅游区，需要充分把握市场机遇，不断创新，方能建立具有中国特色的、闻名世界的水利枢纽旅游区。

案例讨论与单元实训

汶川地震对旅游业的影响

2008 年的汶川大地震使四川灾区旅游业“很受伤”，仅已造成的直接损失就达数百亿元。全省旅游系统受损严重，北川、汶川、茂县等地的旅游局办公楼全部倒塌，因灾伤亡人员达 555 人；111 家 A 级景区受损；世界遗产地都江堰、青城山、大熊猫栖息地(卧龙)等景区受灾严重，损毁价值无法估计。

大地震后，以“纪念、感恩、发展”为主题的东河口地震遗址公园成为汶川地震后第一个开放的地震遗址保护纪念地。公园开放后，游人络绎不绝，因为景区停车场车位有限，需要当地县交通局组织人员疏导，最多的一天，停放的车辆排出 10 多公里长。“北川一日游，温暖灾区行”是北川羌族自治县旅游重建的主题。在 2009 年春节期间，北川老县城遗址接待游客近 10 万人次；极重灾区绵竹市汉旺镇每天接待游客都在千人以上。在地震重灾区彭州市龙门山镇回龙沟景区旁，建起了一个占地面积达到 100 多亩的真人 CS 野战基地。据四川旅游局透露，在春节期间到地震四川灾区的游客超过 700 万人次，实现旅游收入 18.69 亿元，占黄金周全省旅游总收入的四成。

地震遗址旅游的迅速升温，成为四川旅游的新热点，但也引发了一场激烈的争论。有网友说，这种旅游是“试图把快乐建立在悲伤之上”，“把灾难之地当作娱乐场所，不仅是对失去生命的人不尊重，也严重伤害受难人家属的心”。但另一部分网友提出了不同的观点：“因地制宜，重振当地经济，让活着的人生活得幸福，我想遇难者在天之灵也会欣慰。”

思考题

1. 试运用 SWOT 方法分析汶川地震对四川乃至全国旅游业的影响，以及震后应该采取的相关营销对策。

2. 你认为地震遗址旅游是否应该大力开展？如果要开展，应注意哪些问题？

第三章

旅游消费行为分析

本章节内容精要全览

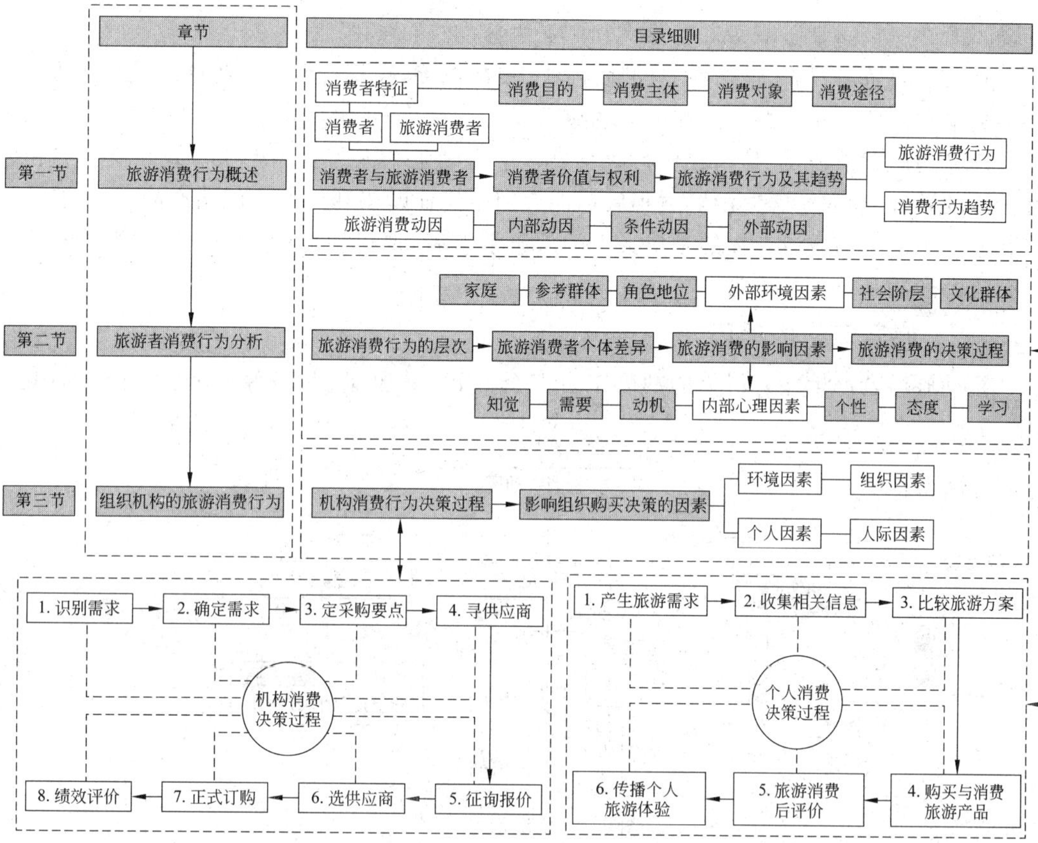

第一节　旅游消费行为概述

一、消费者与旅游消费者

（一）消费者

消费者(consumer)是以生活消费为目的购买或使用商品和接受服务的社会成员，广义的消费者还包括社团组织。一般而言，消费者应具备以下基本特征(见图 3-1)。

（二）旅游消费者

旅游消费者即旅游者(tourist)，旅游本意指一种往复的行程，指离开后再回到起点的

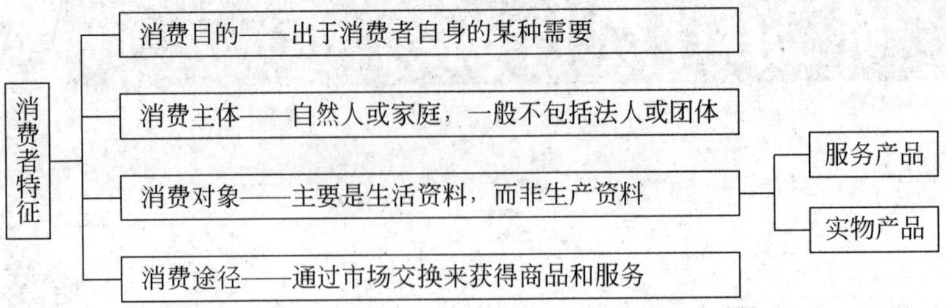

图 3-1　消费者的主要特征

活动。通常所指的旅游消费者有狭义和广义之分。

狭义的旅游消费者，是指在访问地停留一夜次以上，在旅行游览过程中为满足个人需要而购买和消费一切旅游产品和劳务的旅游者。

广义的旅游消费者，是指在旅行游览过程中为满足个人需要而购买和消费一切产品和劳务的游客，例如游客在游览过程中可能会因生病而购买和消费了医药产品。

本书中讲到的旅游者指的是狭义上的旅游消费者，探讨他们的消费行为局限于他们消费旅游产品和劳务的行为。

（三）旅游消费的动因

推动旅游者产生旅游行为的动因来自三个方面：内部动因、条件动因、外部动因（见图 3-2）。

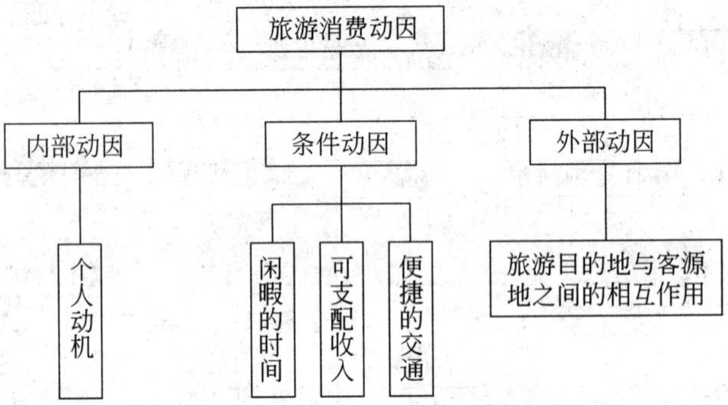

图 3-2　旅游消费动因

内部动因即个人旅游动机，这是人的基本需求之一。推动人们出游的条件动因是指个人充足的闲暇时间与足够的可自由支配金钱和便利的交通条件，具备条件动因是旅游行为产生的必不可少的条件。另外，外部动因主要是指旅游目的地与客源地之间的空间相互作用。这种空间相互作用将吸引游客朝某一特定的空间移动。

1. 旅游的内部动因——个人动机

动机是推动人们采取行动的内在原因，是人们对旅游消费的主观设计。如：希望到什么地方去旅游，准备采取哪种方式进行旅游消费，想通过旅游消费活动满足何种需求，都会进行个人的主观设计。例如部分国人受传统“勤俭持家”等思想的影响，认为外出旅游是一种奢侈浪费，因此即使在有充足的时间和金钱的条件下，他们也不见得有旅游消费的行动，由此可见促使旅游消费者形成旅游动机的主要原因就是个人主观因素。可以说，旅游动机是旅游行为产生的主观前提，正是它促使人们成为了一名真正的旅游消费者。

2. 旅游的外部动因——时间、金钱、交通

首先，旅游行为的产生必须有足够的闲暇时间，通常我们可以根据目的倾向，将人生的时间划分为如下五个部分：

(1) 就业工作时间：法定就业工作时间，例如我国实行的 8 小时/工作日工作制。

(2) 附加工作时间：必需的附加工作时间，例如必要的加班时间。

(3) 个人生活时间：用于满足个人生理需要的生活时间，如吃饭、睡觉等。

(4) 社会活动时间：个人必需的相关社会活动时间，例如出席有关的社交和约会等。

(5) 个人闲暇时间：指可供个人自由支配的时间。例如，由于旅游消费活动主要在业余闲暇时间进行，因此，可自由支配的时间是旅游消费行为产生的必要前提，另外，从旅游消费者的概念可看出，只有闲暇时间超出 24 小时，才有出游可能，所以闲暇时间必须足够集中，才能保证旅游消费成为实际可能。

案例 3-1

无奈的“我想去桂林”

在 20 世纪 90 年代国内旅游刚刚兴起的时候，曾经有一首非常流行的歌曲《我想去桂林》在大街小巷传唱，该歌展现了一个想去桂林旅游却又无法实现的年轻人形象。朗朗上口的旋律，让我们真切感受到了歌中人的心境，其歌词脍炙人口，至今令人回味。

在校园的时候曾经梦想去桂林，
到那山水甲天下的阳朔仙境。
漓江的水呀，常在我心里流，
去那美丽地方是我一生的祈望！
有位老爷爷他退休有钱有时间，
他给我描绘了那幅美妙画卷，
刘三姐的歌声和动人的传说，
亲临其境是老爷爷一生的心愿。
我想去桂林呀我想去桂林，
可是有时间的时候我却没有钱；
我想去桂林呀我想去桂林，
可是有了钱的时候我却没时间……

评析：这首流行歌的歌词揭示了渴望旅游的人们内心深处的烦恼——“有时间的时候我却没有钱……可是有了钱的时候我却没时间”。显然，金钱和时间对旅游行为的产生具有相当重要的影响。

相关链接

《国民旅游休闲纲要》与我国现行休假制度

为满足人民群众日益增长的旅游休闲需求，促进旅游休闲产业健康发展，推进具有中国特色的国民旅游休闲体系建设，2013 年 2 月 18 日《国民旅游休闲纲要》（以下简称《纲要》）正式颁布。

《纲要》以满足人民群众日益增长的旅游休闲需求为出发点和落脚点，坚持以人为本、服务民生、安全第一、绿色消费，重点在提倡绿色旅游休闲理念、保障国民旅游休闲时间、鼓励国民旅游休闲消费、丰富国民旅游休闲产品、提升国民旅游休闲品质五个方面提出了明确意见。

《纲要》首次明确提出“到 2020 年，职工带薪年休假制度基本得到落实”，并为实现这一目标提出以下措施：一是提出要加强带薪年休假落实情况的监督检查，加强职工休息权益保障方面的法律援助；二是鼓励机关、团体、企事业单位创造条件引导职工灵活安排全年休假时间；三是提出完善针对民办企业和非企业单位、有雇工的个体工商户等单位职工的休假保障措施，推动休假保障全面覆盖。此外，《纲要》还提出在放假时间总量不变的情况下，高等学校可结合实际调整寒、暑假时间，地方政府可以探索安排中小学放春假或秋假。

目前，中国现行的公民休假制度主要包括全民休假与带薪休假两类（见表 3-1），例如 2013 年国务院办公厅就提前规定了 2014 中国公民休假放假安排（见表 3-2）。

表 3-1　中国现行的休假制度

休假方式	规　定
全民假日	新年 1 天（1 月 1 日）；春节 3 天（农历除夕、正月初一、初二）；清明节 1 天（农历清明当日）；劳动节 1 天（5 月 1 日）；端午节 1 天（农历端午当日）；中秋节 1 天（农历中秋当日）；国庆节 3 天（10 月 1 日、2 日、3 日）
带薪休假	职工累计工作已满 1 年不满 10 年的，年休假 5 天；已满 10 年不满 20 年的，年休假 10 天；已满 20 年的，年休假 15 天

表 3-2　2014 年中国公民全年公休假放假安排

节日	放假时间	调休上班日期	放假天数
元旦	1 月 1 日	无	1 天
春节	1 月 31 日—2 月 6 日	1 月 26 日（周日）、2 月 8 日（周六）、1 月 30 日（除夕夜）不放假	7 天
清明节	4 月 5 日—7 日	无	3 天
劳动节	5 月 1 日—3 日	5 月 4 日（周日）	3 天
端午节	5 月 31 日—6 月 2 日	无	3 天
中秋节	9 月 6 日—8 日	无	3 天
国庆节	10 月 1 日—7 日	9 月 28 日（周日）、10 月 11 日（周六）	7 天

（资料来源：国务院办公厅“关于 2014 年部分节假日安排的通知”国办发明电〔2013〕28 号）

其次，旅游行为的产生还必须有可充分支配的金钱。旅游消费相对于其他日常必需品而言，属于非必需开支。按照马斯洛的需求理论(见图 3-3)，通常情况下，只有当低层次需求得到满足时，人们才会产生高层次需求的愿望。而外出旅游在需要层次中属于除生理和安全(主要指经济安全)需要之外的较高层次需要，主要表现为社交与尊重的需要等。有关研究结果还显示：当一国人均收入达到 1 000 美元时，国内旅游需求就会蓬勃兴起；达到 3 000 美元时，人们就会产生国际旅游的动机；当超出 6 000 美元时，洲际旅游动机就被激发。

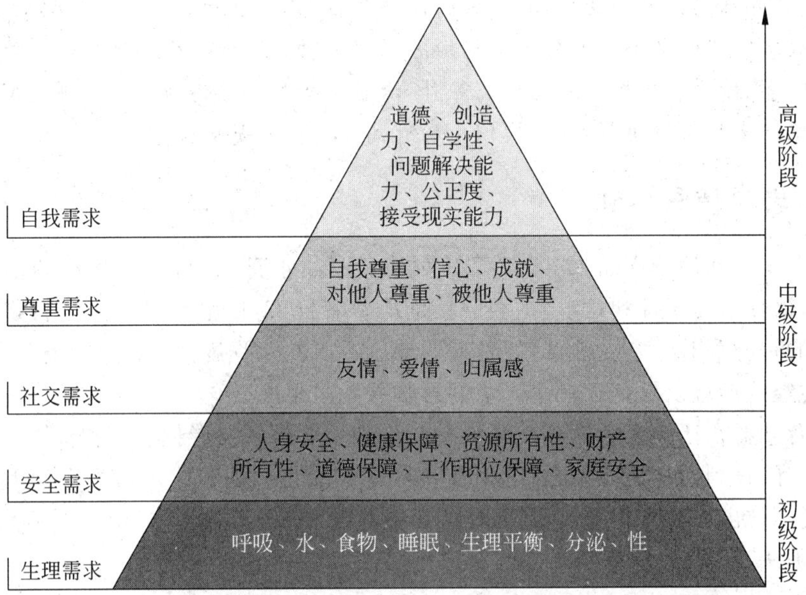

图 3-3　马斯洛需求层次理论与人的自我成长阶段

最后，便捷、舒适的交通条件也会激发人们出游的欲望。值得注意的是这里提到的交通条件是指旅游者感知到的交通条件，有时它并不受实际空间距离尺度的制约。例如从武汉到大连，若乘飞机，游客会觉得那不过是两小时的事而已，而乘汽车前往则似乎就显得遥不可及，显然，在这里汽车交通方式无形中就降低了人们的出游兴趣。

3. 旅游的条件动因——目的地与客源地之间的相互作用

在现实中，旅游客源发生地(origin)与旅游目的地(destination)双向相互作用的旅游空间结构模式通常被称为客源地—目的地(O—D)模式。这种空间相互作用产生的条件主要是两地间的互补性、替代性和可达性。互补性较强的旅游目的地将会以其自身区别于客源地的独特旅游资源吸引游客。

案例 3-2

差异产生吸引，同质引发竞争

2001 年小万随旅行社组团到青岛旅游，对于来自内陆城市的他，第一次见到了青岛历史上遗留下来的那种"蓝天、碧海、绿树、红瓦、白房"的独特海滨城市景观，这给他带来了极大的视觉吸引。即使多年以后，小万也常常回忆起青岛那独特的海滨城市风情。

而同处胶州半岛的海滨城市烟台，尽管历史悠久，且有众多的旅游景点，但在小万印象中，烟台与青岛二者差别不大，一直提不起前往旅游的兴趣，直到2012年公司安排了一次去烟台出差机会，小万才正式踏上了烟台的旅程，通过真正游过之后，小万才发现烟台也有自己的那份美，小万开始反省自己曾经固执的偏见。

评析：消费者选择旅游目的地的一个重要原则就是差异与新鲜感，旅游目的地与客源地的差异越大，对旅游消费者的吸引力就越大，由此引发的旅游动机就越强。而两个区位相近、类型相似的旅游目的地，存在较强的替代性，二者往往容易成为直接的竞争对手，其中越靠近客源地的那个旅游目的地对游客的吸引力就越大，因为距离越近就意味着游客付出的时间、精力和金钱投入越少。另外，游客感知到的旅游地与目的地之间的可达性也将影响旅游者的出游决策，以上案例中的青岛与烟台就是例证。

二、消费者价值与权利

消费者购买和消费商品，并非仅仅针对消费商品本身，其目的是购买和消费这件商品/服务带给自己的某种利益，这种利益就是消费者价值，即消费者从某一特定产品或服务中获得的一种利益。它受消费者年龄、职业、收入、文化程度、自身素质、身体状况、消费经验、社会经济形势以及整个社会环境的影响并随之不断变化。

消费者利益在法律上的体现就是消费者权利。所谓消费者权利是指消费者在消费过程中所具有的权利。在法律保障下，消费者有权作出一定的行为或者要求他人做出一定行为，也可不作出一定行为或有权要求他人不做出一定行为。根据《中华人民共和国消费者权益保护法》[1]规定，消费者具有以下九大权利(如图3-4所示)：

三、旅游消费行为及其趋势

1. 旅游消费行为

要比较清晰地理解旅游消费行为的概念，就必须全面地分析旅游消费涉及的以下方面：

(1) 旅游消费行为是以旅游产品为消费对象。有别于常见的单体产品，旅游产品是个综合概念，它是旅游者在旅游活动过程中购买所需要的商品和服务的总和。具体说，就是旅游活动所涉及的六要素(食、住、行、游、购、娱)产品和服务的综合。

(2) 旅游消费行为在旅游互动体验中完成。迪士尼乐园就是一个为游客提供旅游体验的成功典范。在迪士尼乐园，你随处可见米老鼠、唐老鸭、白雪公主等平时只能在电视里才能一见的可爱卡通人物，那里随处都洋溢着一种童话般的梦幻氛围。迪士尼乐园让芸芸众生身临梦幻境地，获得了一种从未有过的全新的"童心"体验。

(3) 旅游消费行为是一种高层次精神需求。旅游消费产品相对其他的日常消费品来说，具有内涵丰富、档次较高、非生活必需的特点。旅游者出游的主要目的除了放松身心、

[1] 《中华人民共和国消费者权益保护法》已由中华人民共和国第八届全国人民代表大会常务委员会第四次会议于1993年10月31日通过，自1994年1月1日起施行。

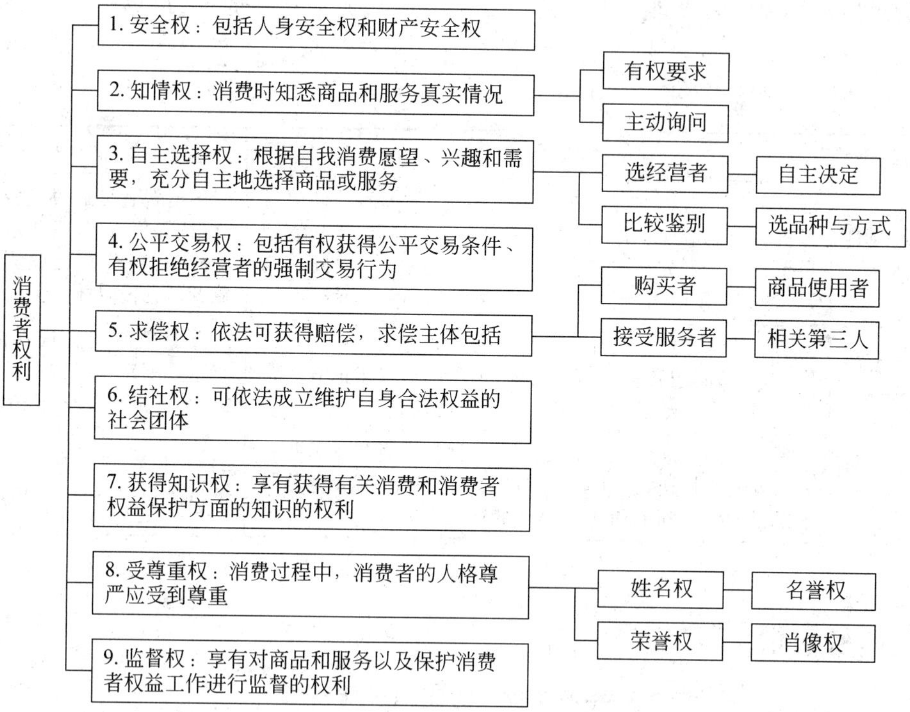

图 3-4　消费者的相关权利

轻松心情的生理需求外，还有陶冶情操、增长见识的心理需求等，正是旅游消费产品的高层次性吸引了旅游者的消费行为。

通过以上分析，可将旅游消费行为的定义概括为：旅游消费行为是旅游者在一定外界条件的刺激下，为了满足个人消遣、健康、商务等较高层次需求而选择某类旅游产品，并通过与旅游产品和服务员互动体验完成购买和消费活动的决策与行动过程。

从本质而言，消费者的行为是一系列决策的过程，包括购前—购中—购后到下一轮消费的购前决策行为。消费者作为核心，他的每一个具体的消费行为始终都处在这一系统的某一环节中，共同组成了“消费者行为车轮”(见图 3-5)。

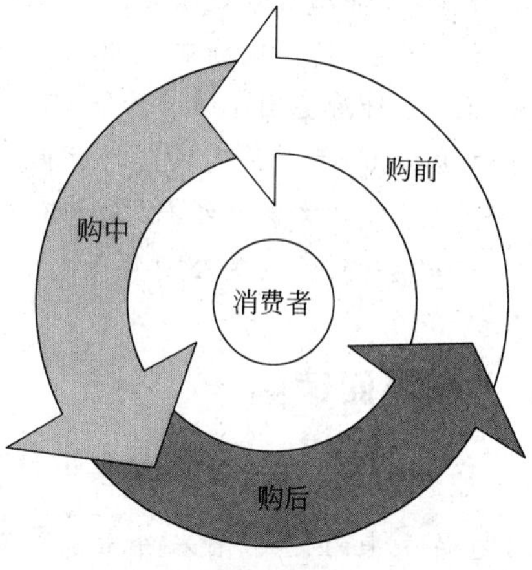

图 3-5　消费者行为车轮

消费行为同外部环境的作用过程不是单纯的因果关系，而是互为因果的逻辑关系。例如，一方面经济环境中的个人收入水平、利率、物价、通货膨胀率、税率等均会对消费者的行为产生影响；另一方面，当众多消费者做出相似决策时，整体的经济环境也会相应发生变化，从而市场随之波动。

2. 消费者行为趋势

随着生产力水平的不断提高和物质产品的极大丰富，消费者借助科技的进步不断积累和丰富了消费经验，消费心理也日趋成熟，其消费行为也逐步从理性消费向感性消费迈进。目前，旅游消费者的行为趋势主要表现如下（见表3-3）：

表3-3 旅游消费者的行为趋势

行为趋势	起　因	实　例
消费心理日趋成熟	消费市场已由卖方市场转入买方市场，一方面消费者选择机会明显增加；另一方面为了规避购买风险，消费者也会想方设法事先了解产品信息，消费过程中的自主"学习"意识明显增强，消费者变得越来越内行和自信	例如消费者可通过电视专题节目、旅游广告等获取更多旅游信息；移动互联则使消费者信息搜寻能力大大增强
消费需求趋于个性化	由于消费者选择信息和学习信息的方式越来越先进和多样化，从而其消费信心不断增强，消费者可寻求的自主消费空间也在不断扩大，消费者需求个性化开始凸显	商品紧缺时期是从众消费，商品过剩及互联网时代则流行"私人定制"的个性化消费
决策方式借助新技术	高新技术的不断涌现和日渐普及使得消费者尽享科技带来的方便与快捷，尤其是在消费决策方式上，移动互联技术使得人们之间的信息交流已变得没有阻隔	如今，连聋哑人都可以通过手机短信进行自由交流

拓展阅读

去哪儿网：聪明你的旅行！

去哪儿网（Qunar.com）于2005年5月创立，是中国领先的旅游搜索引擎和全球最大的中文在线旅行网站，企业核心业务是为消费者提供最全面、性价比最高的产品、可靠的服务和便捷的技术工具。通过网站及移动客户端的全平台覆盖，去哪儿可以随时随地为旅行者提供国内外机票、酒店、度假、旅游团购及旅行信息的深度搜索，凭借其便捷、人性且先进的搜索技术，"去哪儿"对互联网上的机票、酒店、度假和签证等信息进行整合，为用户提供实时的旅游产品价格查询和信息比较服务。

目前，去哪儿网可搜索超过700家机票和酒店供应商网站，搜索范围超过10万家酒店和1.1万条国内、国际航线以及4万条度假线路、2.5万个旅游景点。此外，去哪儿网团购频道已针对全国100多个城市开展旅游团购服务。

根据2013年1月艾瑞监测数据，去哪儿网以7 474万月访问人次高居旅行类网站榜首，移动客户端"去哪儿旅行"更拥有超过3 400万的激活用户量。

正如"去哪儿"网的公司愿景所言，其使命就是"聪明地安排消费者的旅行"！

拓展阅读

最接近梦想的生活方式——旅游

也许未来的某天，盲人外出旅游不再是天方夜谭。正是因为有了旅游，现代旅游者正把马丁·路德金的那句名言"我有一个梦想"变成"我正在实现一个梦想"。

今天，新一代的年轻旅游者更乐于借助移动互联等新技术途径充分享受"网游"的乐趣，下载安装一个APP，机票、车票统统搞定，通过虚拟现实，随时随地就可用手机预订酒店。在互联网的天地内，多姿多彩的大千世界通过“声、色、形、音”的多媒体方式向我们“飞奔”而来，遥远的异域风光第一次变得如此之近而又如此亲切逼真，一代伟人毛泽东在诗中所描绘的“坐地日行八万里，巡天遥看一千河”的梦境，正在现代旅游的消费方式中得到完美体现。

第二节　旅游者消费行为分析

一、旅游消费行为的层次

旅游业不同发展阶段的旅游消费一般表现为三个层次，即基础层、提高层和发展层（见表3-4）。

表3-4　旅游发展阶段与旅游消费层次

旅游发展阶段	旅游消费层次	特　　点	旅游者类型
发展初期	基础层（低）	旅游产品多为静态陈列式，以观光游览为主要旅游活动，追求“到此一游”的表面感受	从众跟风的大众旅游者
发展中期	提高层（中）	旅游产品开始出现动态表演式，以体验为主要旅游活动，追求“活动参与”的内在感受	强调体验的专项旅游者
发展成熟	发展层（高）	旅游产品主要为深度体验式，以特定专题、互动体验为主要旅游活动，追求“真实唯一”的自我实现	自我实现的个性旅游者

现代旅游的消费者中大多数具备较高的文化素质，他们自主消费意识强，旅游消费心态成熟，对旅游消费有比较清醒的认识和较高的期望。除了欣赏美丽的大自然风光外，他们更愿意通过参与一些旅游活动，获取知识，陶冶身心，提高自身素质，这也正是现代人文特色旅游项目地越来越火爆的原因之一。随着现代旅游者消费意识的不断成熟，其旅游消费层次也在不断提高：目前，一般基础层次的观光型旅游正在逐步减少，而属于提高层次和发展层次的文化旅游、生态旅游、森林旅游以及其他一些有特色的旅游项目越来越多，这些专项旅游已越来越为国内外游客所喜爱。

案例3-3

华侨城旅游产品的换代升级

中国大型主题公园的经典——深圳华侨城，以绚丽多彩的民俗风情、如梦如幻的异域风光、欢乐无比的童心体验为卖点，长期以来一直吸引着大批的中外游客，取得了巨大的成功。究其原因，这是因为富有参与性和专题特色的文化体验型旅游顺应了当代旅游消费发展的必然趋势。

深圳华侨城的第一阶段产品——锦绣中华是中华民族锦绣河山的荟萃和缩影，生动地再现了中国各民族风格迥异的建筑、生活习俗和风土人情：“一步迈进历史，一日畅游中国”是锦绣中华的生动写照。但锦绣中华是纯静态观光型产品，随着旅游者消费意识的不断高端化发展，深圳华侨城积极顺应旅游者消费需求，相继开发出第二代的动态表演型旅游产品——“民俗文化村”，荟萃各民族民间艺术、民俗风情和民居建筑于一园的大型文化旅游景区。民族村寨的风情表演、中心剧场的民族歌舞和民族文化广场的大型广场艺术汇演，从三个不同层次将民族歌舞艺术的神韵展示得淋漓尽致。随后又迅速推出了让国人可以大饱眼福、放眼世界增长知识的“世界之窗”；而近年来，深圳华侨城更是充分把握旅游消费的时代脉搏，以大手笔推出了让游客可以随心所欲全身心参与体验的第三代旅游产品——“欢乐谷”，又一次引领了中国主题公园旅游的消费新潮流。

2007年，华侨城集团在深圳市大梅沙，斥资35亿元打造占地9平方公里的东部华侨城。东部华侨城在山海间巧妙规划了大峡谷、茶溪谷、云海谷三大主题旅游区。茶溪谷以“让都市人回归自然”为宗旨，充分体现中西文化交融并兼有“茶、禅、花、竹”等文化元素；云海谷以奥林匹克军体运动和高尔夫为主题，茵特拉根真实再现了瑞士阿尔卑斯山地最美小镇风情，随着矿泉SPA、天禅晚会、国际山地歌会等精彩亮相，吸引了八方游客纷至沓来，截至2010年年底，项目年接待游客达500万人次，获得了巨大的成功。

二、旅游消费者个体差异

由于历史传统、文化背景、社会制度、民族特点等方面的差异，不同国家和民族的旅游者往往具有不同的旅游行为。中西传统文化背景下的旅游消费行为主要存在如下差异[1]（见表3-5）：

表3-5 中外游客旅游消费行为的差异

旅游消费行为差异	中国游客	外国游客
旅游动机	缺乏冒险的旅游动机，寻求平衡、和谐、相同和可预见性的需求倾向比较明显，通过回归自然的休闲寻找飘飘然的快意，在天人合一、物我交融中得到心灵慰藉	多样性的个性化需求倾向明显，通过旅游寻求刺激的感官享受，从探求征服中获得以自我为主体的人生价值
目的地选择	信奉天人合一，喜欢小桥流水、田园风光、波澜不惊的平和景观	信奉探索自然，对特色鲜明的目的地比较感兴趣
决策方式	具有较强的群体意识，容易听从他人的意见，对社会流行风尚有从众心理	在选择目的地时较少受他人的支配和影响
组织形式	在出境旅游和国内长距离旅游中，喜欢组团出游，强调相互照顾，有安全感；近距离旅游则往往同家人或亲友同行	喜欢个人单独外出旅游，人为与人结伴或与家人同游会降低独自旅游的效益

案例3-4

中国特色的“旅行团”文化

中国人成群结队地飞向世界各地，究竟是为了什么？我的一位刚从西班牙归来的“闺

[1] 马波：现代旅游文化学，青岛大学出版社，2010。

蜜”在讲述她的异国之行时，重点竟是同团一位疑似煤老板先生的隐私。而另一个更为极端的例子是我的几个朋友结伙参团出去玩，回来后他们重点报告的是一路上打“斗地主”扑克牌的战况，听上去好像异国风光不过是小赌怡情的活动背景。如果你仔细观察，还能发现中国人的旅行中另一个兴趣焦点，那就是团友们之间纵横捭阖的小矛盾。

评析：旅游虽然以他乡异地为主要“舞台”，但旅游者本身却始终带着客源地的文化特色。因此，许多中国人也喜欢把平时的人际交往习惯带入旅游团。这种中国特色的“旅游团”文化一方面反映了中国人的旅游行为特色，同时也说明很多中国人目前虽然具备了旅游的经济实力，但依然有许多包括旅游动机方面是需要学习的。

三、旅游消费的影响因素

旅游者的消费行为往往会受到各种内部和外部因素的影响。

（一）外部环境因素

主要是由外部社会经济环境造成的对旅游者行为的影响，一般可将旅游者的家庭、参考群体、角色地位、社会阶层、文化及亚文化群体等归为影响其旅游决策行为的外部因素（见表 3-6）。

表 3-6 对旅游消费行为影响的外部环境因素

影响因素	影响机制	例证
家庭	家庭与旅游者行为联系十分紧密，因此在旅游活动过程中，家庭是影响旅游者行为的主导因素	旅游产品的需求水平是由家庭数目而不是由人的数量决定的。娱乐活动大约有 2/3 以上是家庭性质的；文化闲暇活动有近 40%是以家庭为基础的
参考群体	参考群体即对旅游者的决策、行为和评价等具有重要影响的相关个人或群体。不同参考群体在不同时间或不同情境下，影响着旅游者的信念、态度和行为	如某位潜在旅游者看到自己的同事或好朋友都去某地旅游，并且游后评价不错，于是受这些参考群体的影响，他很可能下次出游的地点首选就是该旅游地
角色地位	是指旅游者个体在特定社会和群体中所处的位置，旅游者的角色地位不同于他在家中的角色	一位旅游者驾车带全家出去旅游，在旅游过程中，他除承担司机角色外，还可能承担导游及汽车修理工的角色
社会阶层	是指在一个社会中具有相对同质性的群体，并且这一群体是按照等级排列的，每一阶层成员具有类似的价值观、兴趣爱好和行为方式	在旅游活动中，不同社会阶层的旅游者显示出不同的旅游产品偏好和旅游目的地偏好，其消费行为也具有不同的特点
文化群体	是指具有相同的信念和价值的人群，每一文化群体能为其群体成员提供更为具体的认同感和社会化特征的内涵，并形成次一级的亚文化群体，具体包括民族亚文化群体、宗教亚文化群体、年龄亚文化群体和地域亚文化群体等	在旅游市场上，与文化偏好一致的旅游产品和服务，更有可能被旅游者所接受。在休闲和旅游活动中，一种亚文化群体要寻求的利益并不完全等同于处于支配地位的文化群体所寻求的利益

（二）内部心理因素

影响旅游者消费的内部心理因素主要指旅游者个人的主观心理因素所造成的对旅游行为的影响因素。影响旅游者行为的个人主观心理因素很多，一般包括知觉、需要、动机、个性、态度、学习等方面(见表 3-7)。

表 3-7 对旅游消费行为影响的内部心理因素

影响因素	影响机制
知觉	知觉是指人们对旅游产品和服务的不同属性、不同部分及其相互关系的综合认知和反映。旅游者选择旅游活动对象时的认知和主观判断取决于许多因素，其中最重要的是对每个旅游活动对象的知觉，即它是否具有满足旅游者需要并为旅游者所认识的特征，是否具有激发旅游者动机和行为的能力
需要	需要是指旅游者对某类旅游产品的渴求或欲望，它是旅游者的一种潜在需求，即旅游者自身感到缺少某些东西，又期望得到某些东西的心理现象。旅游需要一般具有以下特征：①对象性，即需要是针对特定事物对象的；②个性与多样性，即不同的旅游者有不同的旅游需要；③变化性，即旅游需要会随着条件的变化而增加或减少；④可诱导性，即旅游者的需要会受外部各种信息的刺激影响而诱发；⑤驱动性，即旅游者产生需要时就会产生不安与紧张情绪，进而推动其从事旅游活动以寻求心理平衡
动机	动机是指直接推动旅游者进行旅游活动的内在动力。旅游者的行为由旅游动机驱动并受其支配，而旅游动机又产生于旅游需要。旅游者的动机复杂多样，既有出自求实、求新、求名、求美、求知等心理动机，又有探亲访友、文化寻访、科考探险、康体健身等社会与生理动机。因此，制订旅游产品经营和销售计划时，应考虑各类旅游者的不同旅游动机，相应安排多种类型的旅游产品和服务，以满足不同类型旅游者的需要
个性	个性是一种复杂的心理现象，它指属于旅游者个人独有的心理定式，以及这种心理定式对环境的反应所形成并一贯保持的行为倾向。通常，不同性格的旅游者的旅游行为存在很大的差异。旅游市场上，不同旅游者对不同旅游产品和服务选择的差异性，就是由旅游者自身个性差别导致的结果
态度	态度是指旅游者对某个旅游产品或旅游目的地的一种稳定的看法和倾向。态度比较准确地反映了旅游活动中，旅游者在特定情况下可能产生的行为，尤其是旅游者对相互竞争的旅游产品和服务所持的态度，因此，对旅游者态度的调查、分析和研究十分重要，已经成为旅游经营者和市场营销人员关注的焦点
学习	学习是指根据日常经验产生的旅游者行为相对持久的变化状态。在旅游活动中，旅游者既是消费者，又是问题的解决者，他们要解决各种各样的问题，如去什么地方旅游？什么时间出发？怎么去？逗留多长时间？选择什么样的饭店住宿等。因此，购买旅游产品其实就是学习的过程，在这种全新的体验过程中，旅游者必须适应环境的变化，因此，旅游学习的过程就是旅游者满足自身需要和适应环境变化的过程

图 3-6 归纳了影响旅游消费行为的五类外部因素和六类内部因素。

案例 3-5

从“老年”到“熟年”

早在 20 世纪 80 年代初老龄化就在日本初显端倪。当时，就有公司和研究机构着手

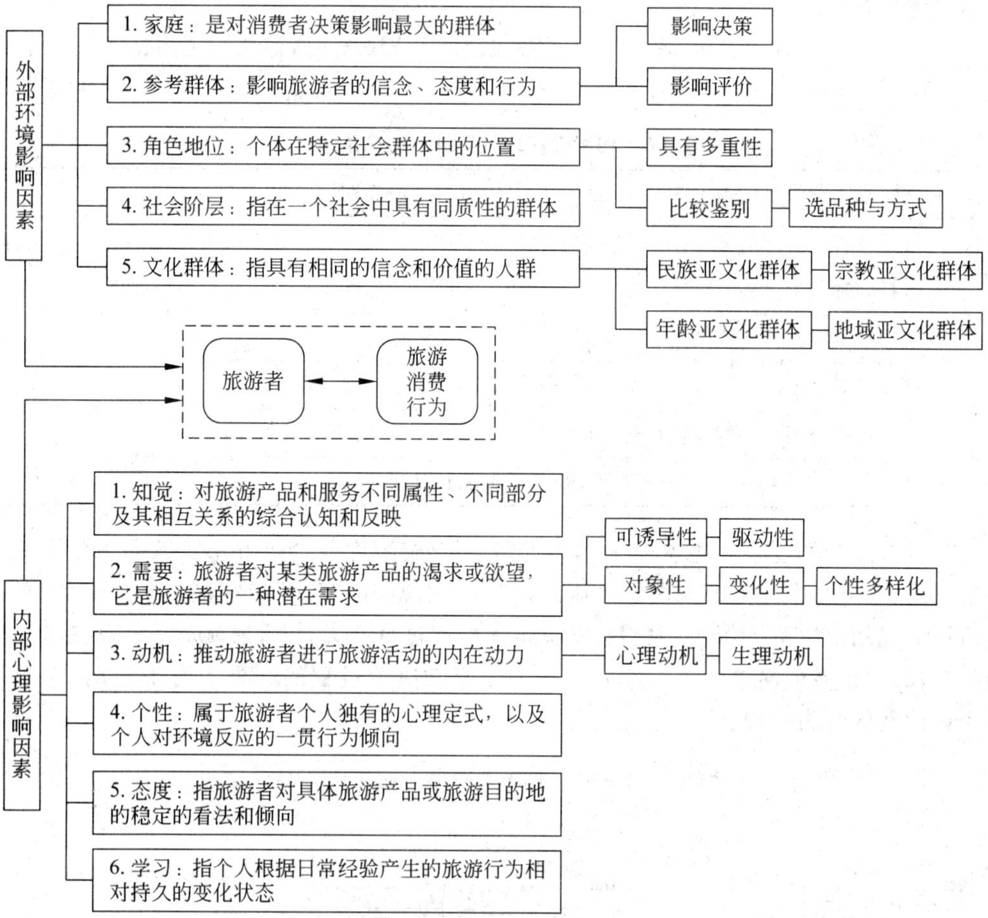

图 3-6　影响旅游消费行为的内外部因素

组织了几次全国范围的大型市场调研，并以调查结果为依据，大力宣传新的老年消费观和生活观。他们创造并推出了一个概念叫“熟年”，意为老年并不是人生的结束或者衰败，而是人生最成熟的阶段。老年人在生活态度上不应该比年轻人消极，而应该更为积极地尽情享受人生的美好。

在强大的宣传攻势辅助下，“熟年”一词已成为 20 世纪 90 年代日本最流行的词汇之一，而如约而来的老年人旅游消费浪潮，也让旅行业受益匪浅。

评析：从“老年”到“熟年”，表面看仅是一个词语的改变，实际则是对消费者心理的引导。积极的消费心理是促进市场蓬勃发展的重要因素。旅游市场更是如此。目前我国老年出游人数已经达到全国旅游总人数的 20%以上。这既是一个好的兆头，也为旅游业提出了研究老年游客心理的要求。

四、旅游消费的决策过程

由于多种因素的作用，最终决定购买一项旅游产品的决策是一个复杂过程的结果。另外，就旅游产品本身而言，其多样性和相互联系、相互依赖的特点也决定了旅游购买决策是一种复杂的现象。

这一点可以体现在旅游者在进行购买旅游产品决策时，需要考虑的各个方面（如表 3-8 所示）。

表 3-8 购买旅游度假产品时的决策清单

• 选择哪个旅游目的地？——包括国家、地区、旅游度假胜地
• 选用何种旅行交通方式？——定期航线、包机航线、游船、火车、长途汽车、自驾车、巴士
• 选择何种住宿设施？——入住或不入住酒店、豪华型/标准星级酒店或经济型酒店
• 度假所需时间？——×天或×星期
• 选择何时出游度假？——季节、月份、具体日期
• 选择产品类型——购买包价还是单项旅游产品？
• 选择哪家旅游经营商？——经营包价旅游的旅行社或公司

旅游者决策的复杂性还体现在，决定购买一个旅游度假产品并不是旅游者必须完成的最终决策。因为，一旦他们决定去旅游，就不得不做出一系列有关未来到达旅游目的地之后活动规划的决策。例如，他们必须决定怎样度过每一天，以及在哪儿吃饭等诸如此类的问题，每一个看似简单的决策实际上是一个复杂决策过程的结果。图 3-7 所示为旅游者个体消费的行为过程。

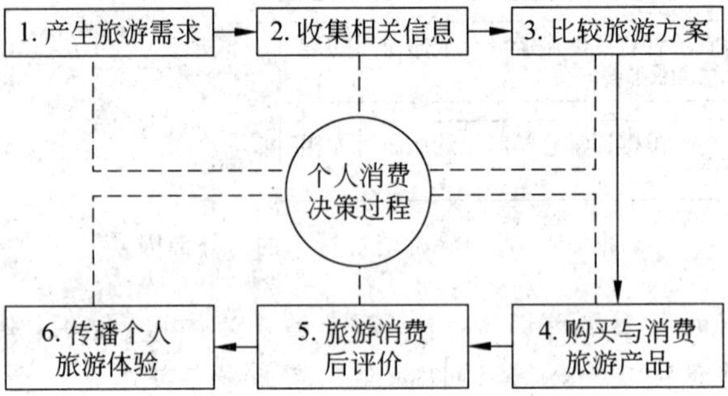

图 3-7 旅游者个体消费决策的行为过程

第三节 组织机构的旅游消费行为

一、组织机构消费行为决策过程

组织机构的旅游消费行为通常源于组织机构自身的以下两类需要：

（1）经营需要：一般是出于盈利目的，例如某企业为促销某产品推出的幸运抽奖奖品为“香港三天两晚双飞游”奖励旅游。

（2）管理需要：一般是出于非直接的盈利目的，例如某企业为提高团队士气，赴郊区组织了一场“潜山温泉+CS 拓展”的周末游。

由于组织机构的旅游消费购买行为是机构内部多方意见协调的结果，所以涉及的利益主体与协调过程较为复杂，相对个人购买行为体现出更理性化、更程序化的特点，通常可以将组织机构的旅游消费行为划分为以下八个阶段(见图 3-8)：

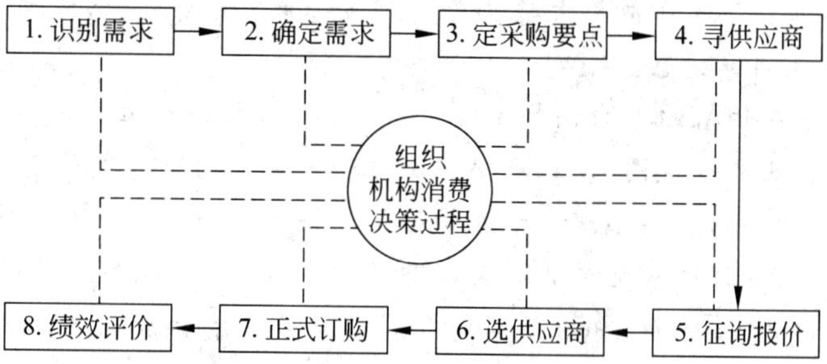

图 3-8　组织机构消费决策过程

二、影响组织购买决策的因素

在旅游供应商服务能力相当的情况下，组织机构的采购人员主要按个人意愿行事；而当市场上竞争性产品差异很大时，组织机构采购者对其选择就会承担更多的责任，此时会更关注组织自身的绩效评价目标。综合而言，影响组织机构采购的因素主要有以下四类。

1. 环境因素

环境因素指组织无法控制的外部环境因素，包括经济发展状况，政治、法律制度，市场需求水平，技术发展，竞争态势等。例如近年来在政府大抓反腐倡廉、削减三公消费的背景下，组织机构明显减少了在旅游方面的消费支出。

2. 组织因素

组织因素是指与购买旅游有关的组织机构自身的因素，包括该组织的经营目标、战略、政策、决策程序、组织结构和制度等。

3. 人际因素

人际因素是指旅游活动组织者与决策者等各种角色间的不同利益、职权、地位、态度和相互关系。这些因素间关系的变化，会对组织购买决策产生影响。供应商的营销人员应尽量了解相关部门的每个人在购买决策过程中所扮演的角色以及他们的相互关系，充分地利用这些因素促成该组织采购供应商的服务。

4. 个人因素

个人因素是指购买决策中每个参与者都有个人动机、直觉和偏好。受年龄、收入、教育、专业、个性、偏好、风险意识等因素的影响，采购中心的相关人员明显表现出其不同的购买类型。

案例 3-6

梦工场在旅途！

2000 年，一只由好莱坞梦工场打造、功夫了得的名叫阿宝的熊猫给全世界影迷带来了无尽的欢笑，《功夫熊猫 1》全球票房飙红使开拍续集成为理所当然之事。《功夫熊猫 2》

开始真正融入中国特色尤其是熊猫故乡四川的特色。2008年10月，由美国梦工场动画公司首席执行官(CEO)杰弗瑞·卡森伯格率领《功夫熊猫2》创作团队抵达成都。近30位好莱坞创作人员参观了成都大熊猫繁育研究基地、金沙遗址、青城山等地，为《功夫熊猫2》的拍摄寻找创作灵感。

在杰弗瑞·卡森伯格的大力倡导下，美国梦工场动画公司上下形成了在旅途中寻找创作灵感的独特企业文化氛围，梦工场在旅游体验消费上的投入更是不遗余力，大手笔频频。早在20世纪90年代，杰弗瑞·卡森伯格早年供职于华特迪士尼公司时，就沉醉于在旅途找创作灵感，他带领团队远赴非洲大草原探险考察，于是就有了1994年上映即轰动全球的《狮子王》，此片曾荣获1994年奥斯卡最佳原著音乐和最佳电影主题曲两项大奖，成为迪士尼动画的里程碑作品之一。

为了营造出银白雪国场景和制作冰雕细琢的冰雪城堡，《冰雪奇缘》制作团队特意远赴加拿大魁北克考察当地闻名全球的冰雪主题酒店 Hôtel de Glace，只为近距离观察光线遇到冰墙的折射反应。仅仅是冰雕城堡一个镜头，50位动画设计师就花费30个小时，其神奇的视觉效果让人仿佛置身真实的冰雪世界。此外，该片中还有效地运用了许多挪威文化元素，影片主角艾尔莎和安娜等数个角色的服装亦融入了挪威传统民俗艺术“乐斯梅林彩绘”的设计风格。2013年《冰雪奇缘》上座即取得10.72亿美元票房的巨大成功，成为史上最卖座动画片！

评析：好莱坞梦工场的成功绝非偶然，在其灵魂人物——CEO杰弗瑞·卡森伯格倡导下，公司上下形成了在旅途中寻找创作灵感的独特文化，所以梦工场在组织员工旅游体验消费上的投入常常是如此大手笔，身为梦工场员工的确三生有幸！

案例讨论与单元实训

某单位拟在春季组织一次去海南的旅游，围绕此次春游，单位决策层展开了讨论。提议此次春游活动的是工会，工会主席认为：通过旅游奖励优秀员工意义深远，势在必行，更何况员工福利也需要体现，建议选择中国最知名海洋游目的地——海南岛。财务科长认为：海南岛旅游太火爆，价格不菲，综合考虑外出旅游的成本控制，出游时间最好选在“五一”黄金周之后的淡季，成本至少可以下降30%；而单位纪委书记则强调：目前反腐倡廉风声很紧，公费旅游最好不要碰！工会主席则反驳：“反腐倡廉”与“职工福利”完全是两码事，中央的八项规定，反的绝不是职工的正常福利，保持职工正常福利的稳定增长，尤其是对优秀员工的奖励，也是体现群众路线的重要举措，单位总经理陷入了沉思中……

思考题

1. 你认为单位该不该组织此次旅游？
2. 如果你是该单位负责人，该如何综合协调好此次活动？

第四章 旅游市场营销调研

本章节内容精要全览

- 章节 / 目录细则
- 第一节 旅游营销调研
  - 概念 — 内容 — 类型 — 作用
  - 程序：准备阶段 — 实施阶段 — 结果处理阶段
  - 方法：间接资料调查法 — 直接资料调查法
    - 访问法
    - 观察法
    - 实验法
  - 对象选择方法：全面调查 — 抽样调查
    - 随机抽样
    - 非随机抽样
  - 调查问卷设计
    - 目的
    - 结构
    - 问题类型
      - 开放式问题
      - 量表应答式问题
        - 李克特量表
        - 语义差别量表
        - 重要程度量表
      - 封闭式问题
    - 注意事项
- 第二节 旅游市场预测
  - 内容：需求预测 — 供给预测 — 营销状况预测
  - 程序
    - 确定预测对象 — 选择预测方法
    - 组织市场调查 — 对预测结果进行分析评价
  - 方法
    - 定性预测法
      - 相关推断法 — 意见预测法
      - 专家会议法 — 专家意见法
    - 定量预测法
      - 时间序列分析法
      - 因果关系分析法

第一节 旅游营销调研

一、旅游市场营销调研

（一）旅游市场营销调研的概念

旅游市场营销调研是指运用科学的方法，有针对性地、有计划地、系统地收集整理和分析有关旅游营销活动方面的信息，以了解旅游营销环境与市场状况，为旅游经营决策提供依据的活动。

（二）旅游市场营销调研的内容

一般而言，旅游市场营销调研包括以下内容（见表 4-1）：

表 4-1 旅游市场营销调研的内容

调研项目	目的	具体内容
旅游企业经营环境调研	通过调研，使营销决策者了解旅游企业经营环境的性质	政治法律制度、社会经济、自然地理环境等方面
旅游企业经营潜力调研	通过对旅游企业内部资源状况的调查和外部市场的研究，判断企业的经营潜力	旅游企业内部人力资源、内部财力资源、内部物力资源、竞争地位、产品销售状况、组织机构及其效率
旅游企业经营效果调研	对总体经营效果的衡量和各经营项目的有效性的研究	市场份额调研、产品线调研、广告效果调研、业务量调研
旅游消费者调研	研究旅游消费者相关信息对其购买行为的影响	对旅游消费者的年龄、性别、民族、受教育程度、职业、宗教信仰等因素的调查研究

（三）旅游市场营销调研的类型

根据所研究问题的性质、目的和要求不同，旅游市场营销调研的类型可分为四类，如表 4-2 所示。

表 4-2 旅游市场营销调研的类型

类型	所研究问题的性质	目的
探测性调研	对面临的问题不太清楚，尚未确定具体的调研内容	获得针对某项问题的答案
描述性调研	对旅游企业的当前状况进行总体性描述的调研	认识旅游企业性质和水平，为决策提供依据
因果性调研	运用逻辑推理和统计分析的方法找出并证明某一现象产生的因果关系的调研	找出旅游市场营销活动或旅游市场营销环境中出现问题的原因
预测性调研	对市场信息综合分析研究，预测市场未来发展变化趋势	对市场的发展趋势及其变动幅度作出科学推断

（四）旅游市场营销调研的作用

图 4-1 所示为旅游市场营销调研的具体作用。

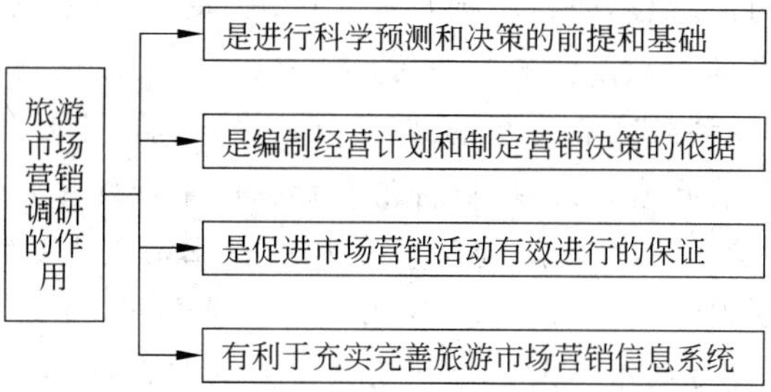

图 4-1　旅游市场营销调研的作用

案例 4-1

营销调研帮助景区走出经营困境

连州地下河和湟川三峡位于粤西北最为偏远的贫困山区，地处粤、湘、赣三省交界之地，距离广州 270 多公里。2002 年，广东爱地旅游发展公司在此投资兴建连州地下河景区，随后又陆续建起湟川三峡景区、龙潭客栈和连州大酒店等。但由于周边地区缺乏人口密集、经济发达的城市群，导致企业经营困难重重，连续九年一直处于持续投入却收益甚微的状态。

为了改变景区长期陷入的困境，景区下定决心引进外脑进行全方位诊断。咨询团队进入景区后，做出的第一个决策便是：投入大成本进行营销调研。资料的搜集范围如何界定是第一个问题，经过讨论，团队将资料的搜集分为几个部分。第一部分为：景区内部资料搜集，包括景区的管理制度、景点规划资料、市场规模、往年游客满意度及回馈、以往营销策划资料等；第二部分为：国内同类型景区资料；第三部分为周边旅游客流量分布资料；第四部分为旅行社推广线路资料；第五部分为营销环境调研，其中重点调研了广东地区的媒体特性。

为了搜集这些资料，营销团队先后花费了三个月的时间。从设计调研问卷和调研表开始，到制订调研计划，为了保证调研结果的可靠性，团队还特地对调研人员进行了专业培训。在实地调研过程中，先后走访了广州、深圳和清远等地的几十家组团社和地接社，并与连州当地的政府官员和专家学者进行了交流。

调研结束后，除了分析数据和编写调研报告外，很重要的一点便是了解市场的反馈，营销团队再次走访了多地，将调研结果向旅行社、广告公司以及政府官员反馈并寻求建议。经过整理，将景区的问题归纳为以下五个方面。一是区位条件差。景区所在的连州市人口只有十多万，周边地区缺乏散客市场。二是市场规模小。通往连州的山区公路崎岖难行，交通可进入性太差。三是品牌无影响。景区虽已开业九年，也做过不少市场宣传，但品牌知名度局限于旅行社行业内，散客市场对企业和产品缺乏认知。四是资源遍在性。连州地下河是一个溶洞类型的旅游景区，在国内不具有稀缺性和独特性。五是市场无信心。大多数旅行社对推广连州地下河信心不足，对知名度较低的湟川三峡更是信心全无。

明确了景区存在的问题后，营销团队对症下药，重点突出“爱地”企业品牌。选择最强势的主流媒体发行量在华南地区排名第一的广州日报，在头版连续推出连州地下河的5A景区品牌广告。同时，以整版广告反复推出“爱地旅游·完美体验”的企业品牌形象，以大幅广告对景区价值卖点展开系列诉求，取得了震撼性的市场效果。

经过两年的努力，景区品牌形象、市场地位和经营业绩发生了根本变化。品牌方面，连州地下河从过去的默默无闻一跃而成5A国家级旅游景区，跻身国内一线品牌行列；渠道方面，连州旅游专线成为广东各大旅行社竞相推广的热门线路；业绩方面，两个景区的游客人数和经营收入持续大幅增长。跟两年前相比，2012年连州地下河团队人数增长51%，散客人数增长300%，收入增长128%；湟川三峡团队人数增长122%，散客人数增长209%，收入增长251%。

2012年春节期间，两个景区继续大幅增长。与上年同期相比，连州地下河团队人数增长30.57%，散客人数增长116%，收入增长142%；湟川三峡团队人数增长56%，散客人数增长267%，收入增长182%。

（资料来源：根据《爱地旅游·完美体验——5A景区连州地下河市场营销案例》整理）

评析：市场营销调研是做好营销工作的基础，案例中的营销团队通过调研，明确了景区的问题所在，从而对症下药。更难得的是调研团队选取在华南地区发行量第一的广州日报，在头版连续推出连州地下河的5A景区品牌广告，从而取得了良好的市场效果。可见，旅游市场营销调研对制订营销计划、决策有决定性影响。

二、旅游市场营销调研的方法

（一）旅游市场营销调研的程序

为保证旅游市场营销调研的系统性与准确性，营销调研活动应依据一定的科学程序进行。一般来说，需要经过三个阶段九个步骤（见图4-2）。

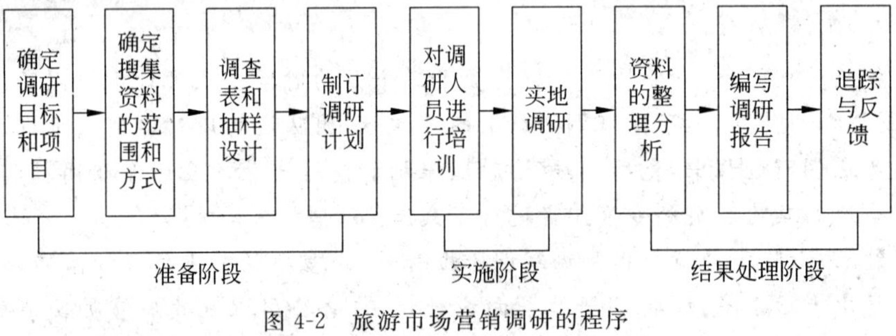

图4-2　旅游市场营销调研的程序

（二）旅游市场营销调研的方法

旅游市场营销调研的主要方法可以分为间接资料调查法和直接资料调查法。其中间接资料调查法包括利用企业内部资料和企业外部资料。而直接资料调查法包括访问法、观察法和实验法三种方法（见表4-3）。

表 4-3　旅游市场营销调研的主要方法

名称	实 施 方 式	适用情景	适 用 项 目	试用阶段
访问法	面对面访谈、留置问卷、电话调查、互联网等方式，以调查提纲或调查表的形式，向被调查者了解情况、收集资料	明确存在的问题是什么状况	描述性调研，需要获得大量的资料，一般有较为详尽的调研提纲、调研计划和周密的实施步骤，以保证调研结果准确可信	正式调查
观察法	旅游调研人员到各种现场进行观察和记录	需要发现存在的问题是什么	探索性调研（又称初步调查），是旅游企业为了掌握市场状况、找出经营对策所做的调研	初步调查
实验法	将调研对象置于特定的控制环境之中，通过控制外采取变量和检验结果差异来发现实验变量与目标变量间的因果关系	发现问题产生的原因	因果性调研，将结果与可能导致这种结果的不同因素区分开来，找到结果的直接原因	追踪深入调查

（三）旅游市场营销调研对象的选择方法

1. 全面调查

全面调查指旅游营销调研人员在营销调研时对所有与调研目标有关的调研对象进行调查，以获得全面而精确的第一手资料。通过全面调查可以取得比较精确的资料，但是工作量太大、所花时间较长且成本高。

2. 抽样调查

抽样调查指旅游营销调研人员根据调研目标从调研对象总体中抽出一定的个体（样本）的过程。抽样调查具有降低成本、节约时间的优点。抽样方法可分为随机抽样和非随机抽样（见表 4-4）。

表 4-4　抽样调查的方法

抽样	分　类	方　　法	示　　例
随机抽样	简单随机抽样	对总体单位不经任何分组、排队，排除任何有目的的选择，完全按随机原则抽取调查单位	1. 抽签法 2. 随机数字表法
	等距抽样	先将总体从 $1\sim N$ 相继编号，并计算抽样距离 $K=N/n$。式中 N 为总体单位总数，n 为样本容量。然后在 $1\sim K$ 中抽一随机数 k_1，作为样本的第一个单位，接着取 k_1+K，k_1+2K，…，直至抽够 n 个单位为止	某企业有职工 5 000 名，现要随机抽取 100 人进行家庭收入水平调查。 抽取方法：按姓名笔画对总体进行排列，把总体划分为 $K=5\,000/100=50$ 个相等的间隔，在第 1 至第 50 人中随机抽取一名，如抽到第 10 名，后面间隔依次抽取第 60，110，160，210，… 直到 4 960 为止，总共抽取 50 名职工组成一个抽样总体

续表

抽样	分类	方法	示例
随机抽样	分层抽样	把总体各单位分成两个或两个以上的相互独立的完全的组(如男性和女性),从两个或两个以上的组中进行简单随机抽样,样本相互独立	某科研单位有科研人员160人,其中具有高级以上职称的30人,中级职称的50人,初级以下职称的80人。现要抽取一个32员工组成的抽样总体,分别抽取高级、中级、初级职称人员6人、10人、16人
	整群抽样	同质总体被分为相互独立的完全的较小子集。随机抽选子集构成样本。分层抽样的样本是从每个子集中抽取,而整群抽样则是抽取部分子集	调查中学生患近视眼的情况,抽某一个班做统计;进行产品检验;每隔8h抽1h生产的全部产品进行检验等
非随机抽样	方便抽样	方便抽样是根据调查者的方便性,以无目标、随意的方式进行的抽样调查活动	常见的无限制的街头拦访和随意的入户访问
	判断抽样	适用于调查员或者调查专家基于选择标准或者条件抽取典型样本的情况	一般商业机构进行的市场或产品测试调查基本上都属于判断抽样的范围
	配额抽样	根据一定标志对总体分层或分类后,从各层或各类中主观地选取一定比例的调查单位的方法。所谓"配额"是指对划分出的总体各类型都分配给一定的数量而组成调查样本	若样本量为400户,应从每个次总体中按比例依次抽取140户、80户、100户、80户。在调查时给每一个调查员指定在每个次总体中调查的户数。指定每个调查员在第(1)、(2)、(3)、(4)次总体中分别调查7户、4户、5户、4户

案例4-2

福州市居民旅游市场的调研

2010年,某咨询团队对福州居民旅游需求进行了随机抽样调查,同时结合访谈法,内容涉及被调查者的个人基本情况、旅游时间、旅游动机、旅游产品偏好、出游方式等。调查共发放问卷120份,共回收问卷120份,回收率达100%。其中有效问卷118份,占98.3%。在调查中,受访男性人数65人,占样本总数的54.17%;女性人数55人,占样本总数的45.83%。

调研结果分析

1. 旅游时间分析

调查结果显示,每年至少出游一次的人数比例为93.32%,每月大约出游一次的人数占总人数的30.07%。说明大部分福州居民有着强烈的旅游需求,出游频率较高。在停留时间方面,在外停留两至三天的人数最多,占到48.3%,其他停留时间依次是一日游的占12.5%,一周的占27.5%,停留一周以上的占11.7%。由此可推断,大部分人的停留时间都在4天以内,在访谈中很多人也提到出于经济因素的考虑,他们不愿意在外逗留时间太长,除和父母出游,选择的在外停留时间会在一周或一周以上。

2. 旅游目的地与景观选择分析

调查显示，对于旅游景观类型的选择上，被访者偏好于名山胜水、名胜古迹等自然景观，在访谈过程中，探险与运动类项目也是他们较感兴趣的。以上两方面说明，自然旅游资源在旅游产品的开发设计中应该占据重要地位。对旅游目的地的选择表明居民旅游已不再局限于省内，而拓宽到全国游，反映出居民的旅游需求与决策的变化趋势。

3. 旅游动机与产品偏好分析

调查结果表明，居民旅游动机主要为丰富人文知识、陶冶情操，包括享受自然风光、了解异地的历史古迹、体验异地民俗民风、开拓眼界等；其次是娱乐放松、希望结识新的朋友等。在旅游产品偏好上，问卷中将旅游景点划分成若干类型，让他们选择，从而看出他们的旅游偏好。结果表明，对于消费者而言，还是偏好传统的观光游。但是国内的关于学习旅游、探险旅游等旅游产品还做得不够完善，很多人有过一次不满意的经历之后就不愿再购买。随着国内同类旅游产品的进一步推广和完善，学习旅游和探险旅游偏好正在稳步上升。

4. 旅游决策影响因素分析

调查结果显示，被调查者对价格有较高的敏感性，价格成为影响旅游决策的主要因素。53.3％ 的人认为外出旅游，首先应考虑的就是安全，其次依次是服务、价格、交通等。在住宿方面，61.21％的人选择卫生、安全，30.90％的人选择经济性，6.98％ 的人表示环境舒适性也是考虑的范围之一，只有极少数的人选择豪华、完善的配套设施。在饮食方面。大部分人对饮食的要求并不高，干净卫生是前提，其次是味道。如果旅游目的地有独特的风味小吃和饮食，则是他们的首选。另外，在旅游途中最喜欢购买的是名特优产品，以下依次为旅游纪念品、高新科技产品和化妆品等。在访谈中，被调查者对国内的购物产品都很不满意，认为产品单一化，很少有特色的产品，对旅游购物服务也不满意。

5. 旅游方式分析

在出游方式上，62.5％ 的人选择自助游，28.3％ 的人选择跟随社团组织出游，9.2％ 的人选择其他方式旅游。可见，大多数人更喜欢灵活自主且经济实惠的自助游。大部分的被访者不喜欢随团旅游，一是因为受经济条件所限；二是因为旅行社提供的旅游产品在服务质量、服务水平上难以满足需要，针对消费群体的旅游项目极少。在出游同伴的选择上，43.7％的被访者选择和朋友结伴而行，愿意和家人出游的占 45.5％，愿意单独出游的占 10.8％ 。

6. 旅游信息渠道分析

旅游消费决策对信息的依赖性较强，表现之一就是旅游者在选择旅游目的地时，需参考许多旅游信息，包括旅游景区和景点、旅行社、旅游人数、交通工具、餐饮、住宿、气象等相关因素。调查结果显示，被访者获取旅游信息的主要渠道依次是：朋友推荐、电视、网络、报纸杂志、旅行社、其他。被访者认为获取旅游信息受朋友推荐的影响最大，因为这样的信息可靠，这说明口碑宣传是获得旅游信息的主要渠道，而乐于接受新事物的特点也决定了居民会将电视、互联网作为获取信息的另一渠道。但通过访谈可知，网络渠道仍存在旅游信息系统不完善、广告的虚假成分较多、信息的可信度不高等缺陷。

结论：

(1) 注重安全，讲究性价比，相对更加重视旅游经历。根据调查显示，人们对安全较为敏感，53.3% 的人认为外出旅游，首先应考虑的就是安全，其次依次是服务、价格、交通等。在旅游过程中对物质要求不高，讲究经济实惠，特别是吃、住方面只要得到基本满足即可。此外，人对外面的世界总是充满好奇，更加重视旅游过程中的经历和感受。调查显示，63.43%的人旅游动机为丰富人文知识、陶冶情操；因此，体验型、学习型、探险性的旅游产品需要进一步开发。

(2) 旅游目的地的选择以短期、自然风景类为主。根据调查结果，60.8%的被访者的外出旅游时间控制在 4 天以内，对于旅游景观类型的选择上，偏好于名胜古迹、革命圣地等景观。

(3) 出游方式多以自组群体为主。普遍的消费者自我意识较强，更喜欢灵活自主且经济实惠的自助游。

评析：随机抽样调查与访谈法相结合，为了解旅游市场状况提供最直接、最有效的数据，为旅行社提供可行的建议，挖掘消费者潜在需求，开发福州旅游市场。根据调研显示，现有市场的产品开发策略，可采用差异化市场策略，推出多种信息产品和服务，并配以多种宣传促销手段。

三、旅游市场调查问卷设计技术

调查问卷又称调查表，是指以书面问答的形式了解调查对象的反应和看法，由此获得资料和信息的一种调查方式。调查问卷的设计是旅游市场调查中的一项基础性的工作，直接关系到调研能否达到预期的目的。

（一）调查问卷的目的

调查问卷是用来收集调研数据的一种重要工具，是调查者根据调研目的和要求设计的，由一系列问题、备选答案、说明以及编码组成的书面文件。

（二）调查问卷的结构

表 4-5 所示为调查问卷的构成要素。

表 4-5 调查问卷的构成要素

构成要素	内容与要求
开头部分	主要用来指导被调查者正确填写问卷。内容包括标题、问候语、自我介绍、问卷填写说明。重点在于说明调查目的和要求，请求被调查者予以合作并表示感谢
主体部分	是问卷的核心。提出相关问题，提供回答方式，获得所需资料。要求问题必须具体、客观、简明、可操作、通俗易懂
背景部分	是调查内容的一部分，主要是了解被调查者的基本情况，如年龄、性别、民族、家庭、职业、教育、经济状况等
问卷编码	便于汇总整理
调查人员备注	注明调查人的姓名、调查时间、调查地点等，作为调查作业证明记录，证明调查过程的真实性，以备检查和修正调查计划的执行情况

（三）调查问卷中问题的类型

旅游市场调研问卷中的问题是核心内容，是问卷的主体，主要的问题类型有开放式问题和封闭式问题两大类(见图 4-3)。其中图中提到的量表应答式问题属于封闭类。

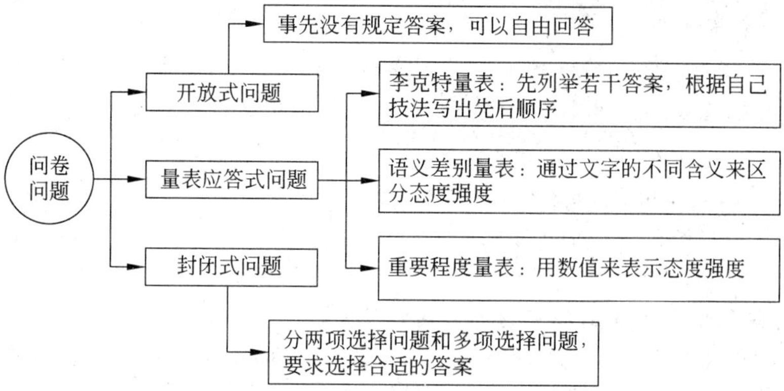

图 4-3　调查问卷中问题的类型

（四）问卷设计中应注意的事项

问卷在收集数据过程中起着重要的作用，其设计要做到主体明确、篇幅简短、结构合理、问题编排恰当、版面布局美观。具体应注意以下事项：

(1) 问题应简明易懂，语言表达要清晰准确，避免使用含义模糊、模棱两可的词。如“也许”、“可能”、“有时”、“偶尔”、“大概”等。

(2) 避免使用专业性术语，应使用通俗易懂的语言。例如，“您认为 POP 广告……”中，“POP”是专业术语，一般的被调查者可能不懂其含义。

(3) 尽量避免涉及私人生活的、有威胁性的、令人窘迫的问题。例如，“您不去旅游，是不是因为收入低，经济拮据?”就是让人感到窘迫的问题；“您结婚了吗?”是一个涉及个人私生活的问题。对于一些敏感性问题、个人不愉快的经历或不愿真实回答的问题，应采取易被接受或委婉的方式来提问。

(4) 问题不要带有倾向性。问题应避免诱导和暗示，保持中性。例如，“许多人都认为承德避暑山庄是值得一看的旅游景点，您印象如何?”这个问题就带有倾向性。

(5) 问卷要简短。问题过多会使被调查者感到时间太长而敷衍了事或拒绝回答。

案例 4-3

关于某景区游客满意度的调查问卷（李克特量表法）

确定使用 1～5 等级量表，按照下述模式设计问句：

十分满意　　满意　　中立　　不满意　　十分不满意

题目：

1. 您对景区的外部交通满意度如何？(　　)

A. 十分满意　B. 满意　C. 中立　D. 不满意
E. 十分不满意

2. 您对景区内外环境满意度如何？（　）
A. 十分满意　B. 满意　C. 中立　D. 不满意
E. 十分不满意

3. 您对景区内部游览路线的安排是否满意？（　）
A. 十分满意　B. 满意　C. 中立　D. 不满意
E. 十分不满意

4. 您对景区的环境卫生满意度如何？（　）
A. 十分满意　B. 满意　C. 中立　D. 不满意
E. 十分不满意

5. 您对景区安全保卫工作满意度如何？（　）
A. 十分满意　B. 满意　C. 中立　D. 不满意
E. 十分不满意

6. 您对景区游客中心服务满意度如何？（票务、咨询、引导）（　）
A. 十分满意　B. 满意　C. 中立　D. 不满意
E. 十分不满意

7. 您对景区民族特色展示与景点景观布局的满意度如何？（　）
A. 十分满意　B. 满意　C. 中立　D. 不满意
E. 十分不满意

8. 您对景区纪念品特色满意度如何？（　）
A. 十分满意　B. 满意　C. 中立　D. 不满意
E. 十分不满意

9. 您对景区硬件服务设施的满意度如何？（　）
A. 十分满意　B. 满意　C. 中立　D. 不满意
E. 十分不满意

10. 您对景区讲解服务满意度如何？（　）
A. 十分满意　B. 满意　C. 中立　D. 不满意
E. 十分不满意

11. 您对景区的总体印象如何？（　）
A. 十分满意　B. 满意　C. 中立　D. 不满意
E. 十分不满意

第二节　旅游市场预测

一、旅游市场预测的内容与程序

（一）旅游市场预测的概念

旅游市场预测就是对旅游市场或旅游市场中的某一因素进行的预测。它是根据旅游市场调查收集的相关信息，进行科学分析、推理，以此判断旅游市场未来的状况或发展趋势，从而避免盲目的营销决策，提高营销的效果。旅游市场预测的基础是旅游市场调查。

（二）旅游市场预测的种类

按时间标准，旅游市场预测一般为 1～3 年。短期预测针对 1 年以内，它为旅游企业短期营销决策和营销策划提供依据；中长期预测（2～3 年）的主要功能是服务于旅游企业长期发展规划和营销战略的制定。

按预测采用的方法，旅游市场预测可分为定量预测和定性预测。定量预测是用数学方法或教学模型，对预测对象进行数量分析；定性预测则从预测的本质属性方面揭示其发展规律和趋势。

（三）旅游市场预测的内容

旅游市场预测的内容十分广泛，凡是能够引起旅游市场变化的因素，都可以作为旅游市场预测的内容。旅游市场预测的主要内容如图 4-4 所示。其中，旅游市场需求预测应成为旅游企业预测的重点，毕竟旅游企业营销最为关注的是旅游市场需求的问题，同时，旅游市场需求的存在是旅游企业从事生产经营的前提条件，也是旅游企业生存的基本条件之一。

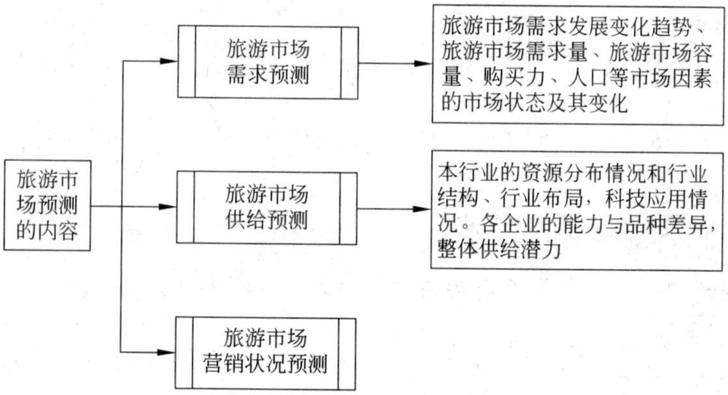

图 4-4　旅游市场预测的内容

（四）旅游市场预测的程序

1．确定预测对象

确定预测对象即确定需要进行预测的市场因素。对旅游企业的市场需求进行预测前，应首先明确预测产品和服务，市场需求是以销售额还是以人次、夜次或其他指标来衡量。旅游营销人员还应明确市场需求产生于哪些顾客群体。

2．组织市场调查

确立了预测目标后，旅游营销人员应进行适当的调查，收集有关资料。有关市场需求过去和现状的资料能够反映旅游营销环境以及市场需求变化的规律性和发展趋势。营销人员还应对收集的资料进行分析整理，对历史上所发生的偶然事件的资料应予以剔除。

若企业有这方面现成的情报资料，则这一步骤可省略。

3. 选择预测方法

可供选择的预测方法很多，如定性预测方法中的经验判断法、专家会议法以及修正后的三点估计法、德尔菲法，定量预测法中时间序列分析法、回归分析法等。在预测中，应根据预测的需要及资料情况，选择可行有效的方法进行预测。

4. 对预测结果进行分析评价

对预测结果进行分析时，应充分考虑到影响旅游市场需求的各种因素，并力求对预测结果进行解释。运用定量方法预测时，旅游营销人员应对预测误差进行分析，寻求产生误差的原因，并掌握误差的大小，以便对预测结果进行适当修正。

旅游市场预测的程序步骤可用图 4-5 表示。

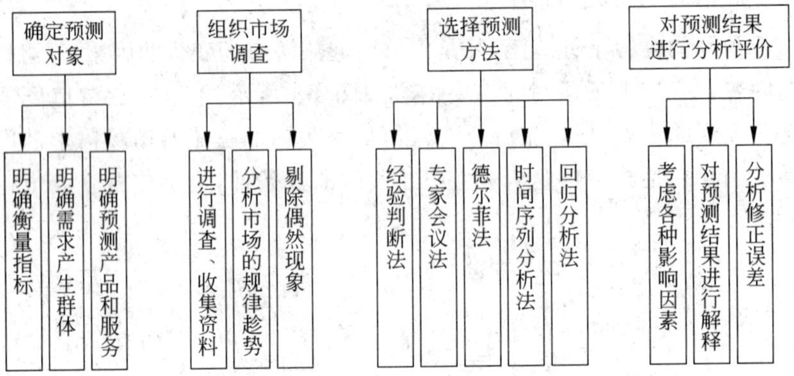

图 4-5 旅游市场预测的程序

二、旅游市场预测的基本方法

旅游市场预测的方法不外乎定性和定量两大类预测方法。每一类方法中又由许多具体的方法组成(见表 4-6)。

定性预测法又称经验判断法，是凭借预测人员的知识、经验和综合分析能力，或依靠集体的智慧进行预测的方法。定性预测的准确性取决于预测人员的知识、经验和综合分析能力。特别是当预测对象缺乏足够的统计数据和原始资料的情况下，常采用这类方法进行预测。定性预测的主要优点是：简便易行，一般不需要先进的计算设备，不需要高深的数学知识准备，易于普及和推广。但其因缺乏客观标准，往往受预测者经验、认识的局限，而带有一定的主观片面性。

定量预测法是以预测对象的历史市场数据为基础，建立并运用数学模型进行预测的方法。这类方法的优点是“凭数据说话”，预测准确；缺点是需要大量的数据资料和复杂的计算，同时很难将诸多非量化因素准确纳入其计算体系。表 4-6 所示为旅游预测的基本方法。

表 4-6 旅游预测的基本方法

旅游市场预测的基本方法	定性预测法	相关推断法	运用此方法进行预测，首先应根据理论分析和实践经验，找出影响预测对象变动的相关因素；其次，对预测期每一个因素所发生变化的方向、大小进行分析研究；最后，依据相关的因果关系的具体情况和预测人员的经验，对预测对象未来的发展趋势做出判断
		意见预测法	此种预测较多用于征询旅游者对旅游企业提供的服务的评价意见或对旅游企业的关注程度。如旅行社最后让每位游客填写的《游客满意度调查表》等
		专家会议法	召集一定数量的专家，以会议形式就预测问题征求专家的意见，各专家在会议辩论后的一致意见即为预测结果，这种方法就叫做专家会议法
		专家意见法（德尔菲法）	1. 组成专家小组。按照课题所需要的知识范围，确定专家。一般不超过20人。 2. 向所有专家提出所要预测的问题及有关要求，并附上有关这个问题的所有背景材料，由专家做书面答复。 3. 各个专家根据他们所收到的材料，提出自己的预测意见，并说明预测理由。 4. 将各位专家第一次判断意见汇总整理，或请身份更高的其他专家加以评论，再分发给各位专家，以便他们参考后修改自己的意见。 5. 收集汇总所有专家的修改意见，再次分发给各位专家，以便做第二次修改。重复进行这一过程，直到每一个专家不再改变自己的意见为止。 6. 对专家的意见进行综合处理
	定量预测法	时间序列分析法	它是根据事物发展的连续性原理，根据时间数列资料，运用预测模型，着重于分析市场过去和未来联系，找出时间序列变动规律，使其向未来延伸进行预测。常用的有简单平均法、移动平均法、指数平滑法、季节预测法等
		因果关系分析法	从事物发展变化的因果关系出发，运用统计方法，寻求市场变量之间数量依存的数量模型进行预测。常用的有回归分析法和经济计量法两种

案例 4-4

2014 年国庆黄金周旅游市场趋势预测

中国旅游研究院调查显示，2014 年十一黄金周期间，受国内经济平稳运行、旅游政策多重利好、目的地及在线旅游企业大幅促销、黄金周旅游需求集中释放等因素影响，出游人次和消费总量均将有较高增长。其中，国内旅游增长平稳，出境市场仍将高速增长，入境市场有望与去年同期持平。预计国庆黄金周旅游市场将接待 4.8 亿人次，按可比口径，同比增长 13%。旅游收入将达到 2 700 亿元，较上年同期增长 20%。

国内市场平稳增长，出境市场高速增长，入境市场持平

主要旅游目的地为黄金周准备了丰富多彩的项目和产品。产业层面，多家在线旅行商与目的地合作推出系列优惠活动。政策层面，十一期间小客车高速公路免征通行费将大幅拉动自驾游市场和近郊市场。十一黄金周前夕发布《国务院关于促进旅游业改革发展的若干意见》打造良好市场氛围。平稳运行的宏观经济配合良好的政策氛围，十一旅游消费的市场将实现平稳增长，并呈现更加理性化的消费特征。

十一黄金周将迎来一年的出境游高峰。除了境外国家和地区放宽签证政策以外，银

联国际和 VSIA 等金融机构也加强了针对十一黄金周的境外刷卡促销活动。部分主要旅行社反馈国庆期间的出境预订有 60%以上的增长。除港澳台、日本、韩国、泰国等传统的热点目的地以外,欧洲、北美、澳洲、中东等地也出现较快的增长。

调研数据显示,十一黄金周期间,中国入境游市场将会保持平稳发展,但市场结构发生变化。另据《2014 年中国入境旅游热门目的地趋势报告》,一线城市的市场比例份额相对下降,二线城市的比例份额开始上升,市场结构有进一步优化的趋势。

近郊游、自由行为主,非传统目的地的关注度提升

据部分旅行社及 OTA 反馈,国庆期间近郊游线路预订量增长较高。研究院调查显示在有出游意愿的消费者中,有 32.8%会选择近郊游。随着在线旅行服务商的竞争加剧,"门票＋酒店"、"机票＋酒店"等形式的出境自由行产品的预订量增长较快。同时,手机 APP 预定等更为便利化的在线旅游服务也使国内自由行更受欢迎。

传统的旅游目的地仍将是国内市场出游的热点,北京、杭州、三亚、成都、西安、厦门、九寨沟、丽江、青岛等地将成为热点。出境游市场上,非传统目的地的关注度正在迅速提升,除日韩、东南亚海岛等热点目的地以外,塞班、斯里兰卡、尼泊尔的关注度也在迅速提高。在产品类型上,深度游、品质游、度假游更受消费者青睐。

评析:中国旅游研究院从市场需求、市场供给等方面采用定性、定量等市场预测方法,做出预测分析——受国内经济平稳运行、旅游政策多重利好、目的地及在线旅游企业大幅促销、黄金周旅游需求集中释放等因素影响,居民出游人次和消费总量均将有较高增长。根据以上预测各级政府和相关部门便于提前做好"景区超载"、"门票涨价"、"服务品质下降"、"交通拥堵"等游客广泛关注的热点问题的应对工作。

相关链接

未来十年中国旅游发展趋势预测

在 2010 年年底,中国旅游未来研究会召开学术年会。会上提出了《新 10 年中国旅游发展趋势预测》的研究报告,报告指出 21 世纪第二个 10 年里,中国旅游的发展将显现出许多重要的特征。

该报告在总体上预测了中国公民旅游出游的总格局。"21 世纪的第二个 10 年将是中国旅游发展新阶段的转折年";"社会和经济活跃带来的交流需要,将使事务类旅游在中国获得更大的发展";"用人单位对员工的关心,将开辟中国奖励旅游的新时代";"随着中高收入人群的扩大,中国公民出境旅游的增长仍将高于国内旅游的增长";"人民币中长期的升值趋势对中国出境旅游的正效应将有更多凸显"。

针对中国旅游产业的态势,该报告认为,在新的 10 年里"对旅游业的民间投资将出现新一轮的高潮,外资将大步进入中国旅游业";"旅游需求的多样性,将酝酿出旅游购买和服务程序的新变化";"产品的体验性和参与性将得到旅游经营者的更多注意";"供大于求与供不应求将推动全国旅游饭店布局出现新调整";"网上旅游订购将更具强势,或将迫使不少传统旅行社出现新变革";"旅游企业的业务调整将推动高层管理者做出新的决策"。

该报告在旅游与国家发展的关系上，认为下一个10年“旅游消费将在国家转变经济增长方式的努力中产生重要作用”；“立足于社会立法的国家旅游促进法的立法将成为现实”；“地区旅游休闲纲要的落实将成为旅游新发展的重要推力”；“旅游标准化的推力将部分取代行政部门的直接管理”。

在对中国旅游业的发展总体看好的同时，该报告也表示了一定的担心，如“受经济利益驱使，不少地方当局将更加注目高端旅游的发展”；“旅游发展的区域竞争将更加凸显”；“地方政府的经济压力和部分经营者的小团体视野将推动旅游景区门票的多次涨价”。不过，该报告也同时指出了在发展中将有可能出现的相应的积极一面，即“部分国有景区的免费开放将与门票涨价形成鲜明的两极现象”。因此，该报告认为“中国公民的国内旅游仍将是21世纪中国旅游业的主体”；“中国国内旅游的增长仍将快于全国GDP的增长”。

（本文来源于搜狐旅游，http://travel.sohu.com/20101215/n278310824.shtml）

案例讨论与单元实训

一张“有问题的问卷”

假设一家餐馆的营销经理准备了下面这样一个问卷来对餐馆的潜在顾客进行调查。你对每个问题如何评价？

1. 你的收入最接近多少？
2. 你外出就餐有多频繁？
3. 在每周的工作日期间，你有几天会吃早餐？

1　2　3　4　5

4. 平均而言，你在午餐上的消费是多少？

A. 0～2美元　　B. 2～4美元　　C. 4～6美元　　D. 6～8美元

5. 你希望餐馆在周末晚上提供乐队的现场演出吗？

是——；否——

6. 去年4月份你收到了较多的餐馆折价券吗？今年呢？

思考题

1. 这份问卷的问题设置存在哪些问题？
2. 请修改这份问卷问题，使之成为一份合理的问卷。
3. 谈谈设计一份调查问卷应当注意的问题。

第五章 旅游目标市场选择与定位

本章节内容精要全览

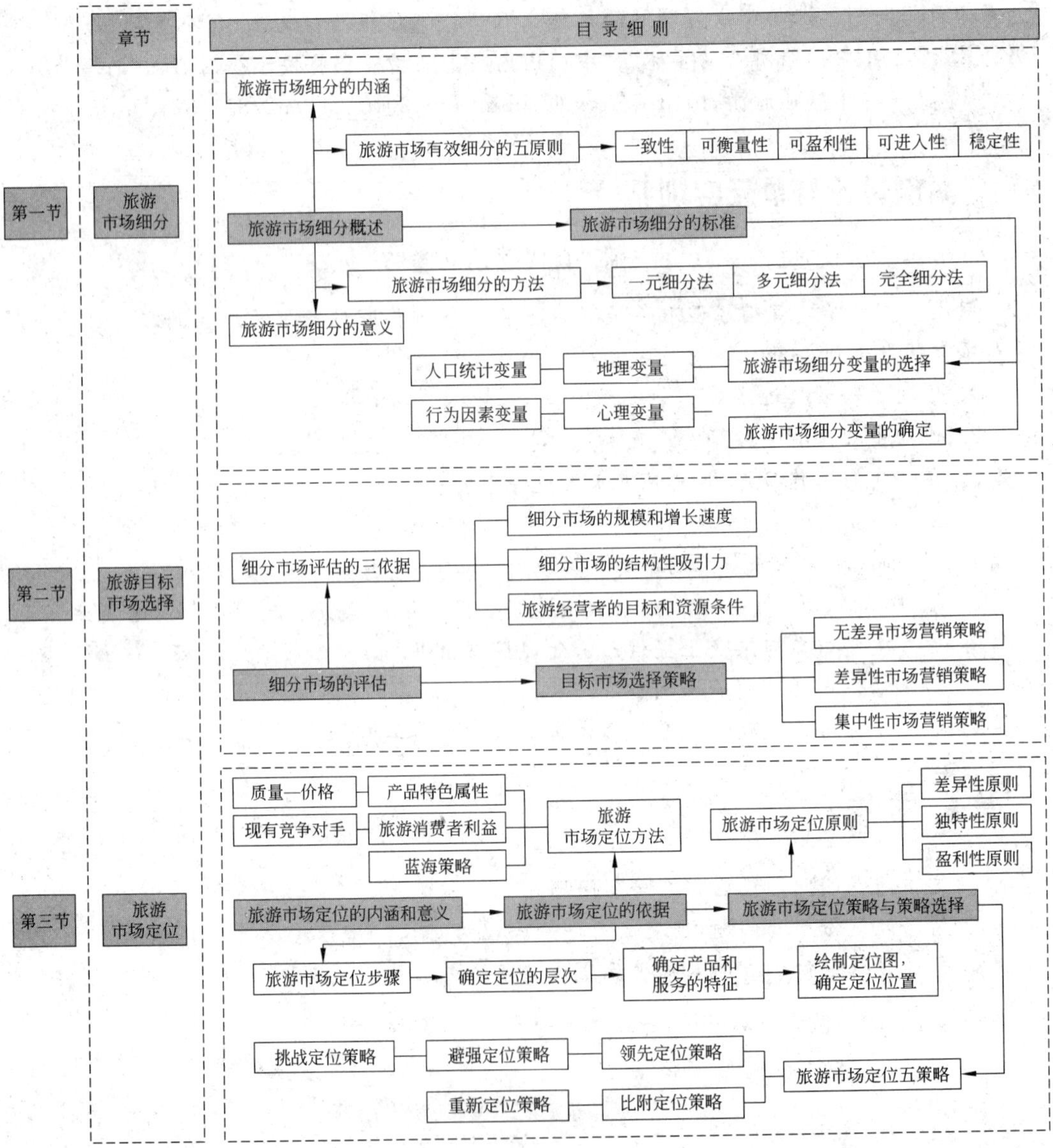

第一节 旅游市场细分

一、旅游市场细分概述

（一）旅游市场细分的内涵

市场细分理论(market segmentation theory)是美国著名市场学家温德尔·R.史密斯(Wendell R. Smith)于1956年最先提出来的。市场细分这一原理的主要根据是旅游消费者需求在客观上存在的差异性和同质性的辩证关系。

旅游市场细分(tourism market segmentation)是指旅游经营者根据旅游者特点及其需求的差异性，将一个整体市场划分为两个或两个以上具有相类似需求特点的旅游者群体的活动过程。经过市场细分后，每一个具有相类似需求特点的旅游者群体就是一个细分市场。

（二）旅游市场细分的意义

市场细分对于一个旅游目的地或旅游企业正确制订营销计划和营销战略、顺利实现营销目标有着极其重要的意义。

(1) 有利于识别和发掘旅游市场，开发新产品，开拓新市场。

(2) 有利于针对性地制定和调整旅游市场营销组合策略。

(3) 有利于旅游企业优化资源配置和取得良好的经济效益。

（三）旅游市场细分的原则

为了保证旅游市场细分工作的有效性，各细分市场要遵循的原则主要有以下五个方面(见表5-1)。

表5-1 旅游市场细分五原则

细分原则	解释	示例
一致性	各个细分后的市场，在同一个细分市场中的旅游消费者需求应该尽可能集中和一致	华山景区曾将国内旅游消费者作为整个市场营销，这样目标市场的范围太广，营销没有针对性
可衡量性	不同细分市场的旅游消费者需求之间应具有较明显的差异，各个细分市场的规模和潜力能够予以有效衡量	针对不同年龄差异细分出来的老年、中年、青年、儿童旅游市场对旅游内容、时间、旅游方式有很明显的需求差别，细分出来的市场对营销组合有独特的反应
可盈利性	各细分市场的容量大小必须具备一定的规模，能够实现为旅游经营者实现利润的目的	在大都市地区，可以开各种不同种族或国际的饭店，能够保证饭店目标市场的容量。而在一些三线城市或小县城，开日本餐馆或是土耳其餐馆，则难以保障客流量，无法盈利
可进入性	细分出来的市场，旅游经营者可利用现有资源条件和竞争实力去占领，并且消费者能够有效地接触到旅游经营者提供的产品和服务	在拉斯维加斯和澳门开赌场饭店，都是符合当地法律的，而在中国内地开赌场饭店则是法律不允许的，没有可进入性。在伊斯兰教聚集区开一家卖猪肉的饭店，市场也没有可进入性

续表

细分原则	解　释	示　例
稳定性	细分出来的市场在一定时期内能够保持一定的规模和指向，不会突然出现根本性或逆转性的变化，具备长期发展的潜力	有些消费者人群属于短暂流行的时尚市场，如追星族、泡吧族之类的，属于昙花一现的市场，没有必要把它作为一个专门的细分市场来进行营销

（四）旅游市场细分的方法

目前，国内大多数学者对旅游市场细分时采用三种细分方法（见图 5-1）。

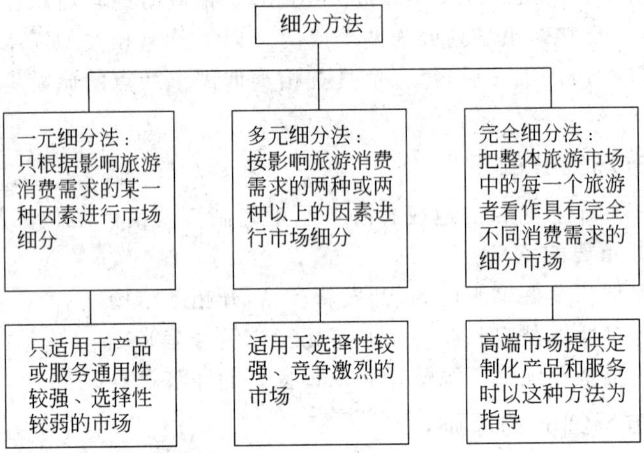

图 5-1　旅游市场细分三方法

二、旅游市场细分的标准

（一）旅游市场细分变量的选择

市场细分对于旅游业经营具有极为重要的意义。旅游市场细分的依据是旅游者需求的差异性。从旅游业的具体情况来看，旅游者需求的差异性可以表现在很多方面。因此，旅游经营者在开展市场细分工作时，要对旅游者需求差异的很多变量或指标进行分析。目前多数学者一致认为，可按照地理变量、人口统计变量、心理变量和行为变量因素四个方面对旅游需求市场进行细分（见表 5-2）。

表 5-2　旅游消费者市场细分所依据的主要变量

细分变量	细分依据	细分类型
地理变量	地理区域	欧洲区、美洲区、东亚及太平洋区、南亚区、中东区、非洲区
	客源流向	一级市场、二级市场和机会市场
	空间距离	远程、中程和近程旅游市场
	气候特点	热带旅游区、亚热带旅游区、温带旅游区、寒带旅游区
	人口规模	都市、郊区、乡村

续表

细分变量	细分依据	细分类型
人口统计变量	年龄	儿童市场、青年市场、中年市场、老年市场
	性别	男性市场、女性市场
	家庭规模与家庭生命周期	青年单身、青年已婚无子女、青年已婚有六岁以下子女、中年已婚有六岁以上子女、老年单身、老年已婚无子女、老年已婚有十八岁以上子女
	家庭收入	高收入、中档收入、低收入
	职业	专业技术人员、管理人员、官员和老板、普通职员、农民、退休人员、学生、家庭主妇、失业人员等
	受教育程度	小学或以下、中学、中专、大专和大学、硕士及以上
	宗教信仰	天主教、基督教、犹太教、伊斯兰教、印度教、其他等
	种族	白种人、黑种人、黄种人
	国籍	中国、美国、日本、俄罗斯、韩国、朝鲜、德国等
心理因素	社会阶层	上层、中层、下层
	旅游动机	身体健康、文化方面、交际方面、地位和声誉的需要
	价值观与生活方式	勉强生存者、暂时忍受者、社会归属者、渴求上进者、事业成功者、我行我素者、追求阅历者、胸怀社会者、心理完善者
	个性特征	依赖型、近依赖型、中间型、近冒险型、冒险型
行为因素	购买动机	观光旅游市场,会议、商务旅游市场,度假旅游市场,奖励旅游市场,探亲访友旅游市场、购物旅游市场等
	购买时间	旺季、淡季和平季旅游市场
	购买方式	团体和散客旅游市场
	购买数量和频率	较少、多次、经常和频繁旅游者
	忠诚程度	坚定忠诚者、中度的忠诚者、转移型的忠诚者、多变者

案例 5-1

携程进军亲子游新蓝海

2013 年,在线旅游巨头携程旅行网已与湖南卫视达成合作,成为《爸爸去哪儿》"亲子旅行合作伙伴",针对国内家庭旅游者开发产品进军亲子游市场。业内人士称随着我国家庭结构和消费方式的变化,亲子游市场是新的蓝海,携程这样极具产品研发与服务能力的在线旅游巨头进入,将对市场产生积极刺激效应。

明星亲子真人秀《爸爸去哪儿》的连锁效应已经波及拍摄目的地、景点、旅行社等旅游市场。携程成为《爸爸去哪儿》"亲子旅行合作伙伴",并推出了合作活动页面,已有多条产品上线,包括北京灵水村、宁夏沙坡头、云南普者黑、山东威海荣成等。在节目中出现的滑沙、观赏天鹅湖、入住彝族乡村客栈等元素也出现在旅游产品中,可以说是"跟着节目去旅行”。此外，携程还为3～4岁、8～16岁等群体推出了境内外数十条亲子、游学产品。

评析：携程以产品研发和一站式服务见长，湖南卫视与携程合作推广主题产品，将使“亲子旅游”的话题更丰满。亲子游的市场前景被一致看好。一方面，“70后”、“80后”已经进入三口之家或者三代同堂的阶段，城市中这样的家庭有数以千万，形成一个庞大的旅游消费阶层。另一方面，中国的父母在孩子身上一向很“大方”，很注意对孩子的“投资”，父母如果考虑带孩子去玩，普遍希望带孩子通过深度体验式旅游增长孩子的见识、磨炼孩子的意志。但目前市面上的亲子游开发不足，缺乏产品特色和服务标准。携程把亲子游作为一个重要的旅游主题和细分市场，依托其网络传播优势，通过产品与服务创新，借助《爸爸去哪儿》这种融旅游、教育于一体，户外生存、休闲拓展的“亲子游”将成为深入开发亲子游市场的一大突破口。

（资料来源：携程成为《爸爸去哪儿》“亲子旅行合作伙伴” 进军亲子游市场，http://travel.ddmap.com/travel_topic_158377_140208_1.htm.）

（二）旅游市场细分变量的确定

表5-2只是提供了旅游市场细分的一个参考，旅游经营者在进行市场细分时对具体细分变量及其指标范围的确定需要根据市场实际情况而定。因此，在旅游经营者的实际操作中，营销人员要考虑以下两方面的因素：①旅游者的需求差异；②旅游经营者自身资源情况。

案例5-2

华住酒店集团：六大品牌锁定六大细分市场

华住酒店集团是国内第一家多品牌的连锁酒店管理集团。自2005年创立以来，华住在短短数年间已经完成全国主要城市的战略布局，并重点在长三角、环渤海湾、珠三角和中西部发达城市形成了密布的酒店网络。2010年3月，“华住酒店集团”的前身“汉庭酒店集团”在纳斯达克成功上市。2012年11月21日，汉庭酒店集团正式更名为华住酒店集团。现在，以“成为世界住宿业领先品牌集团”为愿景的华住，在创始人季琦的带领下，已经成为中国发展最快的酒店集团。2014年，华住在中国超过400个城市中已经拥有2 000多家酒店和50 000多名员工，旗下拥有6个广受欢迎的酒店品牌，包括禧玥酒店、漫心度假酒店、全季酒店、星程酒店、汉庭酒店、海友酒店。

1. 禧玥酒店——满心禧悦：禧玥酒店是华住酒店集团推出的全新朴适高档酒店品牌。立足中国一、二线城市核心区域，坐落在著名商圈、大型城市综合体等繁华地段，以全新的设计理念、五星级客房与服务为特点，为宾客提供“全行政楼礼遇”，“禧玥＋1”特色服务，和“轻松科技”的产品体验，为高端白领人士打造“满心禧悦”的酒店生活新方式。

2. 漫心度假酒店——漫度好时光：个人旅游日益繁荣的今天，度假式旅游正在成为新时尚。漫心度假酒店就是应此需求而生。漫心的立意，是要在中国和亚洲最美丽的地方创造一个个自在的度假空间，让客人们拥有彻底放松的美好时光和自在空间。

3. 全季酒店——爱自己，住全季：全季酒店是华住旗下针对中档酒店市场的有限服务酒店，致力于为智慧、练达的精英型商旅客人提供最优质地段的选择。全季酒店选址在中国一、二线城市的商业中心，让客人无须支付五星级酒店的价格，即可享受五星级酒店的地段优势。

4. 星程酒店——星光照耀旅程：星程酒店是华住旗下的非标准中档连锁酒店。星程驻足中国重要商旅城市中心，选择3～4星级优质的单体酒店，注入现代管理、顾客服务及品牌经营理念，打造“宽敞高雅空间、优质床品卫浴、完备设施服务、i-hotel聪明服务”四项品质特征，同时又具备极佳的性价比，从而区隔高档酒店与经济酒店市场，打造中档连锁酒店名牌。

5. 汉庭酒店——人在旅途，家在汉庭：汉庭酒店是华住旗下标准经济酒店，致力于为商旅客人提供便捷的住宿体验。酒店安心的睡眠系统、现代的卫浴系统、便捷的商旅配套和典雅的酒店氛围可保障您出门在外也有在家一般的感受。

6. 海友酒店——四海皆朋友：海友酒店是华住酒店集团旗下的经济型酒店连锁品牌，致力于为有预算要求的客人提供“更经济超值”的住宿产品。

评析：针对不同的顾客需求，华住酒店集团在饭店产品上进行了细分，以满足市场上不同旅游消费者的需要。华住酒店集团将饭店产品分成六大类，针对不同顾客需求特点来细分市场，并制定不同的市场营销策略，提供不同的设施和服务，满足了不同层次顾客的需求，体现了现代市场营销以顾客为中心的理念，使其成为中国发展最快的酒店集团。

拓展阅读

瑞士医疗旅游——旅游细分市场中的新蓝海

2007年8月22日，瑞士优质医院联盟正式在沪亮相，4家瑞士医院首先试水，开通中国公民赴瑞士医疗旅游的绿色通道。只要符合一定条件，中国病人就能收到这4家医院的邀请函，赴瑞士接受整形、运动康复治疗、心血管手术等世界领先的医疗服务。

抢滩上海打出旅游医疗“金招牌”

瑞士优质医院联盟由18家瑞士医院组成。此次来上海试水的4家医院来自瑞士最有名的4座城市：CLS位于有世界奥林匹克博物馆之称的洛桑、SOHO坐落在被联合国定为世界遗产的古城伯尔尼、MIS位于举办世界顶级钟表珠宝展览的巴塞尔、CGB坐落在瑞士钟表中心日内瓦。今后，另外14家医院将陆续加盟。

“旅游医疗”是这些“洋医院”抢滩上海打出的“金招牌”。据CLS的护士长透露，旅游医疗因人而异，有些接受整形美容的患者在接受治疗后，会有一半时间前往少女峰、日内瓦湖等瑞士著名风景区旅游。而如果是接受关节置换等骨科治疗的患者，则可在接受检查期间或是在康复期内在瑞士旅游；而另一张揽客的招牌是：瑞士医院会小心翼翼地保守患者的秘密。

医疗费用与在香港就医差不多

“很多人选择到瑞士治疗更多是因为医疗价格。”一位业内人士透露，在瑞士手术的费用远远低于美国，与中国香港差不多。

评析：市场细分成为旅游营销武库中的常见武器，但国内业者尚未充分认识到这一武器的强大威力。向瑞士的医疗旅游营销学习，中国企业必须变得更会做市场细分，而不是仅仅追逐大众市场。

为了进行有效竞争，国内的旅游业者必须学会选择最有利可图的目标，集中进攻，这样它才可能获得竞争优势。美国企业家 Don Tyson 的三字真经“细分，集中，制胜”(segment，concentrate，dominate)说的就是这个道理。

（资料来源：《瑞士的故事》，故事中的旅游营销策划感悟（交广传媒——胡森）杂想系列 595）

第二节 旅游目标市场选择

一、细分市场的评估

市场细分是旅游经营者选择目标市场的前提。目标市场(target market)是企业经过市场细分后要进入的、作为企业销售目标的细分市场。怎样在众多的细分市场中选择适合自己的目标市场呢？旅游营销人员就要对将要选取的细分市场进行评估。表 5-3 所示为细分市场评估的三个依据。

表 5-3 细分市场评估的三依据

细分市场评估的依据	具体因素	适用条件
细分市场的规模和增长速度	分析各个细分市场的当前销售额、增长率，以确定具有适当规模和增长特征的细分市场	对实力雄厚的大企业来说，是指规模大、增长速度快的细分市场；而对中小企业而言，由于其资源和实力的有限性，则是指不被大企业看好的、规模较小、增长速度比较平缓的市场
细分市场的结构性吸引力	影响一个细分市场吸引力大小的因素有行业竞争、替代产品、购买者和供应者的状况	如果某一细分市场上已经存在许多强有力的竞争者，则不太具有吸引力；如果一个细分市场上目前或将来存在许多替代性产品，则吸引力有限。购买者的砍价能力大小也会影响细分市场的吸引力。如果一个细分市场上存在一个强有力的供应商，那么这个细分市场也是缺乏吸引力的
旅游经营者的目标和资源条件	旅游企业还需考虑自身的经营目标和拥有的资源是否与市场相匹配	对适合企业经营目标的细分市场，旅游企业要考虑自身的生产能力，拥有的各种资源和技术，不能选择企业自身无法满足的细分市场

二、目标市场选择策略

旅游经营者在选择目标市场时可以使用的目标市场策略一般有三种，如图 5-2 所示。

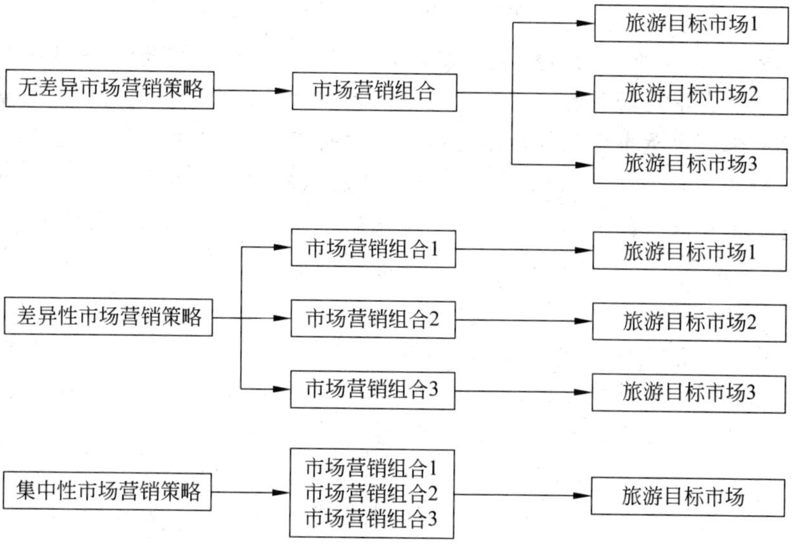

图 5-2　三种备选的目标市场策略

案例 5-3

“万达城”瞄准新目标——万达旅游地产的换代升级

万达第四代升级产品的“万达城”，是一个集室内外主题公园、秀场、滑雪场、酒店群、万达城等复杂业态，融合了文化、旅游、商业以及高科技的文化旅游综合体。在基于核心竞争力的“订单商业地产”模式的基础上，整合包括商业地产、酒店、旅游、电影院线以及连锁百货在内的几大业务板块。

评析：万达之所以在市场上占有较高的份额，是因为“万达城”整合了包括商业地产、酒店、旅游、电影院线以及连锁百货在内的几大业务板块。针对不同的消费者，万达采取了不同的营销策略。正是这种差异性营销策略使万达成为产品内容丰富、吸引力大的目的地。

案例 5-4

星期五餐厅专注休闲目标市场

1965 年的春天，一家窗户上装饰着红白雨篷、大门上安装着蓝底黄字店标的普通餐厅在纽约第一大道和 63 街的交叉口处开业了，这就是第一家星期五餐厅。1995 年，已经发展成为国际著名休闲餐饮品牌的星期五餐厅，在经过短暂的探路台湾之后，远跨大洋正式来到北京落户。如今，走进星期五休闲餐厅已经从最初的尝尝鲜而转变成为了一种时尚；对于某些人来讲，它甚至已经成了一种习惯。

休闲餐饮主打"文化"牌

"餐饮企业之间竞争的最高层次其实就是不同文化之间的竞争。"北京星期五餐厅的投资人和管理层在不同场合都对餐饮业竞争的性质表示出了相同或者类似的看法。北京星期五餐饮有限公司董事副总经理路圣地认为"'吃环境'的说法是绝对没错的"。尤其是随着收入水平的提高,人们开始越来越注重生活的品质。在饮食方面,一部分先富起来的人们总是想要把原来很简单的吃的过程变得充满情调,同时越来越多的人也在追逐"吃环境"的新饮食文化。

星期五餐厅就是一个满足消费者享受高品位生活的心理需求以及张扬自己鲜明个性的场所。当你走进美式休闲"星期五餐厅"时,你将会看到热闹的人群中年轻的面孔最多,满眼是热烈奔放的色彩和角落中正生长着的热带植物,红白条的桌布映着斑斓的吊灯,"沉船理论"的传说被一只木船高悬在餐厅上空。最流行的美国乡村音乐混合着食物的香气一同扑面而来。那一刻,你也许会感觉"又到星期五了"。

评析:与传统的餐饮理念相比,星期五餐厅努力营造的是一种自由、随意、无拘无束、身心完全放松的休闲空间。虽然不能绝对肯定地说这就代表了现代餐饮的发展方向;但是由于它在很大程度上使得普通人的一些情感得以宣泄,所以引起了消费者发自内心感情上的共鸣,从而成功赢得了市场。

(资料来源:星期五休闲餐厅,你去哪儿?)

上述三种目标市场选择策略都各有其优缺点(见表 5-4)。

表 5-4 目标市场策略的优缺点

目标市场选择策略	优点	缺点
无差异市场营销策略	规模效益显著; 降低平均成本; 容易建立市场形象	市场适应能力差; 加剧市场竞争,降低了经济效益; 增加经营风险
差异性市场营销策略	适应旅游者的不同需求; 扩大声誉,提高形象,培育顾客忠诚度; 经营风险小	经营成本高; 资源配置不集中; 管理困难
集中性市场营销策略	提高企业在一个或几个细分市场上的占有率; 降低成本和销售费用; 增加知名度和销售量,提高利润率	目标市场狭窄; 具有很大风险性

旅游经营者采用哪种目标市场策略来进行营销需要慎重地进行决策。在选择目标市场时,旅游经营者必须综合考虑自身实力、产品特点、市场特点、产品生命周期和竞争者市场策略等因素来确定自己的目标市场选择策略(见表 5-5)。

表 5-5 目标市场选择策略的确定

制约因素	条件	采用策略
经营者实力	实力强、资源丰富	无差异市场营销策略
	资源、实力有限	集中性市场营销策略
产品特点	产品特点一致	无差异市场营销策略
	产品特点独特	差异性或集中性市场营销策略
市场特点	市场类似程度较高	无差异市场营销策略
	市场类似程度低	差异性或集中性市场营销策略
产品生命周期	处于投入期或成长期	无差异市场营销策略
	进入成熟期或衰退期	差异性或集中性市场营销策略
竞争者市场策略	竞争对手实行某种市场营销策略	采取与之相抗衡的策略

第三节 旅游市场定位

一、旅游市场定位的内涵和意义

一旦旅游经营者选定自己的目标市场后，就必须决定其产品和服务在市场上占据什么样的位置。因此，旅游经营者要在旅游消费者心中创造一定的市场形象和位置，以便为其产品或服务创造出独特优势。

（一）旅游市场定位的内涵

旅游市场定位是指旅游企业根据目标市场上的竞争者和企业自身的状况，从各方面为本旅游企业的旅游产品和服务创造一定的条件，进而塑造一定的市场形象，以求在目标顾客心目中形成一种特殊的偏好。

（二）旅游市场定位的意义

对于旅游经营者而言，对其产品和服务进行恰当的市场定位显得尤其重要。成功的旅游市场定位对旅游经营者具有十分重要的意义。

（1）有利于旅游经营者造就和强化在消费者心目中的持久形象，建立竞争优势。

（2）有利于旅游经营者有针对性地开展营销活动，确保营销组合的精确执行。

（3）有利于旅游经营者拓展目标市场的潜力，避免旅游经营者间的恶性竞争。

二、旅游市场定位的依据

（一）旅游市场定位方法

对于旅游经营者而言，要想树立起恰当的市场形象，就要依托正确的市场定位方法。目前，旅游营销人员在制定定位策略时，所依据的国内外比较有影响力的市场定位方法主要有以下几种：

1. 根据产品特色属性进行定位

每一项旅游产品或服务都可以看作一组属性的组合，旅游经营者可以根据自己产品的某种或某些有特色或有优势的属性来进行定位。

案例 5-5

特色客房吸引特定人群

济宁曲阜的阙里宾舍最近建设了一批庭院房。庭院房不仅安放了石桌，栽了竹子，还进行了特色渲染，如结合反映儒家思想的书籍、屏风、字画、碑帖等符号，营造带有儒家君子风范的客房氛围。此外，顾客还能透过窗户看到孔庙或钟楼。据该酒店副总经理温冠军介绍，现在酒店竞争压力大，增加酒店产品的文化内涵可以提高竞争力。“曲阜阙里宾舍主题客房走差异化竞争道路，目前客房卖得还不错。”

评析：设立主题客房，是追求个性化服务的体现，这将会成为一种趋势。过去酒店客房是千店一面，顾客没有太多选择，现在酒店越来越多，酒店经营者要研究消费差异，通过个性化的产品设计，强化主题客房在旅游消费者心目中的形象，进而来锁定自己的客户群。

2. 根据“质量—价格”定位

“质量—价格”反映了消费者对旅游企业产品实际价值的认同程度，即对产品“性价比”的分析判断。

3. 根据消费者利益定位

产品能满足旅游消费者的哪些需要或能为其提供哪些利益用作定位的依据。以期在这些顾客心目中建立起企业产品“专属性”特点，激发顾客的购买欲望。如“深圳情旅 阳朔有约”由《深圳晚报》和深圳国旅新景界旅游俱乐部联合主办的“旅游＋交友”新模式，从200名报名者中选出18对平均年龄28岁的单身男女。主办者为其设计一连串活动给他们创造了交往的契机。新颖的“问候语”、趣味的“健身操”、“竹筏山歌对唱”、“榕树下面抛绣球”、“鸳鸯组合”等游戏让团友们兴致盎然。此次活动一开始就针对特定的旅游消费群体——单身旅游市场，获得了很好的反响。

4. 借助现有竞争对手进行定位

通过将自己同市场声望较高的某一同行竞争对手进行比较，借助竞争者的知名度来实现自己的形象定位。如我国江苏省苏州市以“东方威尼斯”著称。

5. 根据蓝海策略(blue ocean strategy)进行定位

针对尚未开发的潜在市场，创造没有人与其竞争的市场空间，超越竞争对手的方法进行定位。

案例 5-6

休闲旅游，让途牛与众不同

截至北京时间2014年5月9日22：45，继携程、艺龙和去哪儿之后，途牛成为中国第四家上市的 OTA 企业，也是其中唯一一家主打“休闲旅游”概念的差异领先者。

在纳斯达克敲钟现场，途牛旅游网 CEO 于敦德不无感慨地说：“8 年前，我们预见了休闲旅游的巨大市场空间，进入了这个对我们来说全新的陌生行业，树立了‘让旅游更简单’的使命，并一直专注至今，创建了一个可信赖的休闲旅游品牌。今天，我们很高兴地看到，我们已经建立了行业领先地位，并不断引领行业发展。我们预见并促进了行业的分工合作，通过将休闲旅游与互联网结合加速了行业效率与体验的提升，同时不断引领行业标准建设。”

（二）旅游市场定位的原则

旅游经营者在对旅游市场定位时应遵循的原则如下（如图 5-3 所示）：

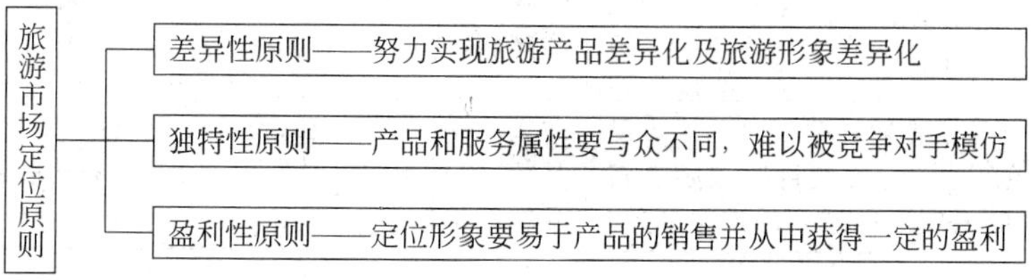

图 5-3　旅游市场定位三原则

（三）旅游市场定位的步骤

旅游市场定位的关键是旅游经营者设法在自己的产品上找出比竞争对手更具有竞争优势的特性，根据竞争者现有产品在细分市场上所处的地位和旅游者对产品某些特性的重视程度，塑造出本企业产品的市场定位。因此，旅游企业市场定位的过程可以通过以下 3 个步骤来完成（见图 5-4）。

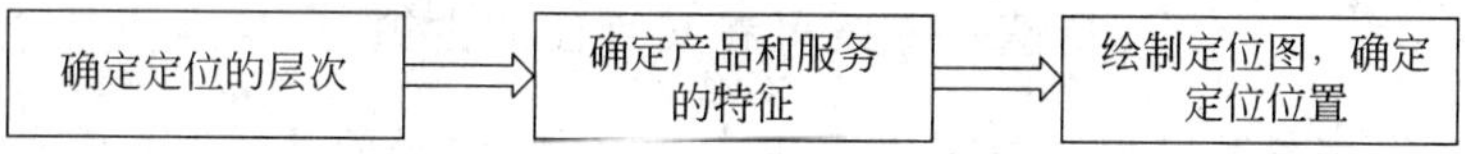

图 5-4　旅游市场定位三步骤

三、旅游市场定位策略与策略选择

（一）旅游市场定位策略

旅游经营者对旅游市场进行定位，是为了树立其独特的品牌形象。其独特的定位主要是针对市场上的竞争者而言的。因此，旅游经营者进行市场定位时，在考虑竞争对手的实力前提下，可以采用的旅游市场定位策略主要有以下几个（见表 5-6）：

表 5-6　旅游市场定位五策略

定位策略	条　件	示　例
领先定位策略	适用于独一无二或无法替代的旅游资源	桂林的“桂林山水甲天下”；西藏的“世界屋脊，神奇西藏”；泰山的“五岳独尊”

续表

定位策略	条　件	示　例
避强定位策略	选择避开强有力竞争者，根据自己条件及相对优势，突出宣传与众不同的特色，满足市场尚未被竞争对手发掘的需求	西南航空公司发现了短途航空飞行市场，在发展中始终坚持短途航线的避强定位策略，集中力量，做自己擅长的事情
挑战定位策略	针对竞争对手采取的直截了当地予以挑战的定位策略	张家界土家妹特产食品有限公司在开"土家妹"系列土特产品时针对当时业已存在的诸多旅游特产的激烈竞争，以土家族文化为基础，以"把微笑留下，带'土家妹'特产回家"的口号在旅游者心目中进行高品位的定位
比附定位策略	依附名牌的优势进行定位的策略，借助名牌的知名度来使自己的品牌生辉	三亚定位为"东方夏威夷"；苏州乐园以"东方迪士尼"为品牌定位，以"迪士斯太远，去苏州乐园"为宣传口号
重新定位策略	旅游经营者通过改变自己的产品特色等手段，改变目标旅游者对产品的认识，塑造新的定位形象	北京原是"东方古都，长城故乡"的多元化定位，广告语是"不到长城非好汉"，但在2008年奥运期间面向世界游客新推出了"新北京，新奥运"的综合化形象定位

（二）旅游市场定位策略选择

在进行定位策略的选择时，旅游经营者应充分考虑的以下因素：①哪一种定位策略最能够将本企业同竞争者区分开来；②竞争对手确立了何种定位；③什么样的定位能使旅游目标市场感觉到产品和服务最有价值；④竞争对手及旅游消费者对本企业的认知。

案例 5-2

乌镇——既可看又可住的古镇

梦里的水乡，乌镇来过就不曾离开。古老的建筑，古朴的民风，这就是乌镇"枕水人家"。面对新的市场需求，乌镇开发走上休闲度假旅游的新去处的新道路。在新旧融合的乌镇，既有江南水乡古镇，又有现代化设施。

乌镇是古镇开发和古镇保护最完整的一家旅游区。乌镇旅游在定位之初，就定了高标注。乌镇的水和建筑是最有特色的，据此推出"枕水人家"。在这样一个建筑环境中，千百年来流下来的特色房子，孕育了当地民族的传统文化内涵。乌镇旅游产品把这些意识恢复起来，同时也把这些内容展示给广大游客。

很多人觉得江南的老建筑可以看，但要是给现代人居住的话，有很多限制条件。怎样使天南海北来乌镇的游客在感受乌镇水乡文化的同时，能够住下来，感受当地人的特色。乌镇旅游推出了西栅景区，不仅适合感受江南人的生活，同时它的条件设施还允许游客停留居住。

套用刘若英的话来说，之前是"生活在梦里的乌镇"，现在是"乌镇来过就不曾离开"。从最初的"一扇未曾开启的江南水镇的门"到慢慢开启这扇门，让你慢慢感受到江南水乡的特色建筑"枕水人家"，让你意识到还可以住在乌镇。乌镇有一个新的定位："休闲度假旅游的新去处。"乌镇跟别的水乡古镇的最大区别是"乌镇的风景不仅是看的，而且是可以住的"。

案例讨论与单元实训

精准定位助如家经济型饭店快速崛起

国内经济的连续增长和人们旅游需求的逐渐旺盛，一方面，各种各样的商务活动催生出了一个商旅人士的住宿市场；另一方面，"假日经济"和人们休闲方式的改变还带来了庞大的旅游市场。正是在这样的市场环境和潜在市场之下，"如家"诞生了。

如家连锁酒店于2002年6月由中国资产最大的酒店集团——首都旅游国际酒店集团、中国最大的酒店分销商——携程旅行服务公司共同投资组建。公司借鉴在欧美完善成熟的经济型酒店模式，为商务和休闲旅行等客人提供"干净、温馨"的酒店产品，倡导"适度生活，自然自在"的生活理念。

"如家客栈"针对面临的竞争环境，在成立之初就明确地把目标市场定位在中小商务客人、休闲客人、自助旅游客人及中下层家庭。上文已经分析过，这一消费阶层数量庞大，增长迅速，为如家的发展提供源源不断的客源市场。同时，如家的出现及其特点也满足了这部分消费阶层的需求，可以说时势造英雄，如家占尽天时地利人和。

根据"如家"客户数据库统计显示，入住"如家"的客户80%属于商务人群。在这一群体中，20～40岁之间的人占到80%。这类消费群体多半属于商务旅行，对于豪华和享受不会过分追求，但却要求安全、卫生和舒适。

如家经济型酒店的立足治本，即对于住宿这一核心的关注与专注，说明设施投资和服务项目上的"经济性"，并不能说明"如家"所提供的服务上会"打折扣"。

如家酒店的客房虽然面积小、设施简单，但却在有限的空间中开发出了让客户感觉洁净温馨的商旅体验。"如家"紧紧围绕商旅客户或者自助游客户的需求，专注于"床铺"这一经济型酒店的核心需求，开发出一系列"如家"一样的服务设计组合。通过在客房布置席梦思床、现代化家具、24小时热水淋浴、空调、电视、电话、互联网接入、免费书籍和个性化床上用品等，为客户营造出一个"温馨如家"的住宿环境。

如家的市场定位突出了自己的特色，在经济型酒店淡化餐饮的前提下，如家的客房设计就十分讲究：墙面以淡粉色、淡黄色为主，挂着法国风格的艺术画；地毯的色彩与墙面协调，小巧的高圆桌代替了写字台和茶几，木质的床头柜简洁、别致。简洁、温馨、方便是客人对如家酒店最直接、最深刻的印象，在这里每一位客人都会感受到家的温暖。同时，针对国内商务游、自助游、家庭游的游客注重的是酒店的实用，舒适和廉价，如家优质的产品和低于200元的房价也它在目标市场中具有很强的吸引力。

如家经济型酒店在经历了初期的发展阶段，必将在不久的将来迎来快速发展同时也是竞争者大量涌入的时期。在这种情况下，采取什么样的营销组合策略，如何应对逐渐成熟的行业体系而不是在市场空白点寻找机会将是如家经济型酒店必须面对的问题。

思考题

1. “如家”是如何进行市场细分和目标市场的选择的？
2. 如家经济型酒店的吸引力体现在哪些方面？它是如何进行市场定位的？
3. “如家”面对激烈的市场竞争，将来应该采取什么样的市场营销策略？

第六章

旅游市场营销策略

本章节内容精要全览

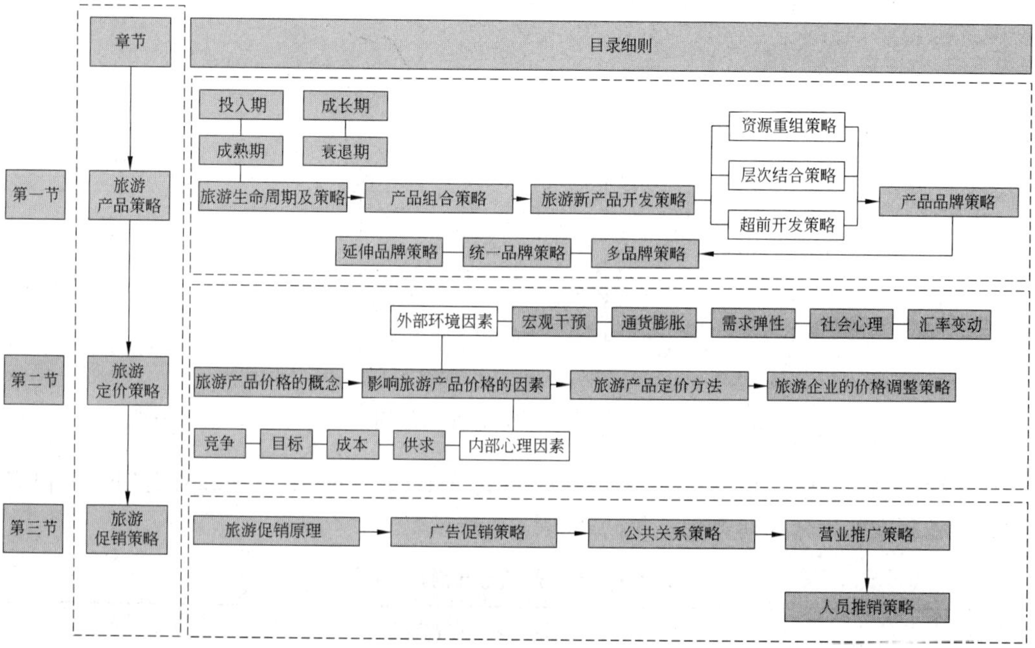

旅游市场营销策略是旅游相关企业以顾客需要为出发点，根据经验获得顾客需求量以及购买力的信息、商业界的期望值，有计划地组织各项旅游类经营活动，通过相互协调一致的产品策略、价格策略、渠道策略和促销策略（见图 6-1），为顾客提供满意的商品和服务而实现企业目标的过程。本章主要从旅游产品、旅游定价和旅游促销三个方面来阐述旅游市场营销的相关策略。

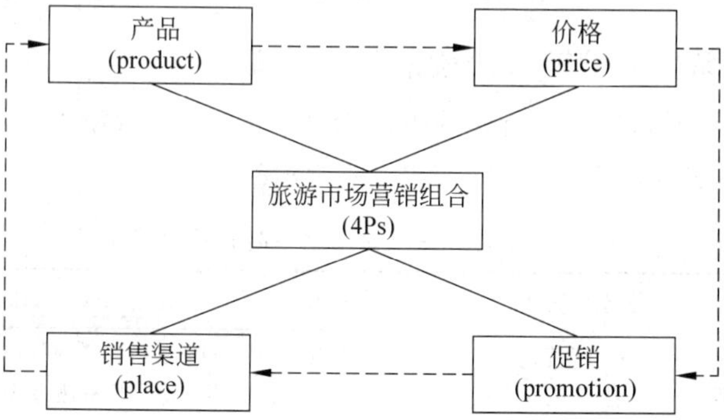

图 6-1　4Ps 营销组合

第一节 旅游产品策略

一、旅游生命周期理论及策略

(一) 旅游生命周期理论

任何一件产品的销售都是具有生命周期性的。营销人员应针对旅游产品生命周期性的特点来因地制宜地采取产品策划,尤其要注重产品品牌和服务质量的策划,这是实现旅游产品和旅游者,乃至社会价值的基础。产品生命周期如图 6-2 所示:

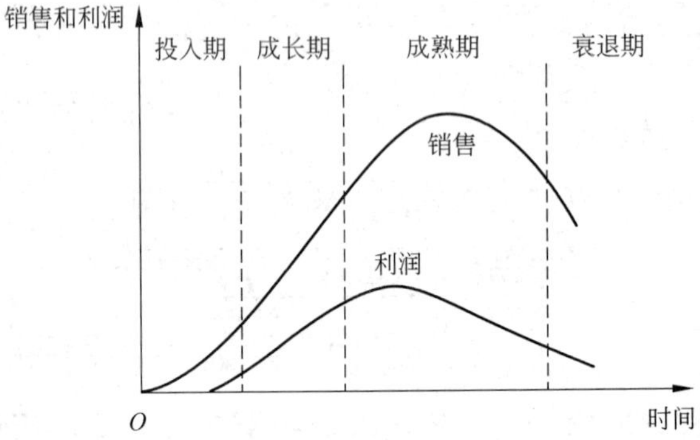

图 6-2 旅游产品的生命周期

旅游产品的生命周期可以分为四个阶段:投入期、成长期、成熟期和衰退期。其相应的销售和利润的生命周期也各不相同,如表 6-1 所示。

表 6-1 旅游产品生命周期概述

阶段	销售和利润情况
投入期	顾客对产品还不了解,销售量很低;销售额增长缓慢,企业不但得不到利润,反而可能亏损
成长期	顾客对产品已经熟悉,市场逐步扩大;企业的销售额迅速上升,利润也迅速增长,达到利润最高点
成熟期	市场需求趋向饱和,销售额增长缓慢直至转而下降;竞争逐渐加剧,企业利润下降
衰退期	将使顾客的消费习惯发生改变,转向其他产品,从而使原来产品的销售额和利润额迅速下降

(二) 旅游产品生命周期各阶段的营销策略

根据旅游产品在不同市场中所处的生命周期阶段不同,旅游产品必须了解产品目前所处的阶段,并采取相应的营销策略,如表 6-2 所示。

表 6-2 旅游产品生命周期各阶段营销策略

生命周期阶段	营销策略	示例
投入期	1. 进行产品的宣传 2. 制定一个合理的价格 3. 收集相关游客反馈信息	如我国的一些旅行社在刚开始开发欧洲出境游市场的时候,价格定在高达 3 万元人民币,就是采取的高价格策略

续表

生命周期阶段	营销策略	示例
成长期	1. 根据产品反馈信息，进一步完善和改进产品 2. 加强产品促销 3. 注重品牌宣传，树立良好的品牌形象	"迪拜"，这个地球上最神奇的地方，20 世纪 50 年代还是个阿拉伯湾的小镇，90 年代开始发生脱胎换骨的变化。现在，在世界上最大的人造列岛——状如棕榈的"棕榈岛"还没完全竣工之时，又宣布将开始令人惊异的"Waterfront City"(滨水城市)的建设
成熟期	1. 寻求消费者新的旅游需求，增设尽可能多的服务项目 2. 寻找新的市场机会 3. 对原有产品进行重组	如一般性公园为了吸引更多的消费者，添加一些儿童喜爱的游乐设施
衰退期	1. 立刻放弃连变动成本都无法补偿的产品 2. 对疲软产品进行处理 3. 对于滞销产品，分析其滞销原因，使其销售量回升	如：丰宁燕山大峡谷旅游区，并未随着投资的增加而提高销售业绩

从表 6-2 可以看出，针对旅游产品在生命周期各个阶段的特点，旅游经营者可以有选择性地采取营销策略。

二、产品组合策略

在竞争激烈的环境中，任何一个企业或公司要想立足，获得稳固的竞争地位，都不能仅靠一种产品。为了迎合市场多样化的需求，开发出品种齐全、内容丰富、具有自身特色的产品就成了旅游企业或旅游经营者的当务之急。因此，旅游产品的组合与开发对旅游企业来说是一项艰巨而重要的任务。

（一）产品组合的概念

旅游产品线组合是指旅游企业通过对不同规格、不同档次和不同类型的旅游产品进行科学的整合，使旅游产品的结构更趋合理，内容更加丰富，更能满足消费者的需求，以便适应瞬息万变的市场竞争环境。

了解旅游产品线组合的概念，首先必须弄清产品线和产品线组合的广度、深度、关联度等几个与旅游产品线组合密切相关的概念(见表 6-3)。

表 6-3 某一旅行社产品线的广度、深度和关联度

	产品线组合的广度		
	自然风光游	历史文化游	户外娱乐游
产品线的深度	山水游 瀑布游 峡谷游 漫泉游	文物古迹游 民俗风情游 博物馆游	国家公园 森林狩猎 垂钓

1. 旅游产品线

产品线是指旅游企业提供的能满足某一类顾客需求的一组产品,这一组产品之间存在一定的联系。例如饭店提供的餐饮服务,就是饭店的一条产品线。因此,无论提供的是中餐、西餐、酒吧还是快餐等,都是为了满足顾客饮食方面的需求。同样,旅行社经营的观光旅游产品,也是它的一条产品线。

2. 旅游产品线的广度

旅游企业经营产品线的多少,称为产品线的广度。如饭店通常经营餐饮、客房、娱乐、购物等多种服务。企业经营产品线的数量越多,产品线的宽度越广,否则越窄。

3. 旅游产品线的深度

产品线中不同等级、规格的产品数量的多少,称为产品线的深度。如饭店经营的客房服务产品中,分为标准间、豪华间、普通间和总统套房服务等。

4. 旅游产品线的关联度

产品线的关联度指企业经营的各种产品在生产条件、销售渠道及其他方面的联系程度。

(二) 产品组合方式

产品组合通常以能最有效地利用资源、最大限度地满足消费者的需要和最有利于市场竞争为原则。一般来说,有以下几种组合策略,如图 6-3 所示。

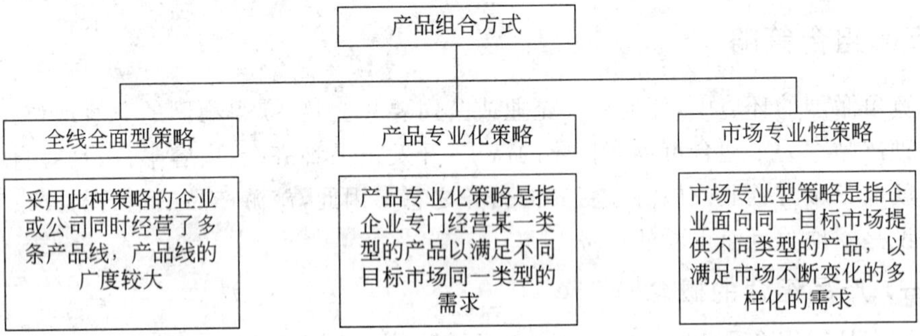

图 6-3 产品组合方式策略

三、旅游新产品开发策略

(一) 旅游新产品的概念

旅游新产品是指由旅游生产者初次设计生产,或者在原产品基础上做出重大改进,使其在内容、服务方式、结构、设备性能等方面更为科学合理的产品。

(二) 旅游新产品的种类

1. 创新型新产品

创新型新产品是能够满足消费者某种新的需求的全新产品。例如,漂流、探险等旅游项目的出现,在旅游产品的开发上带来了一场新的革命。绿色旅游、森林旅游等专项旅游产品的开发,也解脱了人们日常生活的压抑,使人们能完全、彻底地回归大自然。

2. 换代型新产品

换代型新产品是对现有旅游产品进行较大改革后生成的产品。例如，我国在原有观光型旅游产品的基础上，推出了红色旅游、乡村旅游和民族风情游等主题观光旅游产品。之后，又陆续推出了主题旅游年，如2013年的旅游主题是“2013美丽中国，海洋之旅”，2014年是“中国智慧旅游年”。

3. 改进型新产品

改进型新产品是指在原有旅游产品的基础上，进行局部形式上改进的旅游产品。例如长江三峡旅游，最初的旅游设施只有两艘豪华游轮，为了适应旅游市场需求，在游船的数量、等级、规模、路线等方面作了改进。现在的三峡游又加进了小三峡及小小三峡等内容，以此来延长游客的逗留时间，提高综合服务的档次规格。

要点提示

推出一项新产品，对于任何公司或企业来说都是很冒险的活动，因为新产品推出的失败率高得惊人。企业所能采取的最为保险的做法就是对现有产品作出调整。例如，增加产品的功能，使之在现有市场更具号召力。如果产品在现有市场完全不受欢迎，此时应对产品进行重新定位，以吸引新的细分市场。另一个比较保险的方法是针对现有顾客开发出一个真正的新产品。另外，企业也可以选择开发一项新产品投放到一个新的市场，但这样就会使风险加倍。

（三）旅游新产品的开发策略

旅游新产品的开发，是旅游业存在发展的必要条件，是企业保持活力和竞争优势的重要途径。旅游企业通常采用以下几种策略实行新产品的开发。

1. 资源重组策略

首先，以消费者的需求为基础组合旅游资源。旅游资源是旅游产品的载体，是吸引游客的主要吸引物。在了解市场需求的基础上，对旅游资源进行重新整合，有利于激发旅游者的旅游动机，重新创造旅游需求。

其次，以文化为纽带组合旅游资源。旅游对于旅游者来说，是获得一种经历、一种感受的过程。这种经历与感受，一方面来自对大自然奇观的欣赏，另一方面则来自对文化差异的感悟。因此，通过文化来组合旅游资源和开发新产品，有利于创造出旅游产品的新卖点。

最后，从经济效益的角度组合旅游资源。开发旅游业，最主要的目的是获得一定的经济收益。对于旅游资源实行组合，不仅要有利于资源价值增值，更要提高产业贡献率。

2. 层次结合策略

层次结合策略是指同时推出多种不同档次的旅游新产品。由于消费者经济实力的影响，旅游者的消费水平有一定的层次性，所以企业在开发产品的时候应注意高、中、低档次产品序列的结合，从而有利于提高旅游企业经营的覆盖面。例如开发一条新的旅游线路，应该体现豪华、标准和经济等差异，并作为一个整体推出，以便于不同层次消费者进行选择。

3. 超前开发策略

旅游企业要获得长远发展，必须有一个长期、中期和短期的发展策略，这样才能获得长期、持续、稳定的发展。

案例 6-1

打破门票经济常态，西湖开创旅游新模式

西湖景区从 2002 年国庆假期开始免门票，迄今为止，西湖沿岸的 76 处景点中已有 53 处免费开放，实现了将没有围墙的完整西湖还给市民与游客。如今在杭州，除需要特殊保护的自然景观、人文景观适当收取门票外，其他景区一律免费。国庆黄金周之前，杭州更是发放 5 万张旅游消费券为旅游"旺火"加柴。这种超越"门票经济"发展旅游的思路称得上高瞻远瞩。免费观景，杭州念的是一出什么"经"？这是跳出门票窠臼吸引游客的大旅游理念，是舍"小钱"挣大钱的"好经"。据专家分析，旅游产业链效益约为门票价值的 7 倍，包括食宿、交通、购物及间接创造的社会财富。如果游客门票消费 10 元，那么用于其他消费支出则在 70 元左右，门票收入仅是整个旅游产业链效益的 15%。门票免费必然吸引更多的外地游客，并延长游客在城市的逗留时间。在此期间，游客给当地带来的经济效益将远远超过门票价值，85%的旅游"后期效益"远远大于 15%的门票效益。

评析：据统计，2008 年，超过 4500 万人次的游客游览西湖，在杭州消费 700 多亿元，这两个数字都是过去"收费西湖"的两倍以上。"免费西湖"已累计创造价值 200 亿元之多，而门票损失每年仅有 3 000 多万元，可见门票免费并不是赔本的买卖。不仅如此，门票免费还为杭州赢取了好名声、好口碑，城市形象得以提升，经济与社会效益双赢。

四、产品品牌策略

（一）产品品牌的概念

旅游品牌是指用来识别一个（或几个）旅游企业产品或服务的名称、术语、标记、符号、图案或它们的联合使用，以便使消费者能识别本厂商的产品，将之与其竞争对手区分开来。它一般由品牌名称和品牌标志两部分组成。例如美国迪士尼乐园的米老鼠标志，由主题人物米老鼠和城堡乐园构成，形象化地把迪士尼的特色凸显出来。

（二）产品品牌策略

旅游产品大致采取以下三种策略（见图 6-4）：

1. 多品牌策略

如洲际饭店集团就拥有洲际、皇冠假日、假日饭店、快捷假日等多个国际知名饭店品牌。多品牌策略的成功不仅靠的是品牌的创建，更重要的是品牌的保持，使产品在顾客心目中具有明确的差异性，这样就要为产品提供独一无二的特征。

2. 统一品牌策略

如香格里拉饭店集团。香格里拉的设计一向以清新的园林美景、富有浓厚亚洲文化

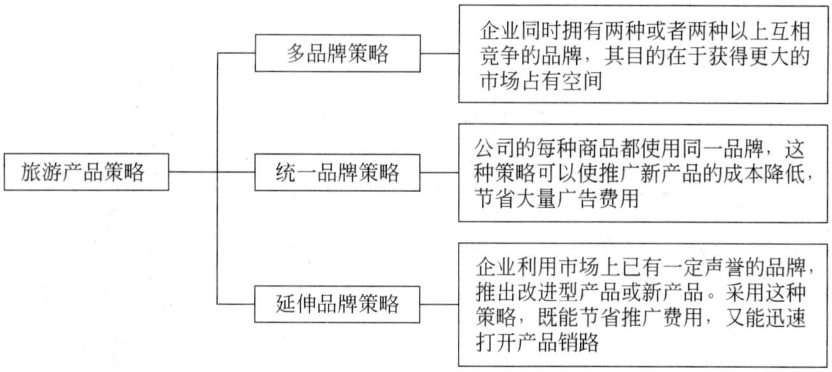

图 6-4　旅游产品策略类型

气息的大堂特征闻名于世。从 1971 年新加坡第一间香格里拉饭店开始，以香港为大本营，今日香格里拉已是亚洲区最大的豪华饭店集团，集团的 47 家饭店已遍布在亚洲和中东地区的主要城市以及大部分度假胜地。

3. 延伸品牌策略

这种策略的实施有一个前提，即扩展的品牌在市场上已有较高的声誉，扩展的产品也必须是与之相适应的优良产品；否则，会影响产品的销售或降低已有品牌的声誉。

案例 6-2

喜达屋品牌全方位在华扩张

喜达屋酒店及度假酒店国际集团(以下简称为喜达屋国际酒店集团)，是美国三大酒店业巨头之一，是世界酒店与休闲服务业中领袖企业之一，也是拥有全球最多豪华和高端酒店品牌集团之一。在 1996 年，它拥有 100 家饭店，26 483 间客房，年收入为 3.853 亿美元。1998 年，更名为现在的名称，并完成对 ITT 集团和 Westin 饭店的并购三件大事，这在其发展历程中具有相当大的影响。时至今日，喜达屋国际酒店集团市值已超过 160 亿美元，在全球一百多个国家和地区拥有超过 1 134 家酒店，其自有与管理的酒店雇佣员工超过 154 000 名。

酒店的品牌档次可以划分为经济型、中档型、高档型和豪华型四种类型，以分别满足低中、高档的消费市场需求。喜达屋酒店集团作为全球拥有最多高端品牌酒店的集团之一，旗下酒店品牌多以豪华型和高档型组成，品牌结构见图 6-5。表 6-4 所示为相关品牌。

喜达屋旗下的中端市场酒店品牌包括福朋酒店(喜来登集团管理)、雅乐轩、源宿，这三大品牌约占全球发展业务的 1/3。2012 年，喜达屋签约势头极为强劲，自 2009 年起，酒店数量增加了 60%，这些成绩直接归功于喜达屋在全球市场的先驱优势和团队协作。喜达屋 2012 年超过 1/4 的开业量和签约量归功于福朋酒店。此外，全球发展的猛烈势头令雅乐轩也受益颇多，品牌计划 2013 年将旗下酒店的数量扩增约 30%。源宿品牌在中国目前没有，集团计划于 2013 年夏天将其经营范围拓展至美国以外，进驻加拿大开设首家店，于 2014 年将品牌推广至欧洲地区。

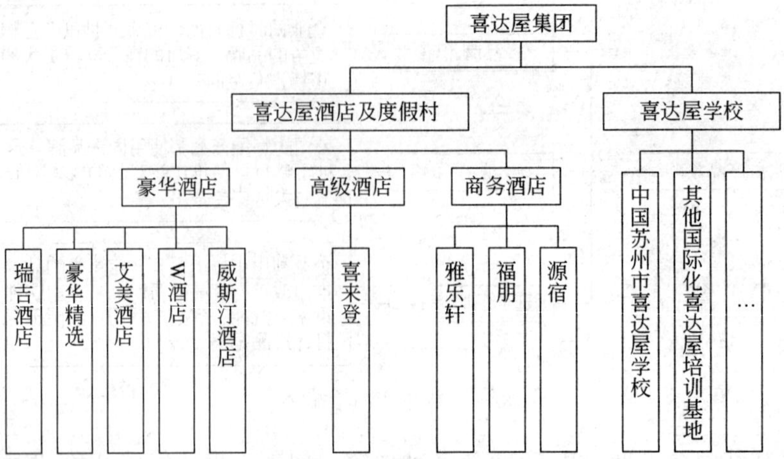

图 6-5 喜达屋品牌结构分解图

表 6-4 喜达屋相关品牌列示表

品牌定位	酒店集团	品牌 LOGO
豪华酒店	瑞吉酒店	ST REGIS
	豪华精选	THE LUXURY COLLECTION Starwood Hotels & Resorts
	艾美酒店	LE MERIDIEN 艾美酒店
	W 酒店	W HOTELS W酒店
	威斯汀酒店	WESTIN HOTELS & RESORTS

续表

品牌定位	酒店集团	品牌 LOGO
高级酒店	喜来登酒店	Sheraton HOTELS & RESORTS
商务酒店	雅乐轩	aloft™ A VISION OF W HOTELS
	福朋	FOUR POINTS BY SHERATON
	源宿	

评析：喜达屋国际酒店集团，在品牌推广战略上的正确决策和开展的富有特色的活动，为提升喜达屋品牌形象、抓住消费者的心理和兴趣起到积极的促进作用。同时喜达屋的多品牌战略也在满足不同档次顾客需求的同时，通过塑造喜来登、福朋、瑞吉、威斯汀、艾美、雅乐轩等多个成熟品牌，吸引并留住更多的顾客，不断提升酒店集团的整体市场占有率，给喜达屋国际酒店集团带来前所未有的发展机遇。

第二节　旅游定价策略

价格是市场营销组合中十分敏感而又难以控制的因素。因为它直接关系到消费者对产品的接受程度，也影响着市场的需求和企业利润的多少，它同时涉及生产者、经营者和消费者等各方面的利益，所以价格策略是企业营销组合中一个极其重要的部分。

一、旅游产品价格的概念

旅游产品价格是旅游者对旅游产品所愿意承受的价格，它是由旅游服务的内在价值和旅游者附着在旅游产品上的心理价值所组成的。在旅游市场营销活动中，主要有旅游差价和旅游优惠价两种表现形式。

二、影响产品价格的因素

影响企业定价的因素有很多，包括产品成本、企业营销目标、市场供求状况、竞争对手、政府等（如图 6-6 所示）。

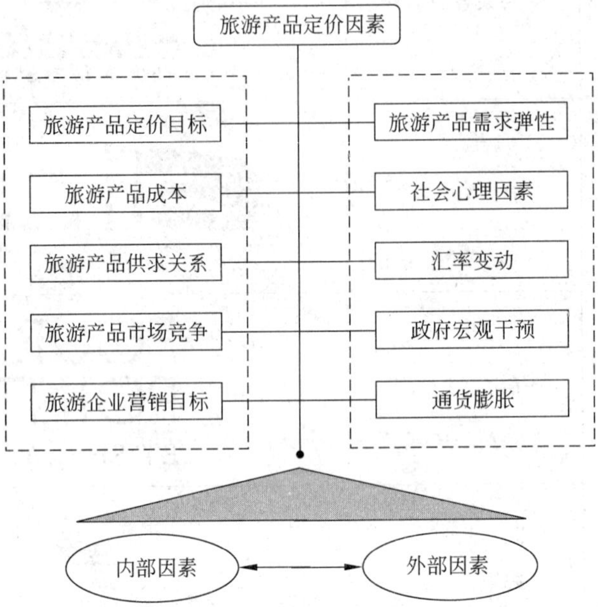

图 6-6　旅游产品定价影响因素

1. 成本因素

成本是企业产品定价的基础。产品的价格只有高于产品的单位成本时，企业才能盈利。旅游产品作为服务性产品，一般有高固定成本和低变动成本的特点，特别是饭店和航空公司这样的企业。所以，一个饭店在客房出租率为 10%时所支付的费用并不比在 70%时低多少。

2. 企业营销目标

企业处在不同的时期，会有不同的营销目标。针对不同的营销目标，企业应该采取不同的价格策略。如为了保持或扩大市场占有率，企业通常采用低价格策略，因为低价格容易被消费者所接受。以维持企业生存为目标时，产品的价格通常与产品的成本相一致。

3. 市场供求状况

产品的价格由价值决定，但也会随着市场供求关系的变化围绕着价值上下波动。旅游产品也同样适合这一价值规律。旅游产品被推出市场后，旅游企业应根据市场的供求状况适时调整其价格：当供过于求时，旅游经营者应通过降价或者其他价格手段来抢占市场空间；当供不应求时，可以适当抬高产品的价格。所以，我们经常看到，在旅游旺季时，旅游价格都呈上涨的趋势；而在旅游淡季，旅游价格都有所下降，这其实是旅游产品的价格受供求关系影响的结果。

三、旅游产品的定价方法

（一）成本导向定价法

成本导向定价法是一种以成本为依据的定价方法，主要有以下几种。

（1）成本加成定价法。成本加成定价法是在单位成本的基础上加上市场平均利润率进行定价。其定价公式为

单位旅游产品价格 = 单位旅游产品成本 ×（1 + 平均利润率）

例如：白玫瑰饭店油焖大虾的成本为50元，市场上的平均利润率为50%，则这道菜的价格为50×（1+50%）=75（元）。

采用这种定价方法简单易行，很容易操作，特别适合于餐饮产品和一些零售小商品。但这种定价法只考虑到产品中的成本因素，而忽略了市场需求、竞争、旅游消费者的心理等因素对价格的影响，因而是一种较为理想化的定价方法。

（2）盈亏平衡定价法。盈亏平衡定价法又称收支平衡定价法，就是运用盈亏平衡分析原理来确定产品价格的方法。这种定价法以保本点的总成本为依据来确定产品的定价。盈亏平衡分析的关键是确定盈亏平衡点，此时企业收支相抵，利润为零（见图6-7）。

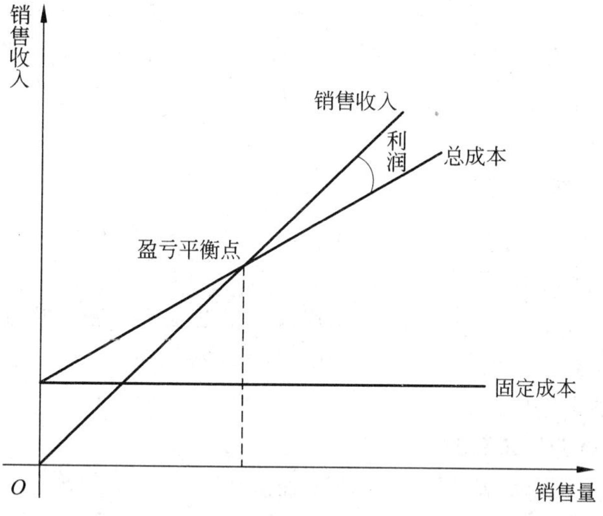

图6-7 盈亏平衡点

例：某旅游饭店共有客房300间，全部客房年度固定成本总额为300万美元，每间客房天天变动成本为10美元，预计客房年平均出租率为80%，营业税率为5%。求该饭店客房保本时的价格。

根据所给数据和公式，计算如下：

假设该饭店客房保本价格为Z，那么

1天的营业额：300（间）× 80%（出租率）× Z = 240Z（美元）

1天的变动成本费：300（间）×80%（出租率）×10=2 400（美元）（注：事实上，很多情况下每间客房不需要天天变动的，但是在计算保本时，我们尽可能的增加成本，以保证所定保本价格不会太低）

1天的营业税：营业额×5%＝12Z(美元)

综上可以得知：1天的利润额：240Z－2 400－12Z＝(228Z－2 400)(美元)

保本就是利润和成本相等，得出计算式：(228Z－2 400)×365＝3 000 000(美元)

答案：Z＝46.58美元

根据盈亏平衡定价法确定的旅游价格，是旅游企业的保本价格。低于此价格旅游企业会亏损，高于此价格旅游企业则有盈利，实际售价高出保本价格越多，旅游企业盈利越大。

（二）需求导向定价法

需求导向定价法强调应依据消费者对产品价值的认知和对产品的需求程度来定价。主要包括以下两种定价方法。

（1）理解价值定价法。所谓理解价值，也称感受价值、认知价值，是消费者对商品的主观价值判断。消费者对产品的理解价值会影响到他们的购买决策。如果产品的价格与他们的理解价值相符，他们往往会作出购买的决定；若两者不相符，消费者则会拒绝购买。

（2）需求差异定价法。需求差异定价法是指企业针对不同的顾客，在不同的时间和地点，给产品制定不同的价格。例如一家酒店同一档次的客房，在淡季和旺季时的价格存在30%的波动调整。商务旅游者和老年旅游者购买同一档次的旅游产品，价格也会有区别，因为商务旅游者时间紧，经费预算充足，所以往往购买的产品价格较高；而老年旅游者一般自费，且时间充裕，可以由旅游公司自行安排合适时间的产品，所以产品往往价格相对较低。

（三）竞争导向定价法

这种定价方法就是根据市场的竞争状况，为了打败竞争对手，以竞争对手的价格为基础而进行的定价。常采用以下两种定价方法。

（1）率先定价法。率先定价法是指旅游企业采取率先定价的姿态，制定出符合市场需求的价格，并能在竞争激烈的市场中获得良好经济效益的方法。采用这种定价方法的旅游企业，一般在某个区域内具有较强的规模与实力，在竞争中处于主动地位，它所制定的价格会成为其他企业制定价格的基础。

（2）随行就市法。随行就市法是中小企业为了适应竞争激烈的环境，为了维持企业生存而采用的一种价格策略。当行业中有少数企业处于垄断地位，在价格中起着领袖的作用时，各个中小企业为了应付竞争只得尾随其后，根据他们的价格制定出自己产品的价格。如一些国内的中小型旅行社为了生存，通常采用这种定价方法。采用这种定价法，可以保持本行业价格的相对稳定，也可以尽量避免恶性价格竞争。

（四）新产品定价策略

新产品投放市场，通常采用以下三种定价策略。

1. 撇脂定价策略

所谓撇脂定价，是指企业以高价格把产品投放到市场，以攫取最大利润。

案例 6-3

“燕雀”安知“鸿鹄”之志?

鸿鹄逸游是携程旗下顶级旅游品牌,2012 年 3 月由两岸三地三家知名企业联合创立,包括携程旅行网、香港永安旅游、台湾易游网。同年 4 月底携程战略投资北京太美旅行,进一步奠定了国内高端旅游市场的领先地位。鸿鹄逸游集合了两岸三地领先企业的品牌优势、研发服务能力、精英团队、资源网络,全面覆盖了两岸三地甚至世界华人在内的庞大市场,2010 年起连续三年成功推出“顶级环游世界”,积累了丰富的高端旅游经验和客户群体。除了“顶级环游世界”系列产品,鸿鹄逸游还有北京、上海、台北三地出发共近 200 条针对高净值人群的高端旅行常规线路。

鸿鹄逸游(HHtravel)秉持创作挑战极限、服务精雕细琢的品牌理念,提供全包式的高质量服务规划,提供各项精选顶级旅游行程与量身定做的旅游服务,目前有覆盖南北极、欧洲、中南美、北美、非洲等十大目的地区域,包含世界奇景、海岛度假、美食购物等 6 大主题,北京、上海、广州、成都、香港、台北六地出发共近 200 个顶级旅行产品,价格高达 10 万到 200 万元之间!

评析:携程网利用携程旅行网庞大的会员体系、遍布全球的旅游资源、强大的品牌影响力、台湾易游网在顶级旅游方面的专业人才和运作经验及太美旅游服务高端游客的丰富经验,即使高昂的价格,还是受到了部分消费者的青睐,相关数据显示:

(1) 2011 年环游世界 60 天 50 万 9 分钟爆满;

(2) 2012 年环游世界 66 天 66 万 30 秒秒杀;

(3) 2013 年环游世界 80 天 101 万 17 秒秒杀;

(4) 2014 年环游世界 80 天 118 万 15 秒秒杀。

这种优质的服务体验、高昂的价格策略、有效的营销手段推广和携程相关优质品牌形象的树立,让高端旅游者尽情享受奢华优质旅行、世界奇景、美食购物、海岛度假、健康养生、成长充电以及庆典赛事等旅行主题,受到了市场的热烈追捧和竞争对手的相继效仿。

2. 渗透定价策略

渗透定价策略是将新产品以低价格投放市场,目的是为了迅速占领市场,取得较高的市场占有率。它是利用消费者求实惠、求廉价的心理,以低价格吸引消费者,迅速打开产品销路的一种策略。对于一些特点不显著、易仿制的旅游产品实行低价格策略,可以阻止其他竞争者的进入,减少本企业的竞争压力。

3. 满意价格策略

这种价格策略,吸取上述两种策略的长处,采取适中的价格,既能保证旅游产品获取一定的初期利润,又能为旅游消费者接受,因而这种价格策略被确定为满意价格策略。

(五) 心理定价策略

心理定价策略是运用消费者对价格的心理反应,采取一定的定价技巧以激发其购买欲望。主要有以下三种。

1. 分等级定价策略

这种定价策略是指消费者对许多景区产品的需求曲线呈阶梯形状，因而景区就可把产品分为几档，每一档定一个价格，这样标价就可使消费者觉得各种价格反映了产品质量上的差别，并可简化其选购过程。

2. 尾数定价法

尾数定价是在数字上不进位而保留零头，使消费者产生商品价格低廉、企业定价是经过成本核算的信任感。如100元的商品通常定价为98元或者99.8元，满足了消费者公平、求廉的心理。如饭店里的大众菜品、普通酒店客房可以采用这一定价方法。

3. 声望定价法

声望定价就是企业利用消费者仰慕名牌、名店的心理为产品制定价格，把价格定成整数或高价。旅游商品中的工艺品、星级酒店的高级客房等通常都用声望定价。如，房价为1 000美元的总统套房，其价格不能定位980元。因为总统套房本来就是身份和地位的象征，如果采用尾数定价，给人质量下降的感觉，会影响消费者购买决策。当然，采用声望定价法的价格也不能高得太离谱，质量与价格应该相符，这样才能树立起企业的声誉。

（六）折扣定价法

折扣定价法是旅游企业为了鼓励顾客尽早付清货款、大量购买、淡季购买，而采取的向顾客或中间商让利减价的一种策略。主要有现金折扣、数量折扣和季节折扣等几种方法。

四、企业的价格调整策略

新的旅游产品推出后，为了树立产品的声誉，旅游产品的价格应该在一段时间内保持相对稳定。但旅游企业毕竟处在一个竞争激烈的环境中，为了生存与发展，企业必须适时对价格进行调整。

（一）降价策略

旅游企业在面对以下三种情况时通常采用降价策略：

（1）旅游产品市场的竞争越激烈，对旅游产品的价格影响就越大。当企业面对强大的竞争压力，市场占有率有下降的趋势时，为了保持市场占有率，企业被迫降价。

（2）当旅游产品的供求关系发生变化时，旅游产品的价格也会发生变化。在旅游淡季，旅游温冷线，企业一般会采取降价策略，对旅游产品实行价格折扣，以吸引消费者。

（3）如果旅游企业追求长期利润最大化，则会制定企业可以接受的最低价，以排挤竞争对手，提高产品的市场占有率，争取在较长时期有更大的发展。

降价策略虽然在一定时期内可以帮助企业摆脱困境，但也会产生一系列的负面影响。如有的消费者认为产品降价是因为产品质量上存在着缺陷；也有的认为降价可能是因为企业经营状况不好；甚至还有人认为，产品现阶段降价，将来可能还会降价。消费者的所有这些想法，都可能导致他们对企业的信任度降低，让他们取消其购买决策，影响企业的市场占有率。

（二）提价策略

企业提价通常也有其原因：当面对通货膨胀，物价上涨，企业的生产成本大大提高时，企业不得不考虑提高产品价格；旅游旺季、热门线路，企业一般也会提高价格以限制部分顾客的购买；若旅游企业追求短期收回投资成本，往往制定较高的产品价格，以便在短期再获取利润。尽管提价会引起消费者、经销商和企业推销人员的不满，但成功的提价可以使企业的利润大大增加。

第三节　旅游促销策略

旅游促销是整个营销组合中最灵活和最具创意的部分。为了在竞争激烈的环境中获得生存与发展，就必须灵活地运用促销工具。

一、旅游促销概述

（一）旅游促销的概念

旅游促销是指旅游企业通过各种传播媒介向目标旅游者传递有关旅游企业和旅游产品的信息，引起旅游者的注意、了解和兴趣，刺激旅游者的需求，影响旅游者的购买行为，从而达到促进旅游产品销售的目的。简言之，旅游企业促使旅游者对旅游产品产生消费愿望的行动，就是旅游促销。

（二）旅游促销的作用

对于旅游企业来说，旅游促销就是要通过各种不同的促销组合手段向旅游者传递旅游产品信息，激发旅游者的需求，从而达到诱发旅游行为的目的。一般来看，旅游促销的作用有以下几个方面。

1. 提供旅游信息，沟通供需关系

旅游促销的信息传递，实现了旅游产品生产者与旅游最终消费者之间的沟通。旅游地或旅游企业在何时、何地和何种条件下，向何种消费者提供何种旅游产品，是旅游促销活动所要传递的基本信息。如“城市上班族，假日做农夫”、“市民小菜（果）园”。

2. 刺激旅游需求，引导旅游消费

旅游产品作为高层次的非一般生活必需品，其消费需求弹性大，波动性强，具有一定的潜在性和朦胧性。通过生动、形象、活泼、多样的旅游促销手段，可以唤起旅游消费需求，强化旅游消费需求，甚至创造和引导特定旅游产品的消费需求。如“教你编织和使用农具”等专题旅游，刺激旅游需求。

3. 突出产品特点，强化竞争优势

相互竞争的同类产品往往差别不甚明显，尤其是作为无形服务的同类旅游产品的差别更不易被旅游消费者所分清。旅游促销通过对同类旅游产品某些差别信息的强化传递，对于没有实际差别的同类旅游产品，也可赋予其不同的象征性形象差别，以使潜在旅游消费者认识到何种旅游产品更可能带给自己实际所需和精神所需的特殊的效用和利益，并由此对某种旅游产品形成购买偏好。如：乡村游中利用农村的丘陵、山地、河流和湖泊开发寻幽探险、健身活动，越野、生存游戏、漂流、冲浪、空中滑翔等旅游产品，强化本地乡村游优势。

4. 树立良好形象，加强市场地位

由于旅游是一种高层次的消费与审美活动，通过生动而有说服力的旅游促销活动，往往可以塑造友好、热情、安宁、服务周到以及其他人格化的良好旅游服务形象，赢得更多潜在旅游消费者的厚爱。旅游市场风云多变，一旦出现有碍旅游地或旅游企业发展的因素时，就可通过一定的宣传促销手段，改变自身的消极印象，重塑自身的有利形象，以达到恢复、稳定甚至扩大其市场份额的作用。

5. 冲销淡旺季差异，稳定销售

旅游产品的脆弱性决定了旅游产品较易受到各种因素的影响，诸如政治因素、自然条件等。旅游产品在淡季和旺季的需求差别较大。如果旅游营销主体经营多种旅游产品，而这些产品又分布在不同的季节，就可以在不同的季节都有适时的旅游产品供应，并对其进行大规模的宣传、促销，使淡季与旺季需求差别缩小，稳定销售，并且促进自身经营活动发展。

二、广告促销策略

（一）旅游广告

旅游广告是一种非人员促销方式，是旅游企业通过媒体，以支付费用的方式将本企业产品或服务的有关信息传递给消费者。广告在商业界被称为“采购员的耳目，推销员的喉舌，消费者的导向”。可见，广告在整个营销过程中起着非常重要的作用。在众多的促销方式中，广告具有极其显著的特点，主要有以下几个：

(1) 广告媒体众多。既有电视、广播、报纸等大众性传播媒体，又有路牌、灯箱、交通工具等户外媒体，还有购买点广告(point of purchase advertising，POP)、包装物、电话黄页、产品目录等其他媒体。可运用现有的新媒体技术及国家智慧旅游发展趋势来改变消费者对旅游产品和体验的认知。

(2) 信息覆盖面广。旅游广告是一种高度公开的信息沟通方式。旅游企业借助于广告媒体，在短期内就可以让产品的信息得到最广泛的传播。

(3) 感染力强。广告媒介利用声音、色彩、影像等技术使广告具有鲜明的美感，使消费者在美的享受中不自觉地就接受了广告信息。特别是电视广告媒体，它对人的感染力是最强的。

(4) 效果具有滞后性。广告给消费者传递的信息尽管具有权威性，但并不能促使消费者立即购买其产品。往往要在一个较长的时间内才能看出其宣传效果。

拓展阅读

九寨沟景区利用数字技术进行新媒体营销

常见的“数字景区”的具体功能包括电子门禁系统、电子商务系统、智能化监控系统、多媒体展示系统、GPS车辆调度系统、环境监管系统、LED信息发布系统等。下面以九寨沟风景名胜区为例(见图6-8)：

“数字九寨”就是在各个子系统的相互协作下，实现对景区的资源保护数字化、管理运

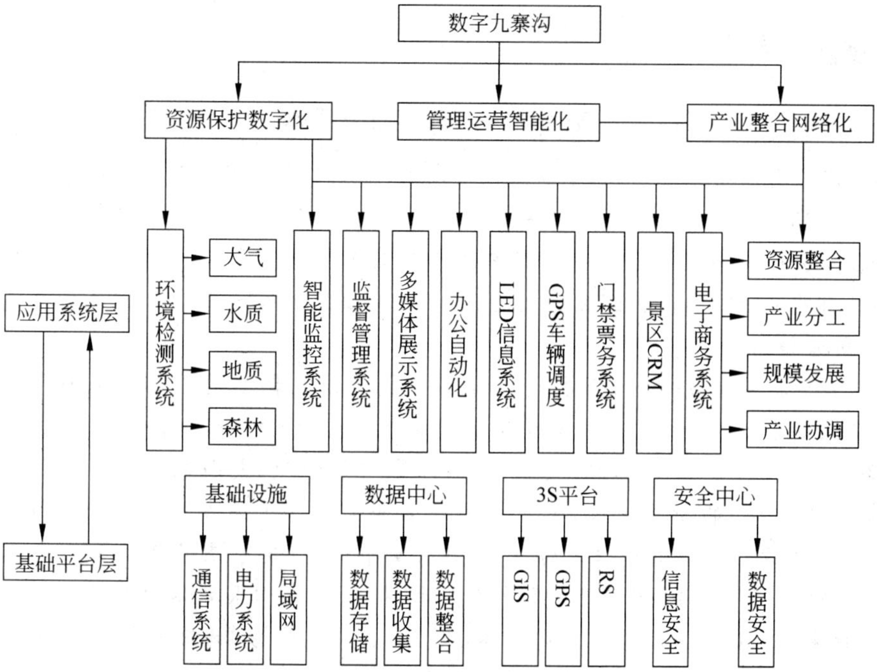

图 6-8 “数字九寨”总体功能框架

营智能化以及产业整合网络化的三大目标。在我国，除九寨沟之外，云南石林、安徽黄山、湖南张家界、河南焦作云台山等景区也都开展数字景区发展战略，将景区的发展与信息化产业的发展结合起来，将对景区的运营管理、环境监测等工作环节都与现代信息技术相结合，更大程度地方便旅游者，为游客提供全程便捷的服务。

（资料来源：我国景区前台管理信息化评价研究，李梦. 2014）

相关链接

著名旅游地宣传广告语

千岛湖：天下第一秀水

山　西：晋善晋美

贵　阳：爽爽的贵阳

雅安碧峰峡：天府之肺

山　东：好客山东

河　南：老家河南

香　港：动感之都

西班牙：阳光普照西班牙

案例 6-4

千岛湖——天下第一秀水

千岛湖又称新安江水库,位于浙江淳安境内(部分位于安徽歙县),是世界上岛屿最多的湖。千岛湖的湖泊面积 567.40 平方千米,最大深度 108 米,平均深度 34 米,容积 178.4 亿立方米;是在距浙江建德市新安江镇以上 4 千米处建坝蓄水而成的人工湖。水库上游具有明显的"湖泊效应"且有大大小小的岛屿,因此称"千岛湖"。(案例来源:刘峰《旅游景区营销》,2013)

评析:千岛湖是第一个深入县市、社区搞促销的旅游景区,也是南方最早走向长江以北乃至全国的景区之一。广泛征集旅游宣传口号,从最早的"千岛碧水画中游"到如今的"天下第一秀水"的形象口号;从 20 世纪 90 年代中期的"农夫山泉——千岛湖的活水源头",到"水上古城"的新闻炒作,使千岛湖的名声大震。千岛湖抓紧"秀水"这一形象,2001 年至今每两年一届共推出六届"千岛湖秀水节"等旅游节庆品牌活动。秀水节每届一个主题,2011 年以"休闲千岛湖,品质新生活"为主题,精心策划休闲度假旅游推介专题活动,巧借电视、报刊、互联网等各种媒体,大力推广千岛湖形象,景区于 2011 年拍摄形象宣传片"乐活千岛湖",并在各类旅游推介活动中播放。

(二)旅游广告决策

旅游企业在实施广告策略时,通常要对以下五个方面进行决策(见图 6-9)。

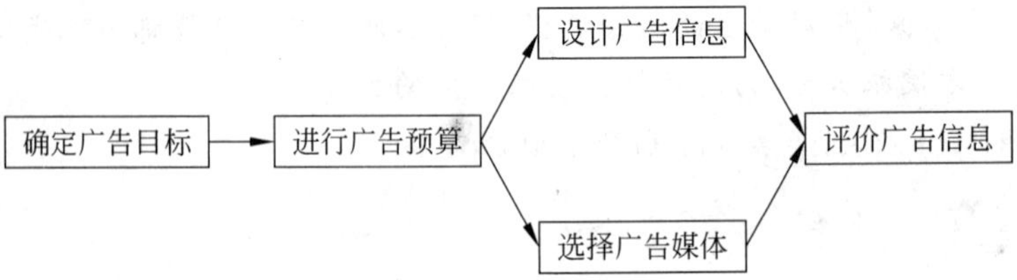

图 6-9 广告预算决策

1. 广告目标决策

广告目标是旅游企业在整个市场营销组合的基础上,针对自己的目标顾客所要达到的特定传播任务。广告目标不同,所达到的广告效果也会有很大差异。一般来说,旅游企业通常有以下三种广告目标。

(1) 通知型广告。企业开业初期或者新产品投放期的广告,侧重于介绍产品的性能、技术、用途、特点以及能给旅游者带来的利益等。其目的在于树立企业品牌,推出新产品。

(2) 说服型广告。企业在面临激烈的市场竞争的阶段,通过突出产品某个方面的特色,树立一种品牌优势,重新激发消费者的购买热情。如利用消费者注重平安幸福的心理,泰山推出了"登泰山,保平安"的广告语。

(3) 提醒性广告。企业具有一定知名度后或产品处于成熟期,这一阶段的广告目的在于加深消费者对企业或产品的记忆和印象,提醒消费者购买本企业的产品。如大宝护肤品广告词就是："大宝，天天见！"

2. 广告预算决策

旅游广告预算是旅游企业投入广告的费用计划，它规定了广告投入期的经费总额和使用范围。广告预算决策直接影响着广告效果，如果预算过多，会给企业造成巨大浪费；预算过少又会影响宣传效果。通常有以下几种预算方法。

（1）销售比例法。首先预测出本年度的销售量，再根据上年度广告费用占销售额的百分比，推算出本年度的广告费用。这种预算方法计算简单、易于操作，但忽略了旅游市场的变化因素。

（2）量力而行法。根据企业的财务状况来决定企业广告的投入费用。这种预算方法很容易受企业财务状况变化的影响，导致广告计划难以执行，广告目标也就无法实现。但是对于小型企业宣传其产品来说，不失为一种比较稳妥的方法。

（3）竞争比较法。根据企业主要竞争对手的广告经费投入来确定本企业的经费规模，目的在于在广告宣传中使企业与竞争对手处于对等或略优的地位。这种预算方法对于打败竞争对手来说是一种较好的方法。

3. 广告信息决策

广告信息应具有如下特点：①创意性。广告信息只有在与众不同的情况下才能引起消费者的注意，激发他们的购买欲望。②吸引力。广告信息只有对顾客了解产品有用时才具有吸引力。如黄山的广告语"新黄山，古徽州"，对于想了解古徽州文化的消费者来说，肯定具有极大的吸引力。③可信性。广告信息必须是可信的或可以证实的，才能说服消费者购买本企业的产品。

另外，广告信息的语言表达应该朗朗上口、言简意赅，并突出主题，只有这样才能引起消费者的注意。如上海春秋旅行社的广告用语有"散客找春秋，春秋全国有"，读起来朗朗上口，让人记忆深刻。

4. 广告媒体决策

再完美的广告信息如果不通过一定媒体传输给消费者，也达不到宣传其产品的目的，所以说广告媒体的选择至关重要。广告的众多媒体，都各有其优缺点（见表 6-5），旅游企业只有选准合适的广告媒体，才能在恰当的时间准确地把自己产品的信息传递给自己的目标市场。

表 6-5 广告媒体的优缺点

媒 体	优 点	缺 点
电视	传播广泛、感染力强	成本高、持续性不强、诉求对象不准确
广播	覆盖面大、传播对象广泛、成本低	宣传时间短暂、总体注意率不高
报纸	覆盖域广、传播范围比较明确	内容繁杂、注意率较低
杂志	制作质量高、保存时间长、可信度高	成本高、覆盖面窄、目标受众难以确定
户外广告	灵活、出现率高、接触面广、费用低	可信度不高、观众选择性差
直接邮寄	选择性强、灵活、有个性、受时空限制少	成本高、传播面窄
互联网	具有多媒体兼容功能、信息容量大，信息具有全球性、不受时间限制、成本低	可信度不及传统媒体、容易受互联网普及率的限制

5. 广告效果评估

广告效果的评价一般从沟通效果和销售效果两方面进行。广告沟通效果是指旅游广告对消费者知晓、认识和偏好的影响。销售效果是指广告对企业产品销售业绩的影响。由于销售效果除了受广告因素影响之外还受很多其他因素的影响，所以销售效果通常很难测量。通过对旅游广告效果的评价，可以衡量广告费用的投入是否达到了预期的效果，也为以后广告活动的开展提供了有力的依据。

三、公共关系策略

（一）公共关系的概念

公共关系是通过一定的信息传播，树立企业与公众良好关系的一种手段。其目的是为了建立、维护、改善或改变企业的形象，为企业的发展创造天时、地利、人和的社会环境。公共关系是一种非人员促销方式，通过在媒体上发布重要商业信息，或者在广播、电视、舞台上获得对自己产品有利的报道、展示或演出，来刺激目标顾客对其产品或服务的需求。

（二）公共关系决策

1. 明确公关对象和公关目标

公关人员必须首先了解他们所面对的公众群体，并了解他们对企业和产品的态度。企业营销人员只有在对其消费者或潜在消费者了如指掌的情况下，才能确定企业公关目标。企业公关目标有以下几种：①提高企业或产品的知名度目标；②节约促销费用目标；③激励营销人员和中间商目标等。

2. 策划公关活动行动方案

旅游公共关系活动是由一系列活动项目组成的。旅游企业通常选择多种公关手段来进行旅游公关活动，如新闻发布会、展览会、庆祝活动等，这些公关活动对于宣传企业信息、扩大企业影响都能起到立竿见影的效果。

案例 6-5

马航公关行为挑战公众底线，马来西亚旅游“钱”景蒙上阴影

2014年3月8日凌晨2点40分，马来西亚航空公司称一架载有239人的波音777-200飞机与管制中心失去联系，该飞机航班号为MH370，原定由吉隆坡飞往北京。该飞机本应于北京时间2014年3月8日6：30抵达北京，马来西亚当地时间2014年3月8日凌晨2点40分与管制中心失去联系。马航已经启动救援和联络机制寻找该飞机，此次坠机事件存在诸多疑点：

（1）失联地点。8日，马方通报飞机的失联地点：离哥打巴鲁120海里处，南海上空；而11日晚，据马来当地媒体报道，马军方最后一次监测到飞机是在马六甲海峡。

（2）飞机失联后还在飞行？越方曾表示，MH370在失联后不久就已经坠落或解体，但美方调查人员怀疑MH370航班在经过疑似失联地之后，又在空中飞行了约4个小时。

(3) 为何没有发出任何求救信号？专家认为，飞机上有两台发动机，各带有发电机，此外还有应急电源，这些功能全部丧失导致飞机断电的可能性极小。飞机上到底发生了什么，让飞行员连发出紧急呼叫的时间都没有？

(4) 到底是不是恐怖袭击？马方确认两名持丢失护照登机者都是伊朗人，但并未公布两人的身份背景。虽然国际刑警组织称，有关客机失联为恐怖袭击的可能性正在逐渐降低，但美国中情局表示尚未彻底排除。

马航客机失去联系之后，各种猜测层出不穷，马来西亚政府更是多次发布不准确消息，导致事件变得扑朔迷离。这不仅遭到遇难家属的起诉，还相继被各大媒体报道转载，"新马泰"线路遇冷导致大马游损失超40亿元！

评析：

马航事件在公共危机处理上存在以下问题：

(1) 缺乏协调，各自为政。政府在获悉飞机失踪后，应该综合各种资讯制订救援计划，更有条理地部署多国搜寻任务。

(2) 透明度不足。马来西亚军方雷达3月8日凌晨2点15分在槟榔屿西北200海里上空发现一架身份不明的飞机，但消息直到3月12日才公布。

(3) 缺乏专业精神和能力。当警方公布两名持作废护照登机的伊朗男子照片后，媒体立即发现两张照片的下半身完全相同，但警方却争辩说，只不过是照片印制的问题。合成照片反映出马国处理事件的能力。

(4) 缺乏沟通技巧。马国政府反复强调必须顾及乘客亲属的感受，但警方却在记者会上声称，不排除有人购买巨额保险的可能性。这无异于向亲属伤口上撒盐。

四、营业推广策略

（一）营业推广的概念

营业推广又称销售促进(sales promotion)，它是为了在短期内刺激消费者和中间商的购买行为而采取的一系列促销活动。

(1) 营业推广是一种短期行为，是旅游企业在特定时间向消费者提供的某种激励。

(2) 营业推广是针对目标顾客的心理而量身制作的，因此对消费者具有较强的吸引力和诱惑力，能迅速唤起目标顾客的广泛注意，有利于在短期内迅速增加旅游产品的销售量。

(3) 方式灵活多样。旅游企业营业推广的方式非常多，如有赠券、打折、抽奖等。旅游企业可以根据自己的产品特点和市场状况灵活地选择合适的推广方式。

（二）营业推广的方式

营业推广的方式很多，企业可以根据自己的营销目标和市场对象灵活地选择合适的方式，如表6-6所示。

表 6-6　营业推广的方式

推广类型	措　施
针对旅游消费者	赠送样品。向消费者免费赠送样品，可以鼓励消费者购买，也可以获取消费者对产品的反应
	赠送优惠券。优惠券可以邮寄，也可附在商品或广告之中赠送，还可以向购买商品达到一定数量或数额的顾客赠送
	赠送礼品。在消费者购买高价商品时，企业通过赠送其他商品的形式，可以刺激其销售
针对旅游中间商	购买折扣。目的是为了鼓励或刺激中间商批量购买和重复购买。通常有季节折扣、现金折扣和批量折扣等几种
	销售奖励。对经销本企业产品有突出成绩的中间商给予奖励。这种方式能刺激经销业绩突出者加倍努力，更加积极主动地经销本企业产品
	提供资助。旅游企业向中间商提供用于陈列、展示等的广告招贴画、小册子、录像带等资料，给予他们必要的资助

五、人员推销策略

（一）人员推销的概念

所谓人员推销，是指企业通过派出推销人员与一个或一个以上可能成为购买者的人交谈，作口头陈述，以推销商品、促进销售。人员推销一般有三种设计方法：

(1) 建立自己的销售队伍，使用本企业的推销人员来推销产品。这种推销人员又分为两类：一类是内部推销人员，他们一般在办公室内用电话等来联系、洽谈业务，并接待可能成为购买者的人来访；另一类是外勤推销人员，他们作旅行推销，上门访问客户。

(2) 使用专业合同推销人员推销产品，如雇佣销售代理商等，根据其代销额付给佣金。

(3) 雇用兼职的售点推销员推销，如在各种零售营业场合的产品操作演示、现场模特、咨询介绍等都使用兼职的售点推销员。他们按照销售额比例提取佣金。

（二）人员推销的特点

1. 信息传递的双向性

人员推销能够实现双向信息沟通。一方面，它可以把企业的有关信息传递给最终用户和中间商，也就是推销对象；另一方面，推销人员通过和推销对象面对面的接触，可以把消费者有关产品的信息反馈给企业。通过这种双向信息沟通，企业可以及时、准确地了解到市场方面的有关情况和信息，为企业营销决策的调整提供依据。

2. 推销过程的灵活性

人员推销是销售人员与顾客面对面接触，销售人员可以根据顾客的不同需求和购买动机及时调整自己的推销策略和方法。而且，销售人员可以及时解答顾客提出的各种疑问，取得他们的信任。

3. 针对性强

人员推销，一般选择具有较大购买可能的顾客进行，并事先对潜在顾客进行分析研究，拟订具体的推销方案、目标方法等，以提高推销的成功率。

案例 6-6

预设前提—— 餐饮现场推销的技巧

以前，服务员总是问客人："先生，您喝点什么?"结果在很多时候客人就点最大众化的饮料：雪碧，有的客人则干脆说："不要了。"一段时间下来，饮料的销售额平平。后来，经理要求服务员换一种问法："先生，我们餐厅有椰汁、芒果汁、胡萝卜汁等饮料，您要哪一种饮料?"结果很少有客人再点价格相对较低的雪碧，转而选择价格相对较高的椰汁、芒果汁或胡萝卜汁中的一种。从这以后，饮料的销售额有了明显的增长。

评析：心理学上有个名词叫作"沉锚"效应：在人们做决策时，思维往往会被得到的第一信息所左右，第一信息会像沉入海底的锚一样把你的思维固定在某处。服务员在推销饮料等产品时，注意不要以"是"与"否"的问句提问，这样问句的答复往往是要或不要。如果预设"客人当然要买"的前提，然后以选择性问句提问，这样客人的反应往往是从中做出一个选择。本案例的另一个启示是：酒店要提高服务员推销工作的主动性和积极性，让他们养成良好的工作习惯，变被动服务为主动服务，积极向顾客推荐本店的新品种、好品种。

案例讨论与单元实训

九寨沟小萝莉，纯情秒杀网友

2010 年金九银十之间，"九寨沟小萝莉"的小女孩的图片被疯传于各大网络，网友集体"被秒杀"，"一见倾心，再见倾城"的"九寨沟小萝莉"各种可爱的 pose 照片，让人们惊叹"九寨沟小萝莉"实在太萌了。而"九寨沟小萝莉"事件是一起旅游景区利用网络红人进行炒作宣传的经典，也是 2010 年旅游网络营销案例经典。

小萝莉的照片被发布到了网上，而网络推手进行了一轮炒作推广，不明真相的网友们也加入了这次旅游网络推广中来，开始了一场席卷整个互联网的推广。

从百度指数中，我们可以清楚地看出"九寨沟小萝莉"事件发生的全部过程，从 11 日，吕先生的帖子发布完毕后，网站推手和网友们进行了宣传推广接力，通过发帖转载等手段，在 18 日终于如愿取得网友对"九寨沟小萝莉"的关注，使"九寨沟小萝莉"变成网上人见人爱的网友红人。11 日之后，九寨沟的搜索应该呈下降趋势，但在"九寨沟小萝莉"的网络红人效应带动下，九寨沟的网络搜索又呈升势，并在 10 月 18 日左右促成搜索高峰，扭转颓势。而此时的事件策划者们也如愿取得了他们所达到的效果和收益。

自从"九寨沟小萝莉"在网络爆红之后，就使得九寨沟地区的旅游业继黄金周后再次进入旺季。这无疑是"九寨沟小萝莉"掀起了九寨沟旅游热潮。据全国知名旅游线路预订网站悠哉旅游网给出的统计数据显示，自从"九寨沟小萝莉"在九寨沟的照片被曝光后，该地区旅游线路订单量和电话量有了明显上升，幅度更是接近了 15%，由此可见"九寨沟小萝莉”的非凡魅力，难怪能够一夜红遍网络。营销专家点评该案例时指出，如果景区想模仿和复制这个案例，除了找到清纯小萝莉作为事件炒作“扩散源”，还需要通过互动与造势协助热点事件扩散才能成功。

思考题

1. 九寨沟的此次营销策略有什么启示？
2. 如果是你来策划九寨沟景区的营销，你会怎么做(除了此次营销方式)？

第七章 旅游目的地营销

本章节内容精要全览

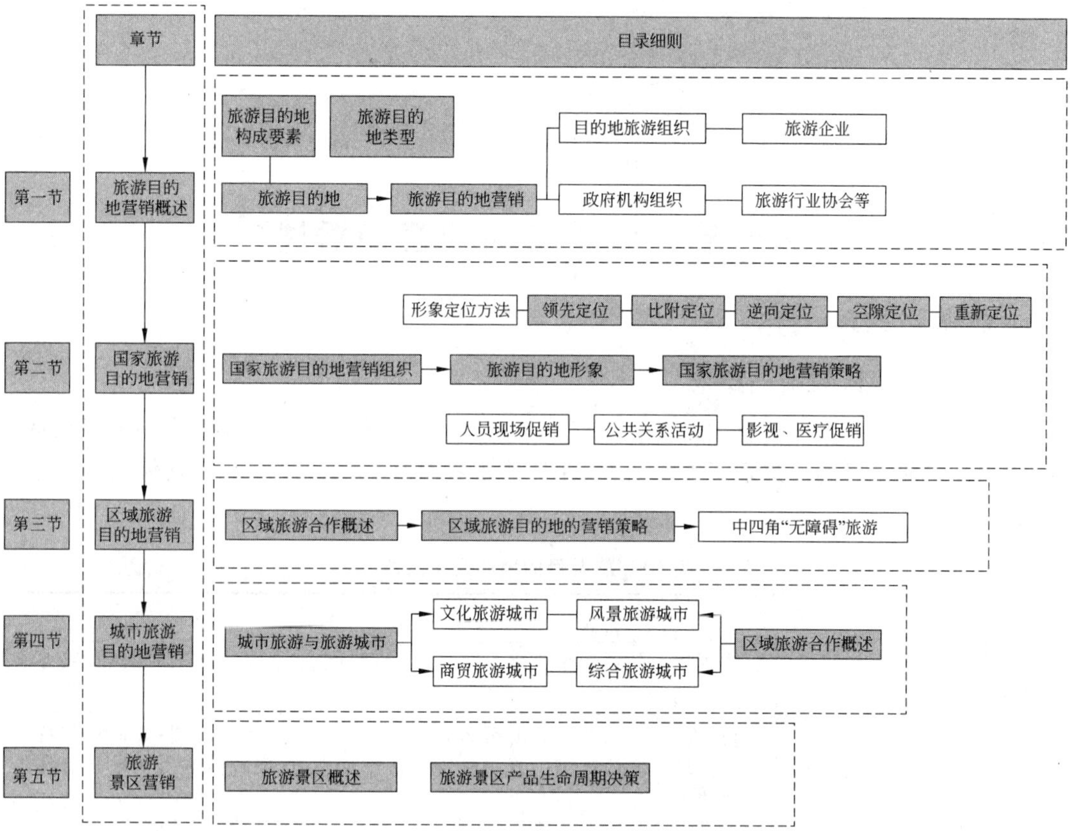

旅游目的地可以按不同的标准划分为不同的类型，本章按空间范围大小将旅游目的地分为国家旅游目的地、区域旅游目的地、城市旅游目的地和景区型旅游目的地四种类型，并分别介绍其各自主要的营销策略，如图 7-1 所示。

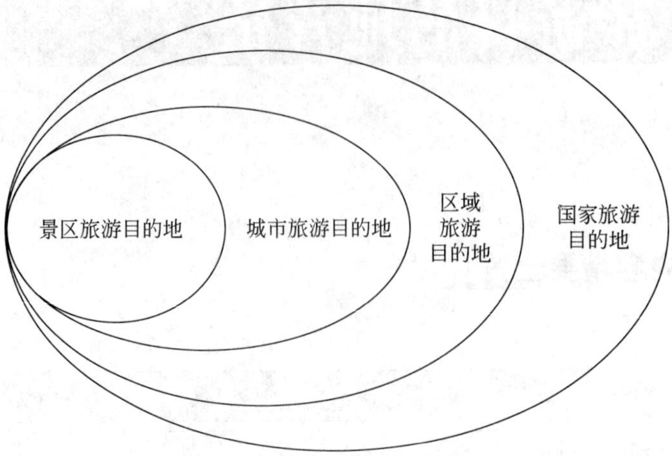

图 7-1 旅游目的地空间划分类型

第一节 旅游目的地营销概述

一、旅游目的地

（一）旅游目的地的概念

国际上对旅游目的地营销系统的研究始于 20 世纪 70 年代。一些学者和研究机构从不同角度对旅游目的地进行了专门研究，并形成了各具特色的定义方式。具体内容如下（见表 7-1）：

表 7-1 旅游目的地的定义概述

学　者	年份	旅游目的地定义
美国学者冈恩（Gunn）	1988	首先提出目的地地带（destination zone）的概念，它是由吸引物组团、服务社区、中转通道和区内通道等几部分构成的
世界旅游环境中心	1992	乡村、度假中心、海滨或山岳休假地、小镇、城市或乡村公园；人们在其特定的区域内实施特别的管理政策和运作规则，以影响游客的活动及对环境造成的冲击
英国学者布哈利斯	2000	一个特定的地理区域、被旅游者公认为一个完整的个体，有统一的旅游业管理与规划的政策司法框架，也就是说由统一的目的地管理机构进行管理的区域

本书将旅游目的地定义为：能够对一定规模旅游者形成旅游吸引力，并能满足其特定旅游目的的各种旅游设施和服务体系的空间集合。

（二）旅游目的地的构成要素

结合我国旅游业发展的实际状况，一般认为构成旅游目的地的核心要素应包括以下几个。

（1）有独特的旅游吸引物（旅游资源）。这种吸引物必须对特定目标市场具有相对独立性，并具有一定的市场竞争优势。

（2）有一定的市场范围和市场规模。目的地要有足够的市场开发价值和相应的市场发展空间；旅游目的地不仅要有足量的地理空间，同时还要有适当的市场空间，要有完备的市场链；旅游市场规则规范，市场可进入性高。

（3）有完备的旅游设施和旅游服务体系。旅游目的地要形成相对完备的旅游服务和接待设施体系，具有一定的产业化基础；同时，这种产业体系要具有一定的开放性，能形成联结客源地与目的地的产业链。

（4）要有目的地社区居民的认可、参与、支持保障（充足的人力资源）。

（5）具有一定的可管理性。目的地内部要有明确、统一和协调一致的旅游管理机构。

（三）旅游目的地的类型

随着世界范围内旅游活动的普及和旅游需求的不断发展变化，旅游消费方式变得丰富多样。世界各地涌现出各种各样的旅游目的地，数量繁多，种类丰富，我们可以根据不同的分类标准对旅游目的地进行划分。本章按空间范围大小将旅游目的地分为国家旅游目的地、区域旅游目的地、城市旅游目的地和景区型旅游目的地四种类型（见表7-2）。

表7-2　旅游目的地类型划分

旅游目的地类型	划分依据	具体描述	典例
国家旅游目的地	以国际旅游市场的空间格局来划分	旅游资源特色鲜明且相对集中的国家，对旅游业依赖性较强的小国，把发展旅游业作为基本国策，形成以旅游业为主体的国家社会经济结构	马尔代夫
区域旅游目的地	以一个国家空间范围内部来划分	一个区域性旅游目的地一般由多个城市旅游目的地组成	长三角旅游区
城市旅游目的地	以一个特定旅游区域空间范围来划分	城市不仅是重要的旅游吸引物，是旅游资源最丰富的地区，同时也承担了旅游交通、住宿、娱乐和服务等支持体系的功能，成为现代旅游经济活动的中枢	杭州、云南
景区型旅游目的地	以景区为单位	一般来说，只有那些对一定规模的旅游客源市场具有专门吸引力，又能为旅游者提供系统完备旅游服务的大型或者特大型旅游景区才符合景区型旅游目的地的特征	乌镇、迪士尼乐园

二、旅游目的地营销

（一）旅游目的地营销的定义

所谓旅游目的地营销，是指区域性旅游组织通过区分、确定本旅游目的地产品的目标市场，建立本地产品与这些市场间的关联系统，并保持或增加目的地产品所占市场份额的活动。

这一概念包含以下几个基本要素。

(1) 旅游目的地的营销主体是区域性或跨区域性旅游组织，不是一般的旅游企业。旅游目的地营销有别于单独的企业或部门的营销活动，它是以区域性的旅游组织(或政府部门)为主体，在区域层面上进行的一种新的营销方式。

(2) 旅游目的地营销的客体是旅游客源市场。目的地通过产品开发和形象营造，来拓展市场范围，建立市场关联，提高自身的市场竞争力。

(3) 旅游目的地的主要营销手段是目的地形象。旅游目的地营销应该是一个利益和目标一致但又相互分工的工作分工体系。旅游目的地组织的任务一方面是塑造本区域独特的旅游形象；另一方面还要协调好本区域旅游企业和旅游产品的营销活动，因为一个良好的目的地形象也有赖于优势旅游产品的支撑和烘托。

(二) 旅游目的地营销的参与主体

旅游目的地营销活动的参与主体通常包括：目的地旅游组织、有关政府机构、非政府的旅游专门组织、旅游产业协会组织、旅游企业、旅游营销辅助机构(如广告媒体、宣传促销机构、中介组织等)、旅游者等。具体表现为：

(1) 不同级次的旅游组织分别对应各自管辖范围内的目的地营销活动。旅游目的地营销一般由区域性旅游组织承担；在一些采取行政主导型旅游发展模式的地区(或国家)，可能由政府旅游行政管理机构承担旅游目的地营销组织的职责。

(2) 旅游目的地组织处在营销活动的核心地位。与旅游企业营销过程中一切以企业利益为中心的组织形式不同。在旅游目的地营销活动中，上述营销主体中的其他成员均要围绕目的地旅游组织开展营销活动。

案例 7-1

"好客山东"品牌激活山东旅游吸引力

从 2007 年至今，"好客山东"品牌以文化为核心整合全省旅游资源，逐步构建起集旅游城市目的地品牌、旅游企业品牌、旅游产品品牌集群化发展的品牌体系。2012 年，"好客山东"品牌估值 170 亿元，实现从形象品牌走向产品品牌的巨大转变。

对"好客山东"品牌持续 7 年的投资所产生的价值，反映到山东的旅游经济中是这样一组数据：从 2005 年山东全省旅游总收入首次突破了千亿元大关后，到 2008 年，用了三年时间迈上了第二个千亿元台阶；2010 年，仅用了 2 年时间迈上了第三个千亿元台阶。2013 年，山东省旅游总收入突破 5 000 亿元，位列全国三甲。

评析：追溯山东打造区域旅游品牌的历史，可以分三个阶段。第一阶段是对山东的著名景区，作了一些物化的描述，提出"一山一水一圣人"，代表泰山、曲阜和济南的泉水，沿黄和沿海。第二阶段提出"走进孔子，扬帆青岛"，这个阶段主要是配合 2008 年北京奥运会，因青岛承担奥帆基地的角色而推广。在业内看来，上述两个形象还停留在一个形象口号的阶段，还不能算是真正意义上的品牌。第三阶段提出"好客山东"的品牌，深入到旅游文化的深层次中，揭示了现代旅游的本质，以人为本，表现为关心人、体贴人、实行个性化服务。

第二节　国家旅游目的地营销

一、国家旅游目的地营销组织

国家旅游目的地营销组织，是指为了实现国家旅游目的地的营销目标和总体战略，通过职能分配和人员分工，并授予相应的权力与职责而进行的旅游营销活动的有机体。一般情况下，国家旅游营销组织由国家旅游组织和分设在主要客源市场的旅游代理处共同组成。

二、旅游目的地形象

（一）旅游目的地形象的含义

旅游目的地形象一般认为是旅游者、潜在旅游者对旅游地的总体认识、评价，是对目的地社会、政治、经济、生活、文化、旅游业发展等各方面的认识和观念的综合，是旅游地在旅游者、潜在旅游者头脑中的总体印象。

（二）旅游目的地形象定位

形象定位是旅游目的地营销过程中一种非常重要的手段。正确的形象定位不仅有助于塑造目的地的独特形象，而且方便目的地组织的战略选择。因此，旅游目的地的形象定位是旅游地营销管理的前提和核心。

1. 旅游目的地形象定位的基本方法

图 7-2 所示为旅游目的地形象定位方法示意图。

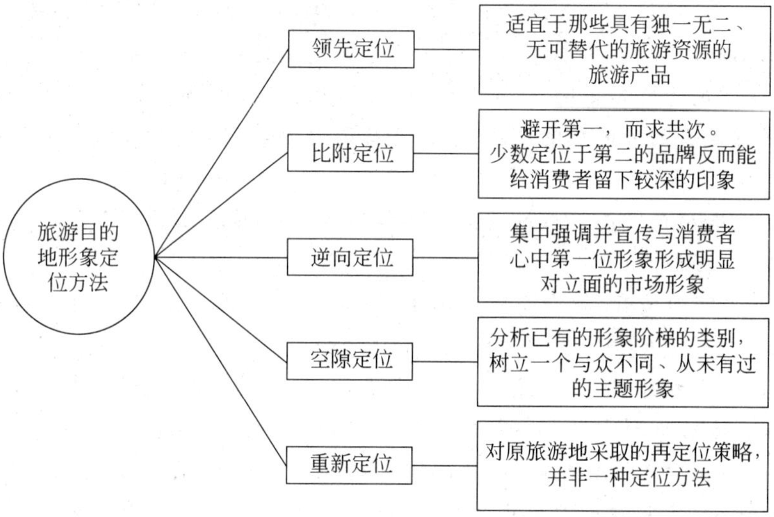

图 7-2　旅游目的地形象定位方法示意图

（1）领先定位。适宜于那些具有独一无二、无可替代的旅游资源的旅游产品，例如中国的长城："不到长城非好汉"。如此绝对领先、形势稳固的旅游地毕竟不是多数，大量的旅游地要依据其他方法进行形象定位。

(2) 比附定位。这种方法避开第一位，而抢占第二位。由于第一的位置只有一个，少数定位于第二的品牌反而能给消费者留下较深的印象。例如，海南三亚的形象定位表述为“东方夏威夷”，就是利用夏威夷绝对稳固的海滨旅游地形象，使自身比较容易进入国际游客心中。

(3) 逆向定位。集中强调并宣传与消费者心中第一位形象形成明显对立面的市场形象。例如，美国的“七喜”饮料就是宣称自己为“非可乐”，从而将所有软饮料分为可乐和非可乐两类，“七喜”则自然成为非可乐饮料中的领导者。

(4) 空隙定位。其核心是分析旅游者心中已有的形象阶梯的类别，发现和创造新的形象阶梯，树立一个与众不同、从未有过的主题形象。例如，深圳“锦绣中华”的建立，使国内旅游者心中形成微缩景观的概念。显然，“锦绣中华”在类似景观中处于强势地位。

(5) 重新定位。这是对原旅游地采取的再定位策略，并非一种定位方法。由于旅游地发展存在生命周期现象，重新定位可以促使目的地新形象替换旧形象，从而占据一个有利的心理位置。

案例 7-2

走向国际的海南岛——“Hi，Land”

海南岛旅游业在走国际化道路，应将建设世界一流的国际旅游岛作为目标。因此，在对海南旅游业的定位中，需要针对国内、国际客源市场的不同需求，进行差异性品牌定位。在国内形象定位中的“中国热带海岛，东方度假天堂”，能够很好地针对国内客源市场的特征以及中国大部分区域地处暖温带和亚热带的现状，突出热带海岛的气候差异定位，强调东方度假胜地的文化特色要素。

在面向海外的形象定位时，海南岛需要针对国际客源市场的特征，针对海外市场的特色，借鉴国外旅游目的地的成功经验，打造具有国际化的品牌。例如澳大利亚的黄金海岸的旅游品牌“Very Gold Coast”，简洁明了，令人过目不忘。海南岛国际旅游岛的定位，需要有对应的、适合海外游客习惯的英文标示和品牌，如“Hi，Land”可以作为未来海南面向海外市场推广的品牌。

(1) 英文品牌的发音，与海南的发音具有一定的相似性，能够加强客源市场对海南地名的印象。

(2) 海南岛面积比巴厘岛、普吉岛大很多倍，它作为“小大陆”的意义远大于“大岛屿”，所以 land 能够勾勒出海南岛具有陆地面积大的特色。而 Hi 作为英文中最简洁和热情的“你好”的问候语，同时也是 High 的同音词，有旅游畅快尽兴的含义。“Hi，land”既能够展现海南岛旅游从业者对游客的热情问候，也能托衬海南岛作为连接亚洲大陆与东南亚的枢纽、旅游纽带的桥梁作用。

(3) Hiland 无论独立或分开使用频率都较低，目前仅有美国怀俄明州 Natrona 郡下一处地名。但作为旅游标识和品牌，目前还没有使用，所以不存在英文环境下的歧义或重叠现象。而且品牌简洁，发音容易，符合英文品牌习惯。

评析：旅游目的地形象的定位具有十分关键的作用，准确适合的定位决定了旅游目的地的发展空间。海南岛的重新定位，充分了利用海南岛不同于其他旅游小岛的优势，针对国际客源市场的特性，摆脱了以往的旅游发展框架，使得海南岛走向国际化，逐渐成为国际型旅游目的地。

2. 形象主题口号

旅游形象定位的最终表述，往往以一句主题口号加以概括。口号是旅游者易于接受的了解旅游地形象的最有效的方式之一。主题口号的设计要遵循以下基本原则：突出地方特色、体现行业特征、语言紧扣时代、形式借鉴广告。例如：西班牙：阳光下的西班牙；澳大利亚：令人心旷神怡的澳大利亚；佛罗里达州：佛罗里达，与众不同。

三、国家旅游目的地营销策略

一般来说，旅游目的地国家针对客源国可以有多种促销方式，主要包括以下内容。

（一）人员现场促销

近年来常被采用的方式是到重要客源市场举办旅游展览会或派遣文化、艺术团体到客源地进行演出交流活动。如2008年中国国家旅游局计划组织的巡回促销活动包括日本联合促销，美国、加拿大联合促销，韩国巡回促销，东南亚巡回促销，欧洲英、德、法、意四国巡回促销，俄罗斯沿伏尔加河巡回促销，澳、新巡回促销。

（二）公共关系活动

公共关系活动尤其利于树立良好的国家旅游形象。近年来美国总统奥巴马和巴西总统都先后为本国旅游做形象宣传，邀请国外游客前来访问，产生了轰动性的公关效应。

此外，组织大型活动也有助于树立良好的目的地形象，拉动当地旅游业的发展，如2012年伦敦奥运会和2014年巴西世界杯都对当地旅游业的发展产生了积极的作用，并极大地改善了两地的旅游形象。

旅游目的地国家常用的公关手段还包括邀请客源地知名旅行社（旅行公司）的高层主管、国内外有广泛影响的新闻媒体的记者和专栏作家等现场参观；或邀请国内外德高望重的社会人士前来度假，使目的地旅游形象在相应地区产生“轰动效应”。

（三）影视、医疗促销

影视作品作为一种新兴的营销工具，比之传统的营销工具更加经济，易于潜入旅游者的记忆里，最主要的是能得到潜在旅游者的认同。在影视作品从制作到放映的整个过程中，目的地得到了极大的曝光率，形象很好地传递给受众，从而吸引旅游者到来。《阿凡达》科幻片在奥斯卡上大放光彩，张家界的哈利路亚山的原型地变得家喻户晓，顷刻之间将张家界的美好形象传播到全世界的每一个角落，从而又一次创造了以电影宣传旅游的成功范例。

案例 7-3

泰国成为医疗旅游新目的地

在豪华的私立医院和著名的白沙沙滩的吸引之下，越来越多的“医疗游客”为了做鼻子整形手术或者变性手术前来泰国旅游。曼谷和普吉岛等旅游胜地的五星级诊所以医疗保健服务质量好、价格合理而闻名。它们推出"牙科旅游"等颇具新意的旅游套餐。

在1997年发生经济危机前的经济繁荣时期，泰国对私立医院的投资很大。随着国内市场萎靡不振，精明的医院把目光瞄向了海外市场。去年到邦朗格拉德医院就医人数最多的是日本人，共有3万人，占总数的18%。美国有20 170人，英国为11 775人，还有8 240名印度人。数以千计的其他患者来自缅甸和柬埔寨等周边国家，只因当地无法进行专门的心脏手术或者复杂的外科手术。变性手术在泰国的私立医院中也很普遍，由该领域来自全世界的专家们操刀，只需5 000美元，而在旧金山或悉尼则需要1万至1.5万美元。但是托拉尔说隆胸、眼睛整形手术、鼻子整形手术以及皮下脂肪切除手术是医疗旅游业的主体，因为患者可以躺在沙滩上而不是床上就能恢复。

评析：泰国以医疗为吸引物、联合旅游进行营销，取得了一举两得、双赢的效果。首先，这是由于泰国的整形手术、变性手术价格诱惑力大，其次，手术与旅游的结合让手术的痛苦减轻不少，促进了医疗旅游的火热，也给泰国旅游发展带来了新契机。

拓展阅读

中国旅游借"美丽中国之旅"品牌形象向全球营销

"美丽中国之旅"中国旅游整体形象品牌标识揭幕仪式2013年3月28日晚在意大利著名现代艺术殿堂米兰三年展艺术博物馆举办。本次活动由中国国家旅游局驻罗马办事处及国泰航空公司共同主办。"美丽中国之旅"标识面纱由中意代表共同揭开，活动上还播放了"美丽中国之旅"宣传片。

"美丽中国之旅"形象标识以印章作为主体表现形式，以"美丽中国"和Beautiful China分别作为中英文表述，将中国的印章和书法艺术形式结合起来，并通过甲骨文的"旅"字来突出旅游特色。以蓝色为主的背景颜色，象征着美丽中国事业发展的朝气和生命力。中文字体"美丽中国"字样为红色，是国旗的颜色，代表中国文化，其中"中国"二字采用毛体书法风格，"美丽"二字力求简洁；英文字体为黑色，采用欧美手写形式，以体现流畅和自然，彰显了中国旅游国际化视野，象征着开放的、充满活力的、具有美好前景的中国旅游事业。

目前中国已成为世界主要旅游目的地，2012年意大利到中国的游客约有25.4万人次，增长了7%。近年来，"美丽中国之旅"形象标识越来越多地进入意大利人的视野中。2月2日的"罗马欢乐中国年"活动、2013米兰国际旅游展中国主宾国系列活动中都能看到这一形象标识。罗马机场巨幅灯箱广告、罗马双层观光巴士车身广告、公共交通系统车载屏广告中"美丽中国之旅"标识也频繁亮相。

评析：随着近几年中国旅游市场的繁荣，中国更多城市及景区开始加强对旅游建设的投入，除了结合自身资源加大对旅游产品的开发外，还积极主动向海外推介自身的旅游形象，吸引了更多外国游客来访。

第三节　区域旅游目的地营销

构筑地域大文化、谋求区域联合成为旅游竞争的根本性策略，地域联合营销有利于打造区域品牌，提高区域总体知名度达到“双赢”甚至“多赢”。目前，区域性旅游日益发展，除起步较早的长三角、珠三角旅游区外，西南、东北等地区也成为新的旅游活跃区域。

一、区域旅游合作概述

（一）区域旅游合作的意义

区域旅游合作既是经济全球化发展的必然，又是区域旅游发展和区域旅游整体形象建设的一种必然趋势。

1. 区域旅游合作是旅游经济发展规律所决定的

旅游业是一项开放性、关联性程度极高的新型产业，区域旅游要实现可持续发展，必须坚持“大旅游、大市场、大产业”的发展战略，突破行政区划的障碍，大力开展区域旅游合作。我国率先实行区域旅游合作的有环渤海地区、环太湖地区、长江沿岸地带、闽西南地区等。

2. 区域旅游合作是区域旅游经济可持续发展的前提

在世界经济全球化背景下，区域旅游合作已越来越受到业者的重视。实行区域合作，可以有效地改变地方割据和地方保护主义，景点（特别是主题公园）的近距离重复建设，公路等基础设施的难以互惠互利和共享，资金、信息等要素的跨地区流动受阻等弊端。

3. 区域旅游合作是区域旅游整体形象建设的要求

随着大众旅游供给的不断扩张，旅游资讯迅速膨胀，旅游者的注意力就成为一种稀缺资源，他们对旅游目的地的关注越来越倾向于区域的整体形象而非单一的产品信息。

（二）区域旅游合作的基本内容

图 7-3 所示为区域合作的基本内容。

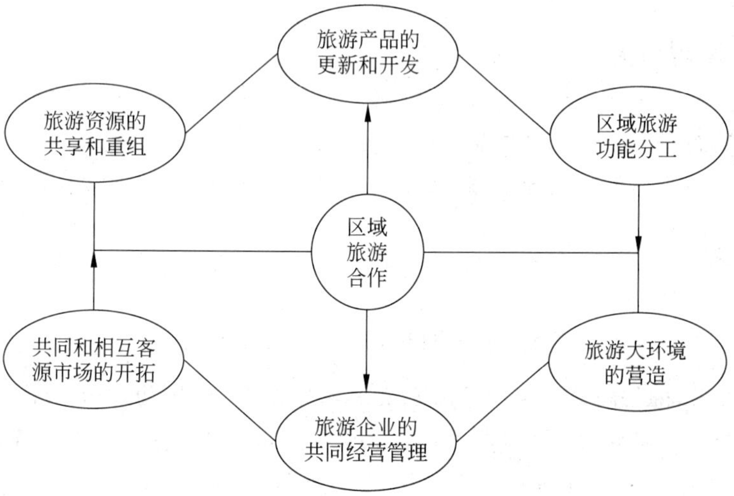

图 7-3　区域旅游合作的六大内容

1. 旅游资源的共享和重组

在平等互利原则下，本着“谁投入谁收益”的精神，将旅游资源视为区域的共有财富，共同开发和保护旅游资源。开展跨地区资源重组，形成更富有吸引力的旅游产品和更富有效益的旅游线路。

2. 旅游产品的更新和开发

区域旅游合作可以在各地方原有旅游产品的基础上，精选、改造，形成区域旅游精品，增加消费和时间；还可以利用区域旅游产品开发和设计的优势力量，充实旅游产品的文化内涵，增加旅游产品的活动内容，乃至开发一些更新换代的产品，提高旅游产品的吸引力和价值。

3. 区域旅游功能分工

要突破各地方旅游功能区的限制，从整个旅游合作区域着眼，在更高层次上划定旅游功能区，使各功能区的旅游功能更为合理。在区域旅游功能区划分基础上，确定进一步开发和建设的总体方案。

4. 共同和相互客源市场的开拓

各方共同开展市场调研和促销宣传，以占领老市场的更多份额，并开拓新客源市场。参加合作各方之间，取消不正常壁垒，互为客源地和目的地，共同培育居民的旅游意识，相互宣传对方，提高出游率。

5. 旅游企业的共同经营管理

可以发挥一些地方旅游企业管理优势，组建旅游管理公司，对另一些地方管理水平较低的企业进行直接管理，有利于加强区域内旅游企业管理水平的规范化，快速提高经营管理水平。

6. 旅游大环境的营造

对于综合性、关联性特别强的旅游企业来说，区域合作有利于共同营造旅游大环境，包括市政建设、交通建设、文化建设、精神文明建设、旅游教育等，都可以集中优势力量。

二、区域旅游目的地营销策略

（一）无障碍旅游

无障碍旅游即“无政策障碍、无市场障碍、无交通障碍、无服务障碍”的旅游。旅游区域内实行无障碍旅游后，到无障碍旅游区的各个景点旅游，组团旅行社可以无须目的地旅行社的同意，也不需他们另派导游，就像在本地旅游一样，这样就减少了游客的团费支出。

相关链接

“中四角”抱团取暖，开展无障碍旅游合作

2012 年 2 月，湘、鄂、赣三省领导人在武汉共同签署《加快构建长江中游城市集群战略合作框架协议》。随后，2013 年 2 月，武汉、长沙、南昌、合肥四个省会城市达成《武汉共识》，以合肥为中心的皖江城市群正式加入“中三角”，“中三角”变为“中四角”，综合实力更加强大。

“中四角”的形成，旅游合作地域范围随之扩展。2013 年 5 月 18 日，长江中游城市群四省会城市旅游发展合作商会在武汉召开，会议通过了《长江中游城市群四省会城市旅游发展合作实施纲要(2013—2018)》，拟用三至五年构建长江中游城市群无障碍旅游区。

【讨论】结合“中四角”区域旅游发展的实际，谈谈它对其他区域旅游合作的启发。目前，除了“中四角”外的泛珠三角，区域旅游合作在哪些方面取得了一定的成效？未来应该在哪些方面以何种方式更加深入地开展合作，取得实质性的突破？

（二）整合营销

整合营销传播(integrated marketing communication)的观点发源于 20 世纪 80 年代中期许多学者提出的具有战略意义的“传播合作效应”(communication synergy)概念，简称 IMC，是指在实现消费者的沟通中，以统一的传播目标来运用和协调各种不同的传播手段，使不同的传播工具在每个阶段发挥出最佳的、统一的、集中的作用。

案例 7-4

老济南，新泉城

2009 年 5 月以来，山东济南市对区域内的旅游资源进行统一规划和整合营销。

(1) 设计统一的旅游形象：设计了济南市旅游形象“老济南，新泉城”。根据这一形象定位，全面导入城市 CI 工程：规范旅游公共服务机构使用品的设计(如宣传纸张、文件夹、制服)以及其他使用品的设计要采用 CI 系统中统一的图案、色彩和文字；改善济南的城市标识系统，如街道名称、交通干线的指示牌、景点的介绍牌以及车站、商业机构等公共服务设施的指示牌要采用或改用标准字体、特定色彩的中英文，公共活动场所如停车场、公厕、电话亭等尽量推行国际通用的图像标识等。

(2) 各种媒体信息的整合：整合各种媒体信息，包括旅游宣传册、电视广播、报纸杂志、户外广告、网络媒体等，使其统一传达“老济南，新泉城”这样一个形象主题。开展的节事活动、公共关系活动也应为突出这一形象主题服务。

(3) 旅游品牌资源数据库：接触管理可通过建立济南旅游品牌资源数据库来实现。所谓旅游品牌资源数据库，就是将历史上和现在济南曾经使用过或被大众所感知的旅游品牌形象收集起来，并对各品牌形象的形成方式以及传播路径进行管理，以达到强化正面传播，消除负面传播的目的。

(4) 与游客“一对一”沟通：设计中文、英文、日语版和繁体版(Big5 版)济南旅游网站，建立目标市场游客关系数据库；提供互动式泉城旅游社区虚拟空间或电子邮件地址；让旅游者通过 Internet 方式自选自组体现自己个性的旅游产品；逐步开发电子货币、在线交易等电子商务活动；设专人管理“济南旅游”网站，负责定期、及时更新和解答游客疑问或投诉、处理旅游电子商务信息。

(5) 细分市场个性化促销：在统一传达“老济南，新泉城”这样一个形象主题的基础上，针对不同目标市场旅游者的消费特点，采取不同的媒体组合、不同的广告诉求点。在济南旅游中，“老济南，新泉城”可以称为济南旅游品牌形象的核心，而由针对特定的目标市场所延伸出的诉求点则是品牌形象的外围系统，只是“老济南，新泉城”这个核心的品牌延伸。只有做到这一点，才达到了真正意义上的整合型促销。

评析：济南市以“老济南，新泉城”为统一主题形象，围绕这一形象定位展开了整合营销策略，对城市区域标识系统进行了统一规划、资源信息整合；同时注重以旅游者消费特点为导向，采取不同营销媒体和方式，但始终是围绕“老济南，新泉城”这一核心品牌。

（三）完善旅游产品体系

目前，我国的旅游产品已逐步从以观光产品为主向观光产品、度假产品、体验产品和主题文化产品共同发展的局面转变。旅游区域一般市场广阔、需求层次多样化，应充分利用区域内拥有的丰富资源，完善梯度化的旅游产品体系，包括低端、中端、高端各种档次的产品等，构建互补的旅游产品群，满足不同层次的旅游者的需求。

第四节　城市旅游目的地营销

现代的城市，大都有多种功能，如政治、经济、信息、交通、旅游等。当然，城市的规模不同，功能也不同，每个城市都有自己的主要功能。就目前来看，经济中心的功能是所有城市的主要功能。从发展的角度来说，随着市民休闲要求的普及，城市旅游中心的功能也需要进一步发挥，也应该成为各个城市一个共同的功能。从长远来看，城市是旅游目的地的主要体现或集中体现，城市是研究旅游目的地的发展的主要内容。

一、城市旅游与旅游城市

城市旅游发展最重要的问题是如何把城市现有的特点充分挖掘出来。一个地方，只有研究透了，才能把独到的东西挖掘出来，才能把这个城市凸显出来。一个城市旅游发展的终极目标是形成旅游城市，如园林旅游城市、山水旅游城市、生态旅游城市等。

（一）旅游城市的定义

所谓旅游城市，就是指以旅游作为其主要功能，以提供优异的旅游产品并产生良好的环境、社会和经济效益为其重要特征的城市，这是一种将城市按城市性质进行划分的结果。

一个以旅游作为其基本性质的城市，必须包含一些基本的含义：

（1）旅游城市是人类、自然、城市相互高度协调的有机结合；

（2）旅游城市是生态材料、自然和文化的凝聚体；

（3）旅游城市的组成要素关系应符合美学原理；

（4）旅游城市具有完全的生态保护和平衡力；

（5）旅游城市拥有丰富的旅游资源和良好的环境；

（6）旅游城市可提供全面的人文生态发展。

旅游城市的最主要目标是按照优秀旅游城市的要求进行城市建设，向公众提供高质量的旅游产品，并产生良好的环境、社会和经济效益。

（二）旅游城市的类别

表 7-3 所示为旅游城市分类概况。

表 7-3　旅游城市分类概况

旅游城市类别	主要特点	典型案例
文化旅游城市	文化底蕴深厚，能为旅游者消费提供文化体验的城市	西安、北京、洛阳、曲阜、南京
风景旅游城市	自然环境对其旅游业起了决定作用，城市往往有优美独特的自然风光	桂林、杭州、张家界
商贸旅游城市	一般处于两国边境，地理位置独特，形成了特殊的旅游风情	如景洪处于中、缅交界处，边境贸易、旅游频繁
综合旅游城市	这类城市现代化程度很高，旅游配套齐全，在旅游业中以都市风情取胜	上海、郑州、长沙、深圳

二、城市旅游目的地营销策略

（一）完善城市旅游产品系列

综观国内外城市旅游的发展历程，目前主要的城市旅游产品系列包括以下几个。

1. 文化旅游产品

这是指与城市社区的历史、艺术、科学和文化遗产有关的旅游活动。文化旅游被认为是改善城市形象和提高城市知名度的有效举措。以加拿大多伦多为例，多伦多艺术展览馆、罗尔托马森大厅和北约克表演艺术中心等的建成促进了多伦多城市旅游的快速发展。

2. 体育旅游产品

观赏型体育比赛成为当前许多城市旅游和经济发展的竞争战略措施，体育旅游的经济收益与赛事的规模、档次和持续时间长短有密切关系。奥运会和足球联赛等大型体育赛事的举办在给城市带来丰厚经济效益的同时，也使城市在国际上的形象和声望迅速提升。

3. 会议旅游产品

大城市尤其是国际城市都认识到了举办会议为城市旅游业发展带来的好处，会议旅游者的高消费模式引起了城市旅游开发者的关注。我国东部沿海地区如北京、上海、深圳等城市目前都有了国际会展中心。

案例 7-5

“武汉双骄”——武汉城市新名片

“汉秀”与万达电影乐园被冠以“武汉双骄”的美誉，二者于 2014 年 12 月 20 日面向全球正式开业。汉秀和电影乐园是总投资 500 亿元的武汉中央文化区的两个压轴大戏，分布在 1.5 公里长的汉街商业步行街两端，两个项目总投资 70 亿元，是世界文化产业投资最大的项目之一。

万达电影乐园作为目前世界唯一的室内电影主题乐园，致力于营造极致的游玩体验和超越梦境的互动氛围，堪称中国原创的世界级娱乐体验，代表了国际互动娱乐的未来。设有万达原创制作的飞越湖北、终极能量、极速飙车、自然威力、星际旅行和西游斗魔六大主题游玩区。内容或是结合中国传统文化、风土人情，或是以自然气候、畅想未来为主题。既有科普又有娱乐，可谓老少皆宜，无论是年轻学生还是一家三代亲子游都适合。

汉秀是世界顶尖舞台秀，寓意汉族、楚汉及武汉文化，体现中国文化及湖北地方特色。汉秀剧场内有世界首个可飞行移动的LED屏，有2 000个可移动座椅，演出水池储水量相当于4个奥运会标准游泳池。最大的特点便是糅合了舞台剧、杂技、水上芭蕾、跳水等多种表演形式，运用了水幕、高科技舞台机械等科技化设备，通过声、光、电的运用，形成了非常独特的科技呈现，创造出极具震撼的效果。

评析：“武汉双骄”零距离融入荆楚文化浓郁的楚河汉街，展现了荆楚旅游文化与国际顶尖科技的完美融合，俨然成为武汉乃至湖北旅游的新名片。

（二）塑造城市旅游形象

城市旅游形象是人们对该城市旅游产品、旅游设施、旅游服务功能等的总体、抽象、概括的认识和评价，是城市的历史印象、现实感知和未来信念的一种理性综合。

要创造一个良好的城市旅游形象，仅有城市的整体形象是不够的，它还应包括以下三个层次：

（1）城市旅游的整体形象。除旅游部门要搞好景区（点）、旅行社、星级饭店外，各级政府和有关部门，如城建、文化、交通、环保、通信等，都要共同来营造“旅游大环境”这个系统工程，创造优美、舒适、文明、方便、安全的城市旅游形象，这是最高层次的城市旅游形象。

（2）城市吸引物的特色形象。即最具吸引力的旅游产品的定位和开发，它通常不是指个别景点而是指某一类景观，这是中间层次的城市旅游形象。

（3）旅游企业形象。如一个旅游区、一家旅行社或者星级饭店的形象等，这是城市旅游形象的基本层次。

案例7-6

杭州：不仅仅只有天堂

“上有天堂，下有苏杭”这一形象将杭州打造成了国内知名的风景旅游城市，但是杭州在国际市场上的知名度并不高。因此，对杭州国际旅游形象的再定位，将有利于杭州国际旅游市场的开拓和发展。杭州的地方性和特色决定了杭州的国际旅游形象为“生活的城市”（A city of life）。

杭州市为进一步推动旅游国际化战略的实施，推动杭州旅游从“旅游城市”向“城市旅游”转变，塑造了“幸福同享 天堂之城；东方休闲之都 人间幸福天堂；杭州 Living”的系统的城市旅游形象定位。

“杭州 living”不仅仅是一个形象口号，更是一种对杭州城市文化的完美解读，它体现了杭州"美丽、宜居"的城市定位，体现了杭州"有文化的、休闲的、舒适的、时尚的、现代的"城市形象，更体现了杭州"古老与现代并存，时尚与古典结合，不紧不慢，从容雅致"的城市性格，通过这个形象口号的传播，激发起旅游者对于杭州这座城市的好奇与美好想象，渴望通过亲身的体验与感知，发自内心地爱上杭州这座城市以及这种独有的生活方式，从而加强其对于杭州的城市旅游形象及城市文化的强烈认同感。

评析：城市旅游形象的塑造，要以城市的独特性和城市特色旅游资源为背景，以目标市场的消费特点为导向，拓展客源市场，增大城市的旅游魅力。杭州市"东方休闲之都"新形象的塑造既符合杭州的城市生活特点，也为开拓国际市场提供了准确导向。

总之，城市旅游形象是对旅游城市的无形价值的提升，是城市的一笔宝贵无形资产，是城市的旅游品牌。塑造独特、鲜明、有招揽性的旅游形象，进而依靠城市旅游形象吸引游客已成为城市旅游业发展的核心要素。塑造城市旅游形象的前提是解决旅游形象的定位问题，在具体执行中，应遵循以下几个原则。

1. 城市旅游定位与城市资源紧密相关

各城市的资源不同，定位则不尽一致。海滨城市，定位为度假游；历史古城，定位为历史文化游；商业发达之城，定位为购物游；会议展览之城，定位为会展游；等等。如大连是中国北方著名而漂亮的海滨城市，其定位为观光度假旅游城市。

2. 城市旅游定位与城市产业相关

有的城市工业发达，则工业之旅就容易叫响，如青岛的青啤工业园、海尔工业园等旅游项目就影响了青岛旅游的定位；有的城市农业先进，则农业观光之旅就响当当，如烟台的农业示范园等旅游项目。

3. 城市旅游定位与城市的未来发展相关

当有些城市的资源、产品、产业基本相同时，由于未来发展的方向不同，定位也就不同。例如，大连和宁波，资源、产品、产业有相近之处，但未来发展方向各有侧重，大连侧重于成为东北亚地区的航运、商贸、信息中心，旅游定位为观光度假，而宁波侧重于服装工业及其他工业发展，则其旅游定位就不一样了。

（三）旅游城市的推广策略

1. 节庆与节事活动

1984 年山东潍坊主办的第一届"国际旅游风筝会"开启了我国城市节庆营销的先河，从此在我国引发了一浪高过一浪的节庆旅游营销热潮，潍坊也因此由一个不知名的小城变成了名声显赫的"世界风筝之都"。由此可见节庆和节事活动对城市旅游营销的潜在影响力。近年来，各地纷纷举办具有地方特色的"主题旅游节庆"活动，作为当地标志性的旅游节事活动，融自然人文风光、休闲度假娱乐、商业贸易洽谈、科技文化交流等于一体，使其成为当地旅游的拳头产品之一。我国已形成一定影响的节庆活动有洛阳牡丹花会节、哈尔滨冰雪节、大连服装节、杭州西博会等。

旅游节庆活动以其独特的形象吸引游客，聚集大量的人气，并产生效果不等的轰动效应，能在较短的时间内达到宣传作用，并且使人印象深刻，效果比较持久，从而提高了举办城市的知名度。

案例 7-7

一杯啤酒让你爱上青岛旅游

青岛国际啤酒节始创于 1991 年,每年在青岛的黄金旅游季节 8 月的第二个周末开幕,为期 16 天。节日由国家有关部委和青岛市人民政府共同主办,是融旅游、文化、体育、经贸于一体的国家级节庆活动。多年来,崂山区每年都要投入资金,引入新的设计理念,对啤酒城进行国际化、专业化的改造,使其越来越符合一个狂欢节事的布局。与此同时,崂山区几乎每年都要投资维护啤酒城的城容城貌,对其进行美化、绿化、硬化,并不断增加城内的各种服务设施。近几年来,崂山区还对啤酒城的周边环境进行了整治,道路以及其他外部服务设施越来越健全。2009 年是青岛第十九届国际啤酒节,开幕时间是 8 月 15 号,现啤酒节迎来了世界各地的关注,啤酒种类达 102 种。

青岛国际啤酒节作为亚洲最大的啤酒盛会,历届都有数十个国家和地区及国内的啤酒厂家参加,并且吸引了数百万游客前来参观。每年都有众多旅行社组建数以百计的旅行团"赴节旅游"就是一个证明,青岛国际啤酒节已然成为一个品牌。

评析:独具地方特色的节庆和节事活动不仅扩大了节庆的知名度,还间接带动了城市的旅游活动的开展,促进了城市节庆旅游的发展。青岛市借助"国际啤酒节"打响名声,吸引大量游客前往。"青岛国际啤酒节"目前已经形成一个知名品牌,同时也是青岛市的一个旅游形象名片 。

2. 会展旅游

城市可以利用各种展览会和博览会机会,进行吸引力的推介。通过承办各种展览会和博览会,促进政府对城市建设增加投入,改善城市的交通环境、景观环境及城市综合接待水平,对城市形象的提升起到很好的作用。如 2014 年在武汉举办的华中地区旅游博览会和华中地区汽车博览会,引来国内外旅游企事业单位和数十家全球著名汽车跨国公司和国际组织、外国政府代表团及近百家国内知名高新技术企业齐聚武汉,大大提高了武汉的知名度,尤其是经济影响力。

案例 7-8

达沃斯——如瑞士一样精致的小镇

世界经济论坛(World Economic Forum,WEF)是一个非官方的国际组织,总部设在瑞士日内瓦。其前身是现任论坛主席、日内瓦商学院教授克劳斯·施瓦布 1971 年创建的"欧洲管理论世界经济论坛非洲峰会坛"。1987 年,"欧洲管理论坛"更名为"世界经济论坛"。论坛因每年年会都在达沃斯召开,故也被称为"达沃斯论坛"。每年在达沃斯召开的论坛年会,一般是在一月下旬,会议持续约一周时间,每年都要确定一个主题,在此基础上安排 200 多场分论坛讨论。

论坛期间,达沃斯小镇人口陡增,其中 60% 多是外来游客。除了每年冬季的达沃斯论坛会议之外，还有很多国际会议都在这里召开。小镇目前有100家酒店，还有780家公寓和家庭旅馆，最大接待量达2万多人。

评析：会展旅游是当代将商务和旅游紧密结合为一体的新型旅游，发展潜力巨大并且影响范围广。世界经济论坛的成功，让达沃斯从一个默默无闻的小地方变成了世界著名的会展旅游目的地。达沃斯论坛不仅提升了地方知名度，而且激活了当地旅游业的发展。

第五节　旅游景区营销

近年来，中国旅游业呈现良好的发展态势。2012年全球旅游人数达到10亿人次，再创新高。其中，中国游客是最大的增长动力。旅游业总收入达2.57万亿元，同比增长14%，三大旅游市场呈“两增一平”格局，国内、出境旅游保持较快增长，入境旅游基本持平。中国将成为世界最大的旅游市场。旅游业的辉煌崛起，极大地改变了旅游景区的生产方式和经济结构，景区的发展成为迫在眉睫的任务。可以这样说，一个景区营销的黄金时代即将来临。景区作为旅游系统中最重要的组成部分，是激发旅游动机的主要因素，是旅游产品的核心。因此，对旅游景区营销的研究不仅有利于景区自身的发展，也有利于相关的旅游服务业以及当地经济的发展。

一、旅游景区概述

（一）旅游景区的含义

旅游景区是由具有某种或多种价值、能够吸引游客前来观光、游览、休闲、度假的自然景观以及能够满足游客需要的旅游设施构成的，具有明确具体的空间界线的多元环境空间和经营实体，这一实体可以通过对游客进出的管理和提供相关服务，达到盈利或保护该环境空间的日的。

（二）旅游景区的构成要素

旅游景区包括如下几个构成要素：

（1）有固定的、范围确定的经营服务场所；

（2）有能够供人们观赏、游览或从事科学研究的旅游资源；

（3）具有相应的旅游接待设施；

（4）有相应的景区经营管理机构。

二、旅游景区产品生命周期决策

（一）旅游景区产品生命周期理论

加拿大著名学者巴特勒(Butler)教授成功地揭示了旅游地生命周期的自然规律。旅游景区属于旅游地当中的一种类型，一般情况下，旅游景区生命周期与旅游地生命周期同步。巴特勒认为，每个旅游地都将经历资源发现、开发启动、快速增长、平稳发展、衰落或复苏五个时期(见图7-4)。

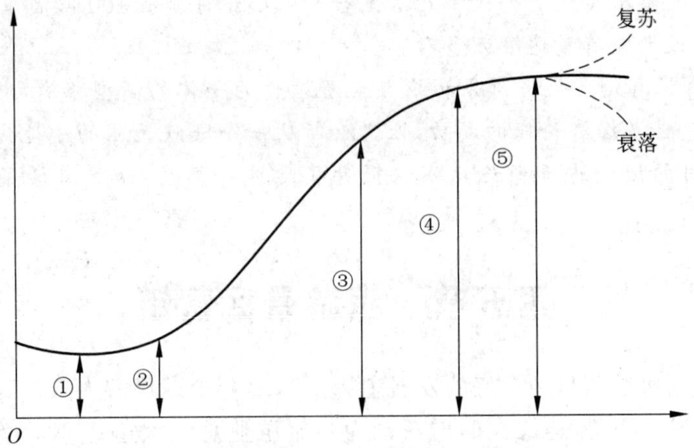

图 7-4 旅游景区生命周期规律一般示意图

说明：①资源发现；②开发启动；③快速增长；④平稳发展；⑤衰落或复苏。

1. 资源发现期

资源发现期主要是少量的探险者、科学考察者进入景区，由于开发尚未启动，旅游资源还未成为旅游产品。此阶段当地居民出于新奇对外来者热情欢迎。

2. 开发启动期

随着景区进入开发启动，外来资本大量进入，旅游资源开始转换为旅游产品。当地居民在就业、为游客提供服务等方面都获得了较大利益，对旅游开发满腔热情。投资者开始了大量营销，景区知名度大增，游客大量涌入。此时对景区及其周围环境的破坏开始了。

3. 快速增长期

旅游景区产业快速增长，对当地经济的推动作用很大；游客人数也快速增长，旅游景区环境容量、资源、环境、设施的压力大，旅游景区形象已牢固树立起来。当地居民生活条件得到基本改善，但与他们的期望相差较大，同时他们还要承担物价上涨的压力，因而不满情绪滋长，影响他们与游客的沟通。

4. 平稳发展期

这一阶段游客人数增长率下降，但游客人数总量在前期依然增长，到后期游客数量达到最大值，多年来停滞不前，游客增长率接近为零，人造景观在大量取代自然、文化吸引物的情况下，接待设施过剩，低价竞争导致服务质量下降。此时当地居民对游客产生反感。

5. 衰落或复苏期

在衰落期，游客被新的景区或目的地所吸引，已不将该景区作为旅游选择。景区接待的多是远距离的游客，而且远距离的游客也越来越少，旅游地形象已遭破坏。若景区经营管理者重新设计景区形象，推出新的有特色的旅游产品，将使旅游景区进入复苏期。

旅游景区生命周期长短不一，一般而言，自然型旅游景区的生命周期较长，人造景区的生命周期较短，很少超过 5 年。

（二）旅游景区生命周期各阶段的市场营销策略

表 7-4 所示为旅游景区各生命周期营销策略。

表 7-4　旅游景区各生命周期营销策略

生命周期阶段	策略思想重点	具体策略内容
投入期	突出一个“快”字，抢先占领市场	充分认识旅游景区产品的优势、特色（注意其他景区的替代性），敢于在促销方面投入，迅速提高知名度
增长期	策略重点放在“好”字上	提高服务质量，加强品牌宣传和销售渠道的管理，分析同类竞争者的营销策略
平稳发展期	突出“占”字，拓展市场深度和广度	寻找机会市场，争取新的消费者；产品改革，加强产品质量改革；提高服务质量营销组合改革；新产品的研制与开发
衰退期	突出“转”字，转向开发新产品	这一时期的景区经营者应尽可能地缩短产品的衰退期，其主要策略有：立刻放弃，淘汰疲软产品；逐步放弃，自然淘汰

（三）公共关系宣传

景区开展公共关系宣传活动的方法有很多，只有方式新颖、可信度高的宣传才能达到树立形象的目的。景区公共关系宣传的主要方法有以下两种。

1. 景区新闻宣传

景区新闻宣传是运用新闻报道的形式为公众提供信息，为景区制造声势。这是景区公关宣传中最常用的一种方式，具有客观性强、社会影响大及宣传成本低等优点。但是由于大众宣传媒介是企业无法直接控制的，所以在宣传的主导性方面相对较差。景区新闻宣传的方式主要有：编写新闻报道，制造新闻事件，举行记者招待会、新闻发布会等。

2. 景区机会宣传

景区可能获得一些难得的宣传机会，这些机会主要包括以下两点。

(1) 文艺作品与景区宣传机会。随着游客市场的日渐成熟，旅游者对景区旅游产品的文化体验要求相对提高，而文艺作品作为大众喜闻乐见的传播形式，加上其中的文字意境和拍摄效果，使作为场景的景区在人们心中留下了深刻的印象，因此景区一旦成为优秀文艺作品的主题或背景，其知名度和美誉度就有可能随着这些作品的传播而提高，从而触发潜在客源的旅游动机。如《英雄》与九寨沟；《卧虎藏龙》与蜀南竹海；《大红灯笼高高挂》与乔家大院等。

(2) 社会事件与景区宣传的主题。社会事件是社会关注的焦点，景区可以借助这些事件来宣传景区的资源特色、经营观念，传递有益景区发展的观念，如名人与景区佳话，疾病的流行与景区的康体健身价值等。例如，四川九寨沟和黄龙两景区为支持奥运会在我国举办，于 2008 年 5 月 5 日在九寨沟举办“奥运冠军九寨之旅”活动，邀请了多名奥运冠军畅游九寨沟，同时宣布：2008 年奥运会各种体育竞技项目金牌的获奖者可以终身免费畅游九寨沟、黄龙。此举无疑是借奥运为自身进行了一次卓有成效的公关宣传。

（四）联合促销

景区联合促销方式有两种：一是水平方向关联景区联合开展促销，二是一定区域范围内的相关部门、企业联合起来促销。

相关联的景区联合起来开展促销的方式称为水平方向的联合促销。一般而言，单独一个景区很难构成强大的吸引力，而旅游者的一次旅游活动中也常包括多个景区，因此景区之间开始进行联合促销。近年来，这一方式受到景区的关注，很多景区进行了联合促销，如四大佛教名山联合推出"中国四大佛教名山朝圣之旅系列文化节"，定期举办联合促销活动。

景区联合促销所采取的是营业推广、广告、公关宣传等各类工具的综合。促销主体不是某一个景区，而是一定区域内的多个景区，促销的目的也不是一个景区销售量的增加，而是区域内各景区游客量的普遍上升。

案例讨论与单元实训

动感之都，就是香港

香港曾被评为"亚洲最佳城市"、"亚太最佳旅游目的地"等，旅游资源"先天不足"的它却成就了旅游业的传奇。作为国际性大都市的香港，香港先后推出"动感之都，就是香港"与"香港，乐在此·爱在此"等活动，全面提升了国际性都市的新形象。

"动感之都，就是香港"是由香港旅游发展局联合全港18个区共同举办的香港有史以来最大规模的旅游推广活动。从2001年4月起到2003年3月，香港旅游局向全球着力推介香港18个区的特色节目、节庆、景点，并举办一系列大型以旅游为主题的盛事和活动，推广香港的旅游。此外，主办者还将通过这项推广活动，加强市民对香港的了解，争取全港各界支持旅游业，营造具有香港特色的待客文化。

除此之外，香港还举办了多项世界瞩目的重要赛事，如香港国际龙舟邀请赛、香港国际七人橄榄球赛、香港马拉松和在沙田马场举行的香港国际赛事等，吸引了不少海外和本地劲旅参加。文化方面，一年一度的香港艺术节和香港国际电影节，以及传统节日活动如中秋彩灯会等，均广受欢迎。此外，又在全港各区举行林林总总的地区活动，包括区节、地区文娱体育节目、美食节、节日灯饰，以及传统节庆和巡游。

总的来说，香港目的地营销可以分为如下几个层次：

第一层次，全面包装城市，塑造城市品牌。无论是之前的"魅力之都"还是现在的"动感之都"、"购物天堂"，香港旅游局的宣传口号都恰如其分地道出了时尚、动感和繁华的香港品牌形象。

第二层次，加大宣传力度，创建名牌旅游景区。香港旅发局每年的推广费用预算高达数亿元，旅游局70%以上是市场推广人员，和内地旅游部门的不到10%形成鲜明对比，香港旅游局对品牌推广的重视可见一斑。旅游景区和城市品牌的无缝对接，直接带动了香港旅游的繁荣。

第三层次，突出饮食购物文化，树立旅游关联产业品牌形象。对很多游客来说，香港最大的魅力不是景点，由购物、饮食和文化等旅游关联产业构成的大都会旅游才是香港游的真正精髓。

思考题

1. 结合香港旅游营销案例谈谈什么是旅游目的地。如何把握旅游目的地的内涵?

2. 结合具体实例谈谈如何进行旅游目的地形象定位?

3. 选择你所在城市的某一知名景区,对其举办的一次令人印象深刻的促销活动进行评析。

第八章 旅游产品营销

本章节内容精要全览

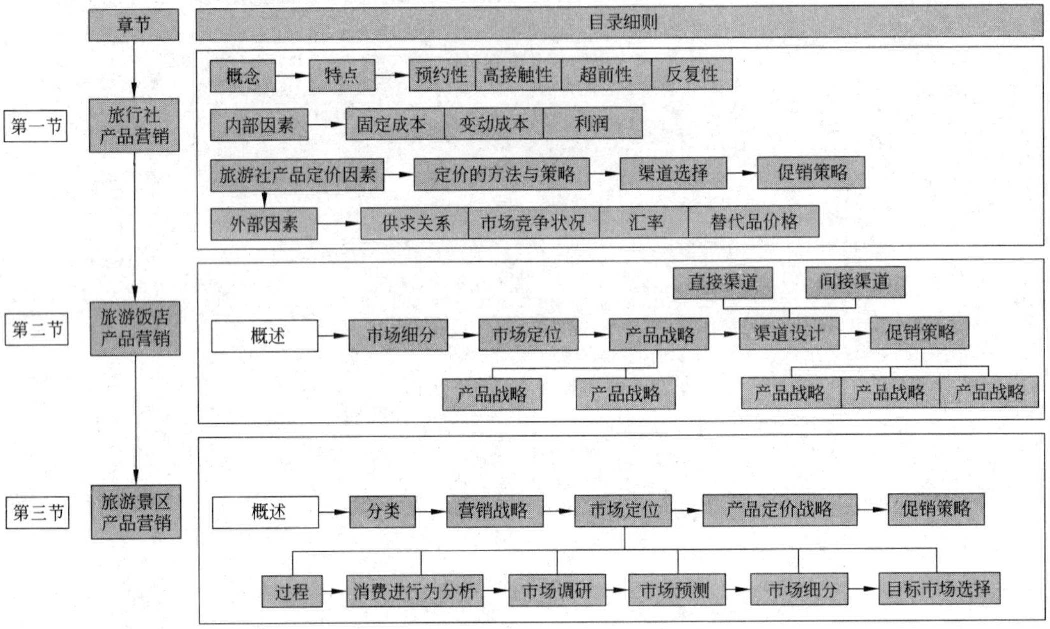

第一节 旅行社产品营销

一、旅行社产品营销的概念

旅行社产品营销是指旅行社通过交换来提供满足旅游者需求的产品的管理过程。主要有以下特性：

(1) 双向性。一方面旅游消费者需要并愿意支付货币购买旅行社的产品；另一方面旅行社愿意提供产品来获得旅游消费者的货币。

(2) 竞争性。由于服务的无形性、同一性，所有权的不可转移性，使得旅行社的服务营销比其他产品营销更富有竞争性。

(3) 平衡性。旅行社市场营销管理者必须充分了解旅游者的需求，收集、分析产品信息，根据相关信息采取有效措施，使买卖双方在交换过程中的利益趋于平衡，从而提高旅行社的经营效益。

二、旅行社产品营销的特点

旅行社产品由有形实物和无形服务综合构成，其实质是一种无形的服务，而且这种服务带有体验的特性，同时它还带有生产性和消费性同时进行的特点，因而旅行社产品营销活动呈现出一些新的特性(见图 8-1)。

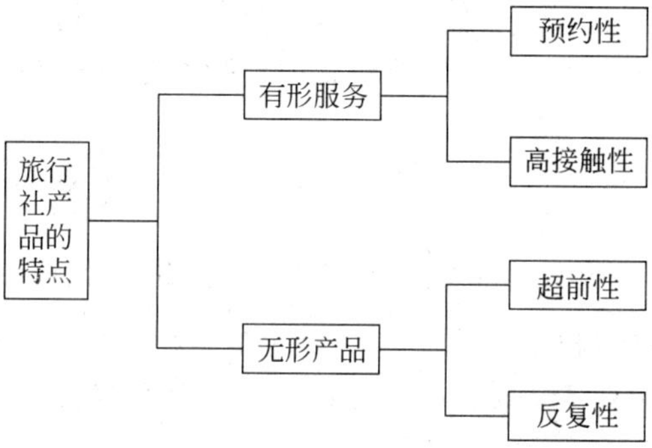

图 8-1　旅行社产品的特点

（一）预约性

预约性是指旅行社产品都必须提前预定，旅游者或旅游中间商必须事先同旅行社签订旅游合同或旅游协议，旅行社按照已经签订的旅游合同或者协议上的要求向相关的旅游企业或部门预约所需的各种单项或多项旅游服务项目。旅行社产品的预约性特征给旅行社的经营带来了很大的便利和效益。

(1) 旅行社的产品生产能够做到真正的“以销定产”。预约性使旅行社能够在收到产品生产合同后，才开始正式采购生产产品的各种原材料，并且能够将生产出来的产品全部销售出去。

(2) 旅行社产品预约性特征能够使旅行社既减少资金的占用时间和数量，又避免了许多其他企业所必须承受的因产品滞销而造成的资源浪费。

（二）高接触性

高接触性是指购买和消费旅行社产品的绝大多数旅游者自始至终地参与旅行社提供的旅游服务的全过程，从而使作为产品生产者的旅行社及其相关人员与旅游者始终保持着较高程度的接触。由于旅行社产品的高接触性，使得旅行社能够更及时地获取旅游者对产品需求和感受程度的准确信息，并根据这些信息调整其产品的内容、价格、质量和数量。

（三）超前性

旅行社产品是一种体验商品，具有无形的特征，只有人们在旅游行程结束后才能完整地获得这种体验，旅游者在消费前、消费中都无法感知它的存在。旅行社产品的生产和消费又是同时进行的，旅游者只有开始了旅游行程，旅行社产品才开始生产，旅游行程结束，产品的生产过程也随之结束。

（四）反复性

由于我国的旅游资源非常丰富，很多旅游线路一经推出便受到众多旅游者的欢迎而且长盛不衰，这使得旅行社产品创新的积极性不高，产品的更新变化不多，一些精品线路一直反复使用。

旅行社产品营销的反复性的另一个表现是旅游产品的实质是无形的服务，旅行社的产品很难通过差异化的线路来进行区别，只有通过某种营销组合，进行反复的营销，来强化旅游消费者对旅行社的认知，在旅游消费者内心树立品牌形象。

案例 8-1

"寻缘香格里拉"科考探险团走进稻城亚丁

2012 年 3 月 9 号，《深圳商报》刊登了一则标题为"深呼吸一次，足足回味一辈子"的彩版报纸广告，这是一则深圳国旅新境界的稻城亚丁科考探险 10 天团的广告，给人扑面的心意和震撼，立刻在市场引起强烈的反应。这条由深圳深度旅游策划管理有限公司策划、深圳国旅新境界推出的"寻缘香格里拉"稻城亚丁西线科考探险团的线路在深圳掀起了一股"香格里拉"热潮。

当时市场上同样去稻城亚丁 10 天售价在 4 800 元左右，但新境界西线却卖到了 5 880 元/人，整整贵了一千多，而且在市场上独树一帜，咨询和报名的人络绎不绝，最终市场上类似行程的普通团都很难收到客，低价收到客的又没法实现安全保障；勉强出团的又没有事先调整好游客的心态，到头来由于条件太艰苦而引发游客一系列的投诉，只有深圳这家旅行社始终保持着较高的成团率。

香格里拉西线从 4 月底到 10 月底共组团几百人次，绝大部分是有钱有闲的人，他们个个都是酷爱旅游、热衷摄影、喜欢尝试新概念的潮人。"深呼吸一次，足足回味一辈子"这句广告语后来也成了各大媒体在旅游报道中经常引用的句子，而新境界香格里拉西线更是成为 2012 年深圳同类旅游中最吃香的线路之一。

（资料来源：深度网站，http://www.deeptour.cc）

评析：旅行社产品的决策直接关系到旅游企业的盈利能力，反映着旅游企业在发展战略方向、发展道路和资金投入等方面的战略思路，同时也决定着企业在现实顾客和潜在顾客心目中的品牌形象。旅行社产品的设计在很大程度上决定或影响着企业产品价格的制定、销售渠道的选择以及促销方式的适用。所以，旅行社在设计产品策略时应紧紧围绕着以旅游消费者需求为中心，最大限度地满足其情感、体验、愉悦的情感诉求，这样才能设计出具有竞争力的产品。

三、影响旅行社产品定价的因素

总体来说，影响旅行社产品定价的因素可以分为内部因素、外部因素两方面，具体影响因子见图 8-2。

（一）内部影响因素

（1）固定成本，指在一定范围和一定时间内总额不随经营业务量的增减而变动的产

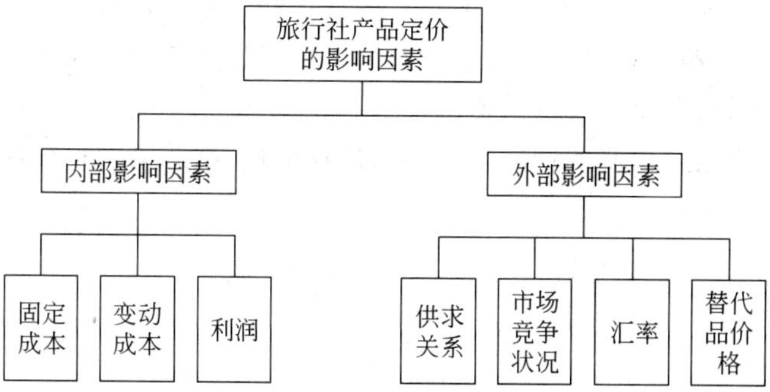

图 8-2　影响旅行社产品定价的因素

品成本。固定成本转移到每一个产品中的份额同旅行社产品的销售量成反比关系，销售量越大，分摊到每个产品中的固定成本份额越小。

(2) 变动成本，是随着旅行社产品销售量的变化而其总额发生正比例变化的成本。其在旅行社产品构成中所占比重很大，是影响产品价格的决定性因素。

(3) 利润，是指旅行社通过销售其产品所获得的收入和旅行社为生产和销售这些产品所付出的各项成本费用相抵后的余额，是旅行社经营的经济效果。

（二）外部影响因素

(1) 供求关系。当旅游市场上对于旅行社的某种产品需求量呈增加的趋势时，旅行社可以适当提高该产品的售价；反之，旅行社应采取降低该产品的售价的措施。

(2) 市场竞争状况。当市场竞争激烈时，产品的价格很难有较大的提高，采取低价策略；当市场竞争趋于缓和时，产品价格的上涨空间就较大。

(3) 汇率。汇率的变动情况主要影响入境和出境旅游产品。汇率是一个国家的货币用另外一个国家的货币所表示的价格，两种货币间的比价发生变化会对旅行社产品价格产生一定的影响。

(4) 替代品价格。当替代品多，且其价格低于本产品时，不利于旅行社产品在市场上的销售；反之，如果替代品少或其价格高于本产品，则旅行社产品的销量会增加。因此，旅行社在制定产品价格时，应注意替代产品及其价格，并采取适当的措施。

四、旅行社产品定价的方法与策略

（一）旅行社产品定价的方法

1. 成本加成定价法

成本加成定价法就是在产品单位成本的基础上，再加上一定比例的预期利润来制定销售价格。计算公式为

$$\text{单位产品价格}=\begin{cases}\text{单位成本}\times(1+\text{加成率})\\ \text{单位成本}\times(1+\text{预期利润率})\end{cases}$$

2. 目标收益定价法

这种方法根据企业预期获得利润量和销量来确定产品价格。其计算公式为

单位产品价格 =(产品总成本 + 目标利润总额)/ 预测销售量

其中目标利润总额=总成本×预期收益率。目标收益定价法在旅游企业尤其是饭店业中应用广泛,它同时考虑了投资消费水平、收入、利润等因素。但是未考虑价格与销售量之间的关系,而是通过预测的销售量反过来推算价格,因此采用目标收益定价法要结合盈亏平衡图来分析(见图 8-3)。

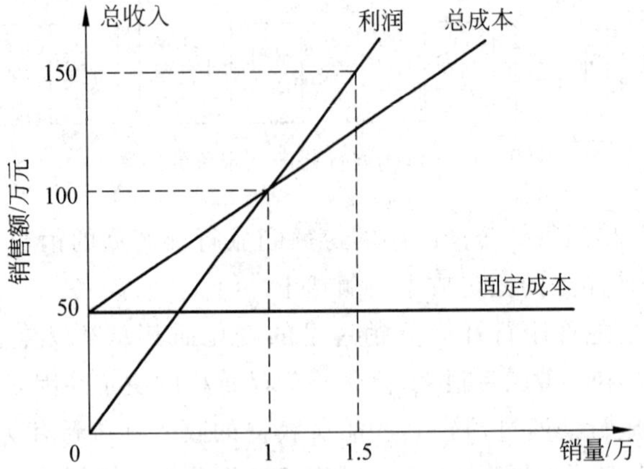

图 8-3 盈亏平衡图

如图:假设某旅游产品固定成本为 50 万元,变动成本为 50 元/单位,当企业预计销售 1 万单位时,保本单价为(500 000+50×10 000)/10 000=100 元,当以 100 元的价格销售 1.5 万单位时,可获利 150-(50+1.5×50)=25 万元。若预计利润 10 万元,固定成本仍为 50 万元,销量仍为 1 万单位,则单价应为(50+50+10)/1=110 元。

3. 目标利润定价法

目标利润定价法又称投资回收定价法,是指旅行社为在一定时期内收回投入企业的资金而采用的一种定价方法。首先,旅行社为投入的资金确定一个回收期限,然后根据投资额和回收期限计算出目标利润和目标利润额;最后,根据目标利润额、固定成本、单位产品变动成本和预期销售量制定出产品的销售价格。其计算公式为

$$单位产品价格 = \frac{固定成本}{预测产品销售量} + 单位产品变动成本 + 单位产品目标利润$$

其中

$$单位产品目标利润 = \frac{产品目标利润总额}{预测产品销售量}$$

案例 8-2

世界杯之旅——广之旅推出“世界杯球迷狂欢团”旅游产品

2014 年 6 月,四年一度的足球狂欢在巴西上演,吸引着数亿国人的眼球,对于广大的中国球迷来说,6 月举行的巴西世界杯将是他们快乐的节日、欢庆的舞台。

而对于旅行社来说,巴西世界杯则是它们千载难逢的商机。早在 2013 年 9 月世界杯

预选赛结束后不久，广之旅就开始与巴西旅行商联系次年的中国球迷赴巴西旅游事宜，12月初，他们就已经派人到巴西落实了有关世界杯观光团的接待情况。对于最为紧俏的资源——球票，他们也是国内外多方联系，力争最大限度地满足球迷的需求，他们花大成本从广州市外办以及巴西方面共获得了3 000余张球票，是广东掌握票源最多的旅行社。

广之旅按照比赛场次和门票种类不同，推出了四条旅游线路，多种价格，从10 300元～38 000元不等，首轮推出的线路所用球票均为三等票，每线各接受报名人数为150人，每场比赛的价格分别为：巴西战克罗地亚——18 500元；西班牙战荷兰——20 800元；英格兰战意大利——26 000元。然后依次推出了其他档次的门票报价，最高报价为世界杯冠军大力神杯争夺战，高达38 000元/场。尽管定价都不低，但考虑到狂热的市场需求状况和球票的稀缺程度，广之旅还是确信会有满意的销售情况。同时，还在广州北京路举办了世界杯之旅专场竞猜活动，幸运儿可获得巴西球星签名足球，掀起了世界杯报名狂潮。果然，在前期做了大量的宣传促销工作后，推出线路不到2天，就已经接受100余球迷的报名，并且球迷热情不断高涨，报名人数源源不断，最后各条线路几乎都接近满额。

评析：正是在充分准备和对市场需求准确的预期下，广之旅制定了合适的价格，既满足了球迷的需求，又为旅行社创造了可观的效益，同时还通过媒体的宣传扩大了自己的知名度，树立了自己的企业形象，可谓一举多得。

（二）旅行社产品定价策略

（1）以成本为导向的定价策略。包括撇脂定价策略、渗透定价策略、优惠价和差价定价策略等。旅行社无论采取怎样的定价方法和定价策略，其产品的最终销售价格必须达到价格理论对价格的基本要求，即价格必须反映产品的质量。

（2）以价值为导向的定价策略。这种定价是以顾客的需求为出发点，以顾客价值为导向。在对产品进行定价时首先评估顾客愿意支付的价格，然后再确定产量和细分市场，制定一个有效的价格。

以成本为基础的成本定价策略需要在充分合理地考虑所有成本后加一个适当的利润额，但在现实中要在产品价格确定之前确定产品单位成本是不可能的，因为单位成本会随着产品的销量而发生变化。顾客导向的成本定价以顾客为起点，目标价格应该以估算的价值和企业能在竞争中取得的份额为基础，成本的发生使产品能够为顾客带来价值的前提下采取盈利性的定价。图8-4为以成本为基础的定价和以价值为基础的定价的对比。

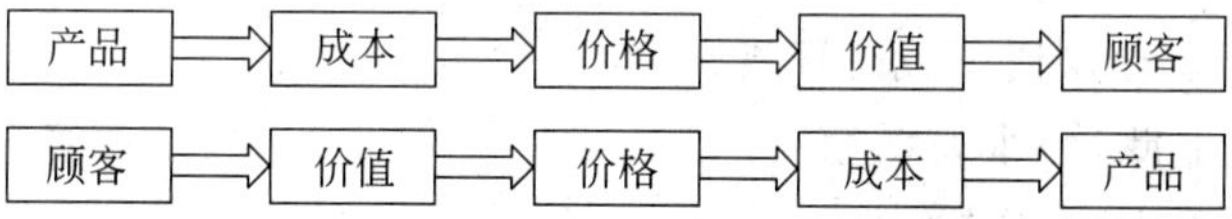

图8-4　以成本为基础的定价和以价值为基础的定价对比图

五、旅行社产品营销渠道选择

（一）旅行社产品销售渠道类型

（1）直接销售渠道，是指在旅行社和旅游者之间不存在任何中间层次环节，旅行社直接销售给旅游者的一种销售渠道。其优点是：简便、灵活、及时、附加值高、销售成本低。

（2）间接销售渠道，是指旅行社通过旅游客源地旅行社等中间层次环节将旅行社产品销售给旅游者的途径。其优点是：影响面广、针对性强、销量大。

目前在旅游市场上，在提供旅游产品的旅行社与购买旅行社产品的最终消费者之间，主要有以下5种类型的销售渠道（见图8-5）。

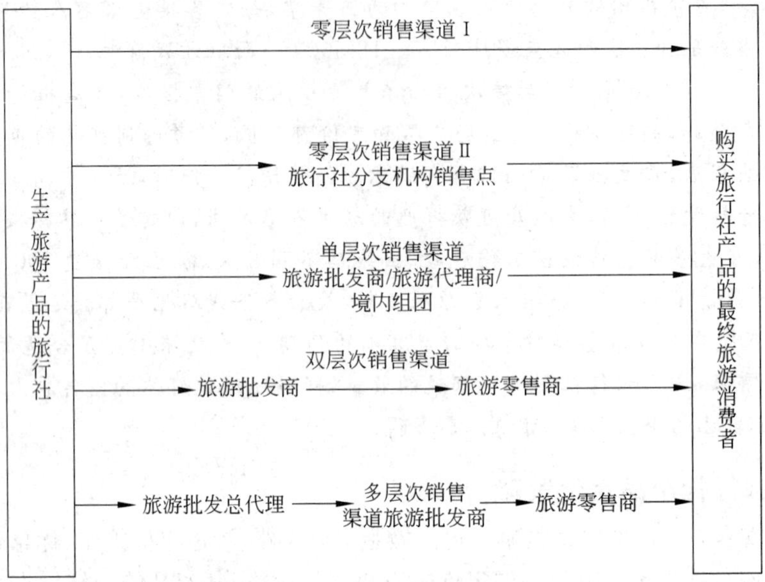

图8-5 旅行社产品销售渠道

（二）旅行社的销售渠道策略

1. 广泛性策略

广泛性策略是一种以建立广泛而松散的销售网络为手段，扩大产品销售量的分销渠道策略，其目的是建立一个由大量旅游中间商组成的销售网络。

优点：销售范围广，联系面大。

缺点：销售成本高，合作关系不稳定。

2. 专营性策略

专营性策略是指旅行社在某一个客源市场只同当地一家旅游中间商建立合作关系，双方互为对方在当地独家代理或总代理。

优点：销售成本低，合作关系稳定。

缺点：市场覆盖面窄，风险大。

3. 选择性策略

选择性策略是指旅行社在一个客源地市场上仅选择少数几个在市场营销、企业实力、信誉和市场声誉等方面具有一定优势的旅游中间商作为合作伙伴的策略。

优点：销售成本低，市场覆盖面宽，合作关系稳定。

缺点：实行难度大，具有一定风险。

六、旅行社促销策略

表 8-1 所示为旅行社的促销策略。

表 8-1　旅行社促销策略

促销方式	旅行社产品促销内容			
广告策略	自办媒体型广告策略	大众传播媒体广告	联合广告	互联网广告
直接营销策略	人员推销	电话营销	直接邮寄	
营销公关策略	新闻发布会		熟识旅行	
营业推广策略	组织旅游中间商考察旅行		面向旅游者的营业推广策略	
互联网促销策略	设置旅游网页	加强网上交流	提高访问量	

互联网促销适应了旅游市场发展趋势，随着旅游设施的不断完善和旅游者自主意识的增强，散客旅游日益成为潮流，散客旅游者在整个旅游客源中占有很大的比重，互联网的广域性能联系到潜在的每一个散客旅游者，并且能够及时地将信息传递给居住分散的散客，这种联系不受时间和空间的限制，能极大地降低促销的费用。

案例 8-3

迪士尼的成功促销秘诀

谈到美国的旅游景区，许多人可能不知道尼亚加拉瀑布或科罗拉多大峡谷，但是恐怕没有人会不知道迪士尼乐园。早在 1964 年，美国总统约翰逊在授予公司创始人沃特·迪士尼国家自由勋章时，就曾赞许道："作为一名艺术家，沃特·迪士尼在旅游娱乐业领域已经创造出了一个美国大众文化的奇迹。"如今迪士尼与可口可乐、麦当劳、玛丽莲·梦露一起被称为美国娱乐消费的"四大天王"。

迪士尼的促销之道可总结如下：

1. 卡通电影树立品牌形象

从 1928 年威利蒸汽船里倾倒无数世人的欢乐天使米老鼠开始，70 余年来迪士尼不断创造出人见人爱的卡通形象，无论是唐老鸭、三个小猪、白雪公主、辛巴还是花木兰、木须龙，无不是光彩夺目、熠熠生辉的超级巨星。然而走红的并不只是卡通自身而已，作为传递欢乐的载体，迪士尼公司也在传递着它的品牌内涵，树立着它的品牌形象。

2. 浪漫而神奇的童话王国

1955 年第一家迪士尼乐园在洛杉矶建成，以后又在佛罗里达、日本和巴黎相继建立了迪士尼乐园。2005 年迪士尼又开到了香港。在每一家乐园里，欢乐如同空气般无所不在，无论是建筑风格还是娱乐项目，努力营造一个超凡脱俗的梦幻世界。在这里，孩子们可以延续他们童话故事的美梦，而成年人可以拾起他们未泯的童心，体会真实与纯洁。

3. 服务营销，沟通无限

迪士尼公司找到了欢乐的四项要素：安全、礼貌、优美和效率，并由此升华出"迪士尼礼节”。围绕这四项要素的要求，迪士尼斥巨资训练员工以提供优良服务，并专门成立了迪士尼大学。

4. 迪士尼形象遍地开花

迪士尼通过特许经营发展玩偶消费品，每年利润近1亿美元。同时，玩偶消费品又成为迪士尼公司营销其卡通形象的重要手段。例如：1995年《玩具总动员》上映之前，迪士尼公司动用了一切它所能使用的传媒和途径对其进行宣传，包括迪士尼频道、迪士尼商店、迪士尼的宣传画册、迪士尼的合作伙伴Burger King。而该片上映之后，共同的主角玩偶又出现在玩具商店及圆领衫、书包上，这样卡通片又促进了迪士尼商品的销售。1993年，在推出了《谁杀了兔子罗杰》之后，迪士尼乐园中马上开了一个重现电影场面的立体娱乐城——卡通城。

（资料来源：国际互联网，2005-6-16）

第二节 旅游饭店产品营销

一、旅游饭店营销概述

（一）旅游饭店的概念

旅游饭店是指向各类旅游者提供食、宿、行、娱、购等综合性服务，具有涉外性质的商业性公共场所。

（二）旅游饭店营销的概念

旅游饭店营销是以赢利为目的，识别、预测和满足旅游饭店消费者需求的管理过程。

二、旅游饭店市场细分

旅游饭店通过市场细分，便能制定不同的经营组合，不同的饭店服务（产品），不同的价格、营销渠道、促销方法等，最大限度地满足某些个人或团体、层次的需求。

（一）旅游饭店细分市场的特点

为了使企业能获取较大的经营收益，企业确定的各类细分市场应具有以下特点：

(1) 细分市场必须是可以衡量的。如细分市场的规模和购买力应当是比较容易衡量和估量的。这就要求企业首先确定消费者对本企业产品和服务的需求类型；其次明确和识别具有类似需要的消费者群；最后企业对各类细分市场的潜力数比较和获取利润比较。

(2) 细分市场必须能达到营销目标。例如通过某种经营组合，使该细分市场的消费者购买本企业产品，而且能了解该细分市场的潜在购买习惯各方面的信息和数据。

(3) 各细分市场须具有一定的规模和潜力。从现实和发展情况看，细分市场必须使企业盈利，因为企业经营规划要付出成本，如果细分市场不具备相应的规模和潜力，企业就无利可图，甚至会亏损。那样的细分市场就无吸引力，企业就不值得去占领。

（二）旅游饭店市场定位

市场定位理论的核心思想是：去操纵已存在顾客心中的东西，去重新结合已存在的联结关系。所谓饭店定位，指的是饭店根据企业的自身情况，着眼于市场上的特定消费群体，使自己的供给与这部分市场需求发生结构性对应的技术活动。

市场定位策略的制定要经过以下七个步骤：

(1) 确认饭店目标市场，即首先要明确本饭店产品、服务组合要在哪一个目标市场中确立合适的形象。

(2) 分析目标市场顾客选择饭店的重要标准。客人选择饭店的重要标准多种多样，诸如饭店地理位置、房价、设施、服务、气氛、名望等都可能成为客人选择饭店的参与标准，但不同的客人选择饭店的重要标准是不同的。因此，营销人员应清楚地了解本饭店目标顾客的重要选择标准是什么。

(3) 利用客人选择饭店的重要标准，将本饭店与竞争饭店进行对比。这一步工作主要是帮助营销人员了解饭店哪些重要选择标准方面占有何种优势和处于何种劣势。

(4) 在产品—服务组合方位图上标出各竞争饭店的地位。

(5) 为本饭店选择一个合适且具有竞争力的新形象。

(6) 评估饭店新形象。饭店的形象是否合理，能否可行，需要从经济效益上、技术上，对饭店新形象进行评价。假如新形象切实可行，则将这一新形象确定下来。

(7) 制定宣传策略，确定新形象。饭店新形象一旦得到肯定，就得制定各种营销策略，如广告宣传、公共关系、人员推销等策略，来推广新形象，使它能被公众和目标市场中的顾客所认识和接受。

饭店市场定位，不是一蹴而就的，需要做大量深入而细致的工作，饭店经营者切不可图省事而废之。做好市场定位，能使饭店明确自身位置，明确目标对象有利于饭店在经营过程中知己知彼、有的放矢。

案例 8-4

如何做活中小型会议旅游

金桥旅游总公司近年来在国内会议旅游业务上发展很快，目前会议旅游客源已占到自组团的50%，会议旅游收入也占到总营收的50%。会议旅游已经成为金桥的主干业务。在竞争如此激烈的市场中，金桥是怎样发掘客源的呢？公司总经理刘守勉说了一句耐人寻味的话："细分市场给我们带来了市场。"

1. 不强争高端客源，根据自身实力发掘中小型会议市场

近十几年中国经济快速发展，外国资本和企业大量涌入国内，随之带来的商务会展旅游成为旅行社业竞争的目标。在这种形势下，金桥冷静地审视和分析了自身的实力，不去强争高端市场，而是将自己的客源市场定位于国内中小型企事业会议市场。金桥国内部经理王凤如说，国内中小型企业虽然业务规模不如外资企业大，档次没有外资企业高，但是数量多，会展业务的需求潜力有很大的发展空间，我们可以通过做一个个小项目做出一个大市场。

2. 精确定位，专注小型会议市场

定位准确，客源拓展的范围就扩大了。各类行业培训、考核考试、协会年会等这些过

去被忽视了的边缘市场都成了金桥的客源目标。今天回过头来看，金桥先人一步进入国内中小型会议市场，给他们带来了稳定的客源。北京市某工业局的行业资格考试会务服务已经连续3年交由金桥办理；中外合资的华瑞制药也已和金桥合作了10年，其每年多达2 000人次的各类会议已成为金桥稳定的客源。

3. 从社会热点中发掘市场，做好“热门”行业市场

金桥做着小市场却看着大市场，审时度势地细分市场、更新产品、发展业务。金桥得知北京中医药大学开展了台、港、澳中医师资格培训，国际中医师水平资格考核，国际针灸专业人员水平考核的教学业务，就主动与中医药大学联系，与中医药大学合作推出“台、港、澳赴内地中医修学游”的新产品，这一产品提供境外学员在京培训期间除教学以外所有生活、学习、会议以及参观游览的一条龙服务，不但吸引了台、港、澳的客源，还吸引了不少对中医药感兴趣的外国人。

从细分市场到细化服务，金桥做活了中小型会议旅游市场。2002年，金桥接待500人以上的国内会议有近10次。2003年刚开年，1～2月200人以上的会议就接了6个；3月初又签了6个会议合同。

评析：细化服务，用个性化服务稳定客源。如今竞争这么激烈，仅仅是细分市场还不够，还必须细化服务。金桥遵循客户“菜单”制，一改旅行社传统的“我能为你提供什么服务”为“你要求我提供什么服务”。细分市场、细化服务是金桥发掘客源的制胜法宝。

三、旅游饭店产品策略

旅游饭店产品是指有形设施和无形服务，它是通过旅游饭店服务人员的热情周到服务和令人满意的服务技艺、技巧以及准确无误的服务程序和质量标准向下榻在旅游饭店的宾客提供住、食、行、娱、购等综合服务。

（一）饭店产品的层次

菲利普·科特勒在《营销管理》一书中指出：在计划市场供应品或产品时，营销者需要考虑五个产品层次。同样，饭店产品的设计和规划也需要考虑这五个层次，即饭店的核心利益、一般产品、期望产品、附加产品和潜在产品(见图8-6)。

1. 饭店的核心利益

饭店的核心利益是最基本的层次，这是饭店产品的基本功能，是饭店产品区别于其他行业产品的最本质的功能。

2. 饭店的一般产品

饭店的一般产品即饭店提供产品的基本形式，是饭店核心利益所依托的有形部分，即饭店提供给客人的房间和餐饮用品。这是饭店整体产品的实体性基础。

3. 饭店的期望产品

饭店的期望产品即已为一般公众所普遍认同的饭店在一般产品基础上应该提供的一组属性和条件。

4. 饭店的附加产品

饭店的附加产品是饭店在核心利益之外所追加的服务和利益，它能够把本饭店的产

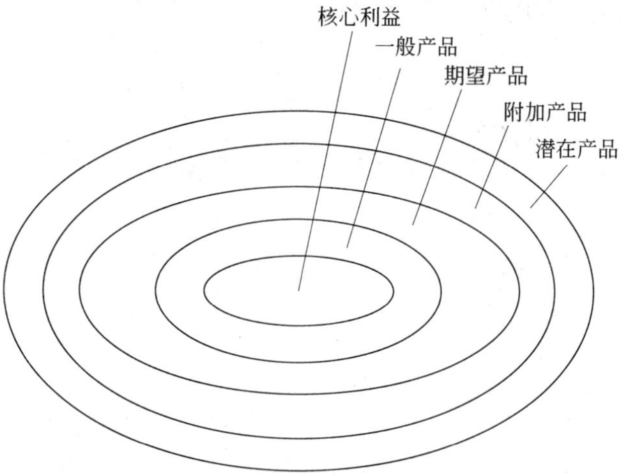

图 8-6　旅游饭店产品的五个层次

品与其他饭店的产品进一步区分开。

5. 饭店的潜在产品

饭店的潜在产品即饭店将来可能会实现的新产品，表明了一家饭店的发展前景和它能吸引消费者的潜力。

（二）旅游饭店产品生命周期

旅游饭店产品生命周期是指饭店产品从进入市场到最后被淘汰退出市场的过程。一个典型的生命周期通常分为如下四个阶段(见图 8-7)：

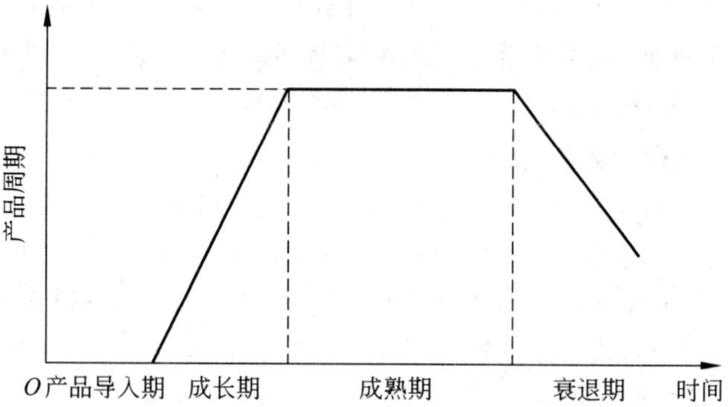

图 8-7　旅游饭店产品生命周期理论

(1) 产品介绍阶段(产品导入期)；

(2) 成长阶段；

(3) 成熟阶段；

(4) 产品衰退阶段。

（三）旅游饭店新产品的开发程序

旅游饭店新产品的开发一般经历构思、筛选、概念的发展与测试、商业分析、产品开发、试销、正式上市这7个阶段(见图8-8)。

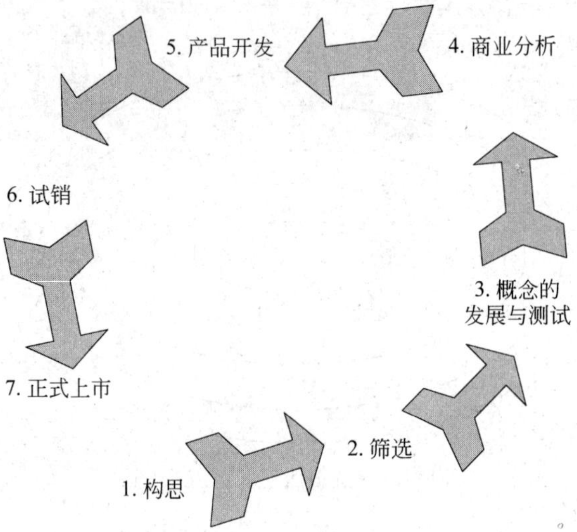

图8-8 新产品开发的步骤

案例8-5

苏宁环球套房饭店成功有绝招

南京市广州路苏宁环球套房饭店于2012年9月16日正式开业,到10月中旬,饭店的平均出租率已达到70%以上,在南京市名列前茅。苏宁环球套房饭店值开业一周年之际,通过国家旅游局审批,正式荣膺五星级旅游饭店。由江苏苏宁建设集团投资兴建的苏宁环球套房饭店是中国大陆第一家五星级全套房饭店。

1. 一流硬件与细致的服务

苏宁环球套房饭店地理位置优越,加上细致的服务将消费者的消费理念带到新境界。饭店拥有90套设计雅致、宽敞舒适的套房,宾客可透过明亮的落地玻璃,俯瞰风格各异的建筑群或远眺茂密的山林景致。以客房来说,为满足不同国籍、不同需求的客人的生活习惯,饭店设计客房地面时,使用了不同材质,选用素雅温馨的主色调来营造家的氛围。饭店另设有欧洲皇家风情的中式宴会厅、典雅的西餐厅、温馨浪漫的咖啡厅、酒吧等不同风格的餐饮设施。

提到服务,苏宁环球套房饭店认为:满意的服务才是优质的服务。为方便客人店内外生活,饭店精心编印一本《环球生活手册》,对南京的风景名胜、餐饮娱乐、交通卫生、政府机关、学校院府做了简介。许多人住宾客均将其作为南京指南而随身收藏。苏宁环球套房饭店在向客人提供优质的服务的同时,也致力于提升顾客的消费理念,如每天专车接送长住学生;在行政楼层,提供住店客人免费的下午茶;每月安排两次购物班车去麦德隆、家乐福、欧倍德等大型超市购物;每月还精心组织长住客Party,让客人了解饭店、其他客人、中国文化、风景名胜及其他诸多方面。另外,饭店还是南京最早在所有客房中设立宽带上网接口的饭店之一；每间客房内的办公区域体现了以客为尊的理念。每间套房还配备了传真机、电脑等商务办公设施，满足了客人对此方面的需求；在客人生日的当天，饭店的管家、营销人员或其他员工们会一起为客人开生日Party。

2. 与目标市场相匹配的营销战略

苏宁环球套房饭店在综合南京市场资源、饭店规模、业务特点、客户总量、竞争对手及政治、经济、文化等各种因素的总体调研与市场细分的基础上，把自己的目标锁定在宁投资兴业、居停时间较长、高收入、高素质、高品位的宾客身上。为了与目标市场需求相匹配，饭店做了相应的设计与布局。如客房色调在素雅中透露出尊贵经典；内部装饰在给人以舒心愉悦的基础上，强调气派与豪华；客房配备了齐备的厨房卫生间设施如电磁炉、冰箱、洗衣机等，商务设施如办公室、传真机、宽带网络接口等。服务上也与之相配套，设有婴儿护管服务、管家秘书服务等。

（资料来源：中国旅游报，旅游指南栏目）

评析：在实际经营与营销中，饭店走的是与目标市场匹配的专业化道路。如以目标市场为导向，坚持以营销为龙头，注重全员销售理念的推广；饭店的经营管理策略有一定的弹性，针对市场变化，灵活调整饭店产品布局、性能。

（四）旅游饭店定价方法

旅游饭店在定价政策上应采取“旺季争取最高利润，淡季采取有限浮动”的原则，在这一原则的指导下，通常旅游饭店有下列几种定价方法：

1. 成本导向定价法

成本导向定价法是指旅游饭店依据提供产品的成本决定产品的价格。

2. 需求导向定价法

需求导向定价法即根据市场需求强度来确定饭店产品的价格，而不考虑提供产品的具体成本。

3. 认知价值定价法

认知价值定价法又称理解价值定价法。旅游饭店按照消费者在主观上对该产品所理解的价值，而不是产品的成本费用水平来定价。

4. 心理定价法

心理定价法是旅游饭店为迎合消费者的消费心理需要采取的定价策略和方法，它又包括尾数或整数定价、声望定价、习惯性定价和特价优惠。

5. 竞争导向定价法

竞争导向定价法是根据统一市场或类似市场上竞争对手的产品价格来制定本旅游饭店产品的价格。具体做法是：采取随行就市定价、薄利多销定价、差别定价等方法。

6. 利润最大化法

利润最大化意味着服务的定价必须高于其各项成本的总和，以便使出售的服务能提供足够的收益，来补偿成本并为旅游饭店的发展提供必要的资本。

7. 折扣定价法

旅游饭店通过折扣定价可以促进服务的生产和消费；可以鼓励提早付款、大量购买和高峰期以外的消费。折扣定价包括现金折扣、数量折扣、交易折扣、季节折扣。

四、旅游饭店渠道设计

（一）饭店销售渠道的模式

根据产品到达最终消费者所经历的环节，营销渠道可分为直接渠道与间接渠道，结合饭店渠道的特点，可分为以下几种模式（见表8-2）。

表8-2 饭店营销渠道模式

渠道		环节
直接渠道	零层渠道	饭店产品→最终消费者
间接渠道	一层渠道	饭店产品→旅游代理商→最终消费者
		饭店产品→旅游经销商→最终消费者
		饭店产品→其他营销渠道→最终消费者
	二层渠道	饭店产品→旅游经销商→旅游代理商→最终消费者
		饭店产品→其他营销渠道→旅游代理商→最终消费者
	多层渠道	饭店产品→旅游批发商→旅游经销商→旅游代理商→最终消费者
		其他

注：旅游经销商、旅游批发商、旅游代理商为旅行社的三种形态。

（二）饭店销售渠道模式的选择

饭店在做出销售渠道设计决策之前，应综合考虑饭店内部和外部以下几方面的因素：

（1）市场特点：市场的容量、供需状况、各细分市场的购买习惯及地理分布等都影响着饭店营销渠道模式的选择。

（2）产品特性：定位于商务市场的饭店宜采用短渠道或直接销售渠道，而定位于度假休闲市场的饭店则多通过旅行社代为销售，即使同一家饭店的不同产品和服务，其销售渠道也不尽相同。

（3）饭店自身实力与目标：饭店的规模决定了其最大接待能力和产品的最大供给量，而供给量的多少又制约着饭店与销售渠道的长度和宽度。

饭店营销渠道的设计还必须符合市场定位与经营目标，如有的饭店希望维持其豪华、高档的形象，则会尽量限制一般旅行团与普通会议，采用更直接的方式对目标市场开展促销活动。

案例 8-6

美国速八饭店集团的竞争战略

美国速八饭店集团（SUPER 8）主要经营经济型饭店，其服务水平和价格明显低于其他类型的饭店。现代的经济型饭店提供彩电、游泳池、有限的餐饮服务、小型会议室和其他的一些特殊服务，一般不提供客房服务、叫早服务、宴会厅、健身俱乐部等。客房一般在50～150美元之间。经济型饭店效率颇佳，部分原因在于其建筑成本低、经营成本低，通常是2～3层的建筑物，主要特征是通常在走廊两侧设置客房。有着充裕闲暇时间的退休高级公民是这类饭店的主要客源。经济型饭店通常选址在其他饭店附近，尤其是一些高中档的饭店附近，与它们并驾齐驱共同发展。集团副总裁罗纳德李维说过："我们想把我们酒店的价格保持在一般价格以下，对于速八饭店来说，这意味着在同一市场环境中要比假日饭店的价格低25%～50%。但速八饭店的价格也因事因时而异，在有的情况下其价格要高出平常价格的1倍，这取决于饭店的地理位置。"现在，越来越多的饭店不再强调"经济"这个词，而改用"有限服务"。专家预言在经济型饭店领域将发生一场大爆炸，20世纪90年代每年有1 000多家饭店加入经济型饭店行列的发展趋势，那些还没有更新其设备及市场营销战略以保住客源的饭店将会深受威胁。

（资料来源：华国梁.旅游市场营销.北京：中国林业出版社，2001：P107）

评析：不论是在国内还是在国际上，经济型饭店行业都呈现出快速发展的态势，新的业态、新的理念、新的管理方法不断涌现。中国的经济型饭店市场必将由幼稚走向成熟，将在中国酒店市场上占据特殊的位置。速八酒店在经济型酒店中非常具有典型意义，其成功有一套完善的可持续发展的营销战略策划。

五、旅游饭店促销策略

旅游饭店促销是指旅游饭店为了培育和强化企业形象，激发顾客的购买欲望，影响他们的购买行为，扩大饭店产品或服务的销售而与饭店外部环境因素所进行的一系列沟通工作。

（一）人员推销

人员推销是推销人员通过面对面的洽谈业务，向客户提供信息，劝说客户购买产品和服务的过程。它具有直接联系、机动灵活、双向交流、反馈及时等特点。

（二）广告

饭店广告是指饭店通过各种大众传媒向目标宾客传递有关饭店信息、展示饭店的产品和服务。

（三）公共关系

饭店公共关系是指饭店为了增进社会公众和内部员工之间的了解、信任和合作而作出的各种审慎、有计划的、持久不懈的沟通努力，通过各种有效的公关活动帮助饭店建立良好的企业形象，提高饭店的知名度。

（四）内部促销

饭店内部促销是针对购买饭店产品后的宾客在饭店内所做的促销。内部促销手段主要有两种：一是通过内部宣传资料和服务设施进行介绍；二是前台服务过程中的促销。

案例 8-7

德克士的成功圣经——寻找不同市场的空白点

在快餐当道的年代，人们关注洋快餐是不能绕过麦当劳和肯德基的，当然谈到西餐更少不了必胜客。毫无疑问,麦当劳、肯德基、必胜客在中国是成功的,它们的成功在某种意义上是必然的,因为这些国际餐饮品牌之所以能够将自己的连锁店不断地复制到全球,其背后成熟的特许系统和严密的管理是支撑这种复制能够获得成功的核心。但是,在中国市场上还有很多餐饮品牌,它们并没有完全照搬麦、肯们的"圣经",而是按照自己的经营战略拓展市场,但它们同样取得了成功,而且发展速度并不比麦、肯们慢。

德克士,当年曾经是和麦当劳、肯德基公开叫板的快餐品牌,如今已经淡出北京、上海,然而,在广大的二线城市,德克士的连锁店却如星火燎原般地"蔓延"开来,发展势头强劲。

1. 德克士渗透二线市场

德克士是一个美国的快餐品牌,在短短几年中,德克士先后在北京、上海等13个城市建立了54家直营店,后来德克士开始转向特许经营。经过5年多的特许经营,在德克士450家连锁店中,特许加盟店达到了380家。二、三线城市的投资者、消费者与大城市有很大不同,投资者希望用较小的投资获得不俗的利润,消费者的品牌忠诚度低,看起来差不多的产品他们更愿意接受价格便宜的。可以说,进军二、三线城市市场让德克士找到了新的市场空间,而发展特许加盟让德克士走上了快速扩张的道路。

2. 竞争之道——低成本经营

德克士的店面普遍规模不是很大,这样对于设备的产能要求就低一些,部分设备本土化,设备上的投入就少了很多;德克士选择的加盟商往往在当地具有一定的人脉关系,可以获得较低的店面租金。更为重要的是,相对于肯德基800万元的加盟费,德克士的加盟费低很多。

此外,在经营过程中德克士也是尽量做到降低成本,在供应商原料供应成本、税收、人员成本方面更具有成本优势。尤其是原料供应,德克士供应给店方的原料加价非常低;德克士收取的权利金和广告基金的比例都比较低,分别只有3%～5%和3%,比竞争对手6%和5%的比例低很多。由于在开店前期和经营过程中降低了成本,在二、三线城市市场上德克士始终具有一定的价格优势,这让德克士赢得了一批消费者。

3. 总店全方位支持加盟店

在快速的发展过程中,德克士开始考虑平衡问题:如何不断开店又不断让这个体系正常运转?德克士推行的店长负责制和总部管理巡回督导制的实施使得加盟者得以从烦琐的经营细节中脱离出来,站在更高的层次来对自己的下一步投资进行决策。

另外,德克士目前已经形成覆盖全国的严密的分支机构。总公司在天津,在全国设立了10个分公司和29个运营中心、办事处。仅总部就有七八百人,这样在组织上可以贴近所有的门店,给予门店更为贴近的服务和支持。德克士还在全国市场上平均每5个分店配置一个区督导,协助辅导加盟店的经营管理。

评析:2014年,中国餐饮市场规模突破2万亿,并且还仍有较大增长空间,市场竞争表面上很激烈,但机会却无处不在,关键是企业如何在市场上找到适合自己发展的市场机会。德克士当年也曾经向麦当劳、肯德基叫板,但由于自身出现一系列的投资失误,而不得不黯然退出麦、肯们的市场,表面上看德克士是败给了竞争对手,其实同样是败给了自己。在二线、三线市场上同样有麦、肯们的"围堵",但德克士找到了适合自己企业生存和发展的战略，低成本运营、本地化的营销策略、发展特许加盟，这些手段让德克士显得很有竞争力。麦、肯还是以前的麦、肯，但德克士已经不是当年那个叫“愣头青”的德克士了，德克士战胜了自己。

第三节　旅游景区产品营销

一、旅游景区营销概述及分类

（一）旅游景区的概念

旅游景区是根据景源类型、景观特征或游赏需求而划分的一定用地范围，包含有较多的景物、景点或若干景群，具有独立的风景分区特征，它是吸引游客休闲和游览的一个经营实体。

景区营销就是通过分析、规划、执行、监控来实现和管理景区，创造游客满意和价值的过程。

（二）旅游景区的分类

旅游景区可以按照不同的维度来进行分类，具体划分标准如下（详见图 8-9）。

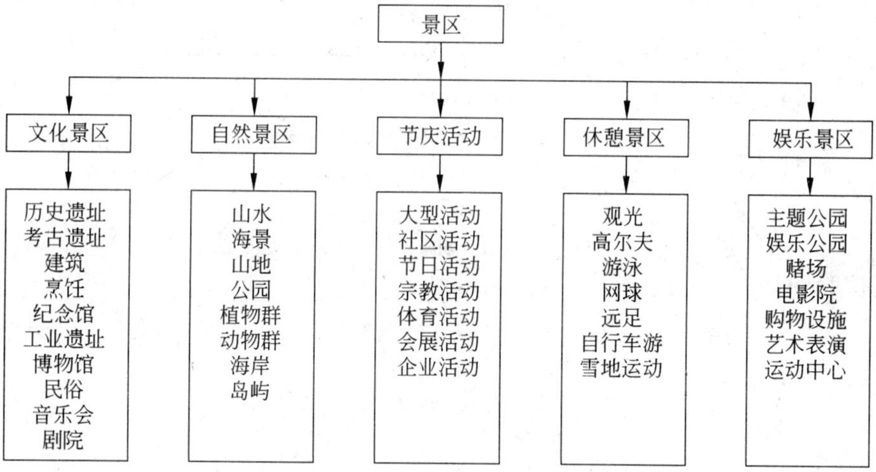

图 8-9　景区类型的五分法

1. 按照资源禀赋和形成机理划分

（1）自然型景区：山水、海景、公园、山地、植物群、动物群、海岸、岛屿等；

（2）文化型景区：历史遗址、考古遗址、建筑、烹饪、纪念馆、工业遗址、博物馆、民俗、音乐会、剧院等；

（3）节庆活动：大型活动、社区活动、节日活动、宗教活动、体育活动、会展活动、企业活动等；

（4）游憩活动：观光、高尔夫、游泳、网球、远足、自行车游、雪地运动等；

（5）娱乐景区：主题公园、娱乐公园、赌场、电影院、购物设施、艺术表演、运动中心等。

2. 按照景区质量的等级划分

国家质量技术监督检验检疫总局于2003年发布的《旅游区(点)质量等级的划分与评定标准》(GB/T 17775—2003)将景区划分为A级、AA级、AAA级、AAAA级、AAAAA级五种类型,从旅游交通(145分)、游览(210分)、旅游安全(80分)、卫生(140分)、邮电服务(30分)、旅游购物(50分)、综合管理(190分)、资源与环境保护(155分)等8个方面进行评分,满分为1 000分,其中A级为500分以上、AA级为600分以上、AAA级为750分以上、AAAA级为850分以上、AAAAA级为950分以上。

二、旅游景区营销战略

景区营销战略是一个景区在现代市场营销观念的指导下,为了谋求长期的生存与发展,根据外部环境和内部条件的变化,对旅游市场所做的具有长期性、全局性的计划与谋略,它是景区在一个相当长的时期内市场营销发展的总体设想和规划。其战略模型如图8-10所示。

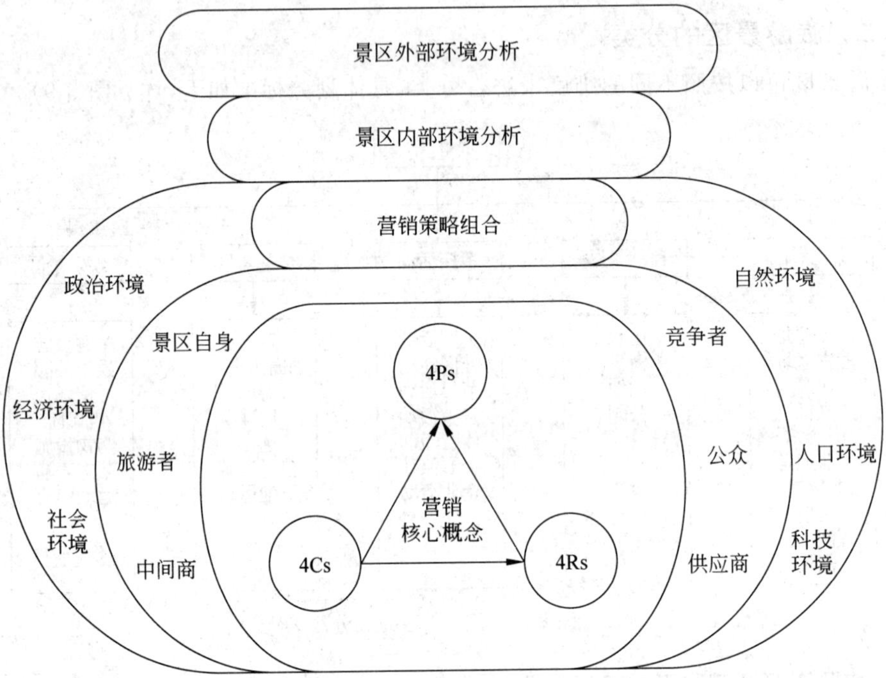

图8-10 景区营销战略模型

(一) 景区营销战略的特点

1. 全局性

景区营销战略的全局性特征,要求旅游景区的决策者必须打破狭隘的眼界,从大局出发,重视市场营销中出现的局部问题,对营销系统加以全面把握。

2. 长远性

景区营销战略的制定,是为了谋求景区长期的生存与发展,着眼点在未来利益。其核心理念主要表现为“三大理念”、“三大思路”和“三大关键”(见图 8-11)。

图 8-11 景区营销战略管理核心理念

3. 适应性

旅游景区经营管理活动一般都要受到外部环境和内部条件的共同作用。有效的景区营销战略就应该对不断变化的环境做出正确的反应,同时能够利用环境变化带来的市场机会,保证景区的必要收益和有效经营。

4. 动态性

战略决策都是对未来发展的预测性决策,但是由于外界环境的复杂多变性,使得战略决策的不确定因素相当多,这也使得景区营销战略制定具有了一定的风险性。要规避风险,营销战略应该不断地调整,而非一成不变。

(二)景区营销战略的意义

1. 形成旅游景区营销活动的统一规划

景区营销战略就好像一个景区的舵手,它把握着景区发展的方向、营销的重点,它是从长远和全局的角度对景区营销活动的总体概括和指导,同时也是形成景区营销规划的总体思路。

2. 提高景区经营稳定性

旅游市场不断变化,旅游景区的具体营销活动相应地也需要不断变化。营销战略的制定就使营销策略可在战略规划的约束下,通过灵活的战术、策略,实现全局的既定目标,减少盲目调整营销策略产生的混乱,使景区临变不惊,稳步前进。

3. 调动员工积极性,增强景区营销实力

景区营销战略是景区的长远发展规划,体现了景区整体的意志,景区工作人员通过战略规划了解到景区发展的方向、领导的意图,就会创造性地主动贯彻战略要求,使景区产生极大的凝聚力和向心力。

案例 8-8

广州飞龙大世界的大而全

广州飞龙大世界 2008 年 1 月开业,位于广州大石镇,距广州新中心 10 公里,占地 65.3 平方公里,投资 9 亿元。

1. 产品情况

首期工程有 12 个景点,即万蛇城、水上表演厅、花果山水帘洞、儿童乐园、飞龙大剧院、飞龙大酒店等。二期工程有新蛇宫、蛇产品专卖店、恐龙山庄、坦克大战场、大象乐园等景点;停业前在建项目有亿万富翁园、海豚表演场、赛马场、民俗村、鸳鸯村、野生动物园养殖场、医药研究所及蛇类营养保健品、生物药品、美容化妆品、制革工艺品等4条生产线。

2. 市场销售情况

2008年接待游客约100万人次，2009年89万人次，2010年36.5万人次，2011年14.689万人次，2012年1～6月2 280人次。累计接待240.417万人次，其中国际游客20.738万人次，占总数的8.625%。门票90元/人。2013年关闭，剩下的固定资产约1亿多元。

3. 经营失败原因

飞龙大世界主题公园失败的原因尽管众多，但营销环境考虑不周到、战略方向不明确可能是其主要原因。

(1) 21世纪初期，主题公园供与市场远大于旅游需求市场，这时期的主题公园如雨后春笋，在方圆不到8 000平方公里的广州市，大型主题公园就有7个，竞争异常激烈，这7个主题公园到今天除长隆外，其他都是经营状况不佳。

(2) 客源地主要是珠三角地区的居民，这时期珠三角地区的居民中喜欢蛇的人并不多，仅高额的门票就会使很多潜在旅游者望而却步。

(3) 重景区内部组合，轻与广州旅游目的地的大组合。飞龙景区内部组合，无论是产品组合还是景区构成要素组合都非常到位，但规模过大造成飞龙大酒店、保健中心、水上表演厅、花果山水帘洞、寿星园等大部分资源闲置。若采取瘦身计划，考虑将部分项目缩减，部分生产线稍后上马，飞龙也许不会是今天的情形。

(4) 与公众关系不融洽。地价完全挂账，致使大石镇居民极为不满，后期贷款不到位，投资者单一，后期建设资金缺乏等也是注定失败命运的主要因素。

(资料来源：1. 禹贡，胡丽芳. 旅游景区景点营销. 北京：旅游教育出版社，2005：28-29；

2. 徐君亮，梁明珠. 广州飞龙世界游乐城关闭的原因与启示. 热带地理，2001，8(2)：49-52)

评析：飞龙大世界游乐城主题公园战略定位模糊，多元化战略也不明晰，没有一个主要方向，既做旅游业又做第一、二、三大产业，从开始到关闭都不清楚到底做什么。旅游业板块中既做游乐业又做酒店业，大产业中既做养殖业(养蛇等)又做加工业(加工蛇产品、制作蛇酒、美容产品等)，还做社会服务业。多而全，战略方向不明，是飞龙大世界游乐城失败的主要原因。

相关链接

梦回宋代的开封清明上河园

清明上河园位于河南省开封市，占地面积40余公顷，其中水面10公顷，以我国北宋著名画家张择端名画——《清明上河图》为蓝本，在《清明上河图》创作故地——七朝古都开封以1∶1的比例复原再现的大型宋文化主题公园。复原再现了东京码头、醉杏楼、汴河、虹桥、鸳鸯桥、孙正羊店等36个景点。在园中有汴绣、木版年画、官瓷、糖人等手工艺术的现场表演制作，以及曲艺、杂耍等民俗风情表演，园中拥有大小古船50余艘，各种宋式房屋400余间，形成了中原地区最大的气势磅礴的宋代古建筑群。

清明上河园对于宋文化的把握和深入挖掘主要在于两个方面：一方面是以主题公园的形式在开封复原传世画作，展现开封历史古城的丰厚宋文化底蕴。清明上河园再现了《清明上河图》的繁华景象，景区的文化展示更具可信度、真实性和吸引力。另一方面是不断深入挖掘宋代的民间艺术，以宋文化为灵魂，从景区建筑设计、店铺设置、节目创编、沿街叫卖到商品交易、服装、道具都反映了北宋社会的真实生活。

作为趣味娱乐旅游景区，清明上河园有别于其他古迹旅游，非常重视游客的参与性，在参与过程中使游客真正体会到游园所带来的情趣与快乐。在这里，游客不仅仅是旅游者，还可能是演员，如在"王员外招婿"中您能有幸成为王员外的乘龙快婿，与王员外貌若天仙的女儿"拜堂成亲"；在"大宋科举"中您能有幸做个宋代状元，以实现金榜题名、光宗耀祖的夙愿。

为突出和塑造景区主题，清明上河园在管理机制创新、产品创新、营销理念创新、激励机制创新等方面作出有效的尝试，推动着景区的不断发展。例如为了突出宋文化特色和文化主题公园的发展思路，清明上河园每年都要根据市场调研和分析召开一次剧目创编会，对现有的剧目进行改编和创新，定期淘汰并新编1～2个剧目，从而实现节目的滚动更新。二期工程中，更是增添了诸如汴河大战、女子马球、水上傀儡等大型的宋代游乐项目，这些项目投资额大，节目编排精心细致，场景逼真，成为清明上河园旅游产品中的重头节目。清明上河园策划举办大型活动，如汴京啤酒文化节、开封市菊花花卉文艺晚会、大型节日焰火晚会、开封市民俗文化节暨民间文艺表演大赛、开封菊花小姐大赛等活动，进行营销方式的不断创新，提升景区在社会各界的影响。

清明上河园开园以来共接待游客500万人次，累计收入超亿元，上缴国家税收1 000多万元。2004年名列开封市企业纳税50强，位居开封各景区(点)之首。在历年的"黄金周"期间，清明上河园的客流量和门票收入均名列河南省旅游景区前茅。

(资料来源：清明上河园的成功之路——民营控股旅游企业运营模式研究.河南日报，2006-03-17)

评析：

(1) 旅游景区的打造无论是自然景观还是社会历史文化景观，都必须依托本身所具有的资源基础，突出自己的特色，抓住旅游资源的唯一性，是旅游景区成功的首要前提。

(2) 产品主题设计及市场开发要准确、适当，有可持续性。清明上河园在发展中，一期主题特色以宋朝东京市井文化为主，二期主题特色则突出宋代宫廷文化。有一个不断拓展的文化脉络中心，而且呈由低到高逐步上升的倾向，给人以主题鲜明、不断发展、常见常新的印象，以利于景区的可持续发展。

(3) 积极进行景区经营管理体制的改革，实行旅游景区的两权分离，是旅游景区健康发展的关键。

三、旅游景区市场定位

图8-12所示为旅游景区市场定位的过程。

(一) 旅游消费者行为分析

狭义的旅游者消费行为强调旅游者消费行为这样一种外在表现形式，仅指旅游者进

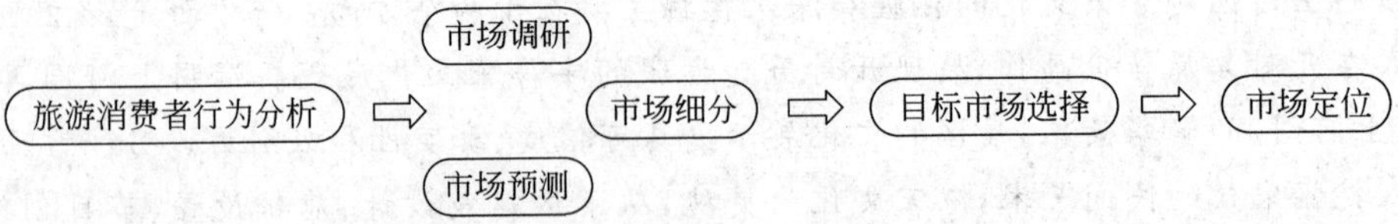

图 8-12　旅游景区市场定位过程

行旅游的行为和对旅游产品的实际消费。

广义的旅游者消费行为则包括了旅游者旅游的全过程，指旅游者利用收集的各种相关信息，根据自己的经验、主观判断、偏好、性格等做出决策并进行旅游消费的过程。

（二）市场调研与预测

1. 市场调研

景区市场调研的方法很多，如询问法、观察法、实验法和问卷调查法等。目前景区普遍采用的市场调研方法是询问法与问卷调查法相结合的方法。

(1) 问卷调查法

问卷调查法的关键是设计问卷调查表，主要应注意：根据调查者的特点和调查内容确定调查表的具体形式；调查内容和询问技术适当，便于回答，问题排列应先易后难，一般性问题在前面，特殊问题在后面；语言简明扼要、通俗易懂且避免带倾向性的提问。

(2) 询问法

询问法是指调查者通过面谈、电话或书面方式向被调查者收集资料的调查方式。询问法可分为面谈调查、电话调查、邮寄调查和留置调查。

(3) 观察法

观察法是指通过观察被调查者的活动取得第一手资料的一种调查方法。它的特点是旅游营销人员可以以旁观的形式对调查对象进行调查，避免了与调查对象的直接接触，也使得调查的结果更加客观。观察法一般分为直接观察法、亲身经历法和行为记录法。

2. 市场预测

市场预测是在市场调研的基础上，分析研究各种数据、资料和信息，运用科学方法，预报和推测未来一定时期内供求关系变化的前景，从而为景区的营销决策提供科学依据的过程。市场预测的方法主要包括定性预测和定量预测。

(1) 定性预测

定性预测主要是要求预测者通过对影响旅游市场变化的各种因素的分析、判断，根据经验来预测旅游市场未来的变化。预测者可以凭借自己的业务知识、经验和综合分析的能力，运用已掌握的历史资料和直观材料，对事物发展的趋势、方向和重大转折点做出估计和预测。主要方法包括相关推断法、对比类推法、经验判断法和德尔菲法。

(2) 定量预测

定量预测是在充分收集数据资料的基础上，运用数学方法并结合计算机技术，对景区未来的市场发展趋势进行数量方面的估计与推测的过程。定量预测方法有两个明显的特点：一是依靠实际数据，重视数据的作用和定量分析；二是建立数学模型作为定量预测的工具。随着统计方法、数学模型和计算机技术日益为更多的人所掌握，定量预测在景区中的运用会越来越多。主要方法包括时间序列预测法和回归分析预测法。

（三）旅游景区市场细分

通过细分市场正确选择旅游景区的目标市场和产品定位，是现代营销战略的核心。它可以帮助景区了解不同顾客群体的需求情况；有利于旅游景区分析、发掘新的市场机会，取得良好的经济效益，掌握市场变化的动态，及时调整市场营销策略。因此，市场细分是目标营销、市场定位的前提和基础，在此基础上，景区才能制定出正确的产品策略、价格策略、渠道策略及促销策略，以满足消费者需求，实施市场营销战略。

围绕地理位置、人口变量、心理变量与行为变量，涉及众多因子，可以据此进行进一步的市场细分（见图 8-13）。

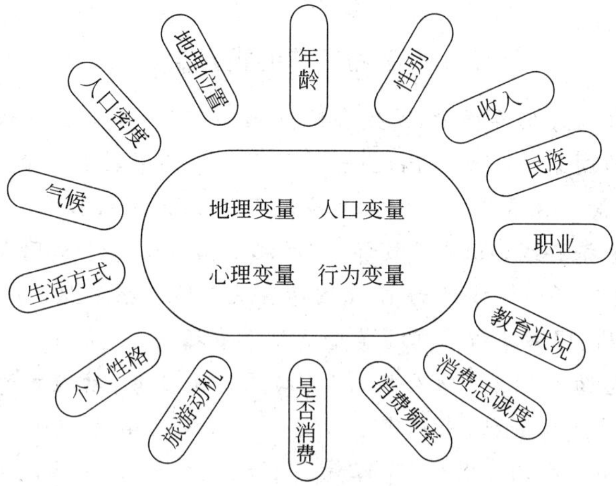

图 8-13　“花瓣”市场细分模型

（四）目标市场选择

1. 无差异市场营销策略

当景区营销人员经过市场分析发现各个细分市场之间的差异比较小的时候，景区就可以考虑采用这种市场营销策略。这种策略实际上是景区把旅游者的需求看作一个无差别的整体市场，认为到景区的旅游者都具有同样的旅游需求，只要景区保持现在的状况，即使只采用比较单一的营销组合也能满足整个市场的旅游需求。

2. 密集性市场营销策略

密集性市场营销策略指景区将一切市场营销努力集中于一个或少数几个有利的细分市场，采用不同的市场营销策略组合的过程。

3. 差异性市场营销策略

差异性市场营销策略指景区根据各个细分市场的特点，增加旅游产品的种类，或制订不同的营销计划和办法，以充分适应不同消费者的不同需求，吸引各种不同的购买者，从而扩大景区产品的销售量。

（五）市场定位

市场定位是通过识别旅游者需要，开发并向旅游者传播景区的优势旅游产品，使旅游者对该产品有更好的认知的过程。作为市场营销理论的重要概念和方法，市场定位是根据消费者对旅游景区特征的重视程度，努力塑造旅游景区产品与众不同的、给人印象鲜明的个性或形象，并把这种形象和个性特征生动地传递给目标顾客，使旅游景区在市场上确定强有力的竞争位置。图 8-14 所示为景区市场定位常用的方法。

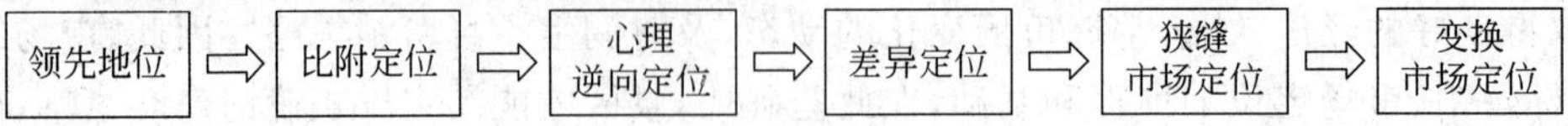

图 8-14　景区市场定位常用方法

案例 8-9

浙江千岛湖品牌的重新定位

千岛湖位于浙江省淳安县境内，是国务院首批公布的 44 处国家级风景名胜区之一，也是目前国内最大的国家级森林公园之一。1982 年千岛湖被列为国家级森林公园和全国首批 44 处重点风景名胜区之一，1992 年被国家旅游局列入"杭州—千岛湖—黄山"名山名水之旅国家黄金旅游线，1997 年被评为"浙江十佳美景"之一，同年又跻身"全国森林公园十大标兵"行列；2001 年被评为首批国家 AAAA 级旅游区、国家级生态示范区；2004 年被国家统计局、国家旅游局列为黄金周旅游直播点。

千岛湖风景区总面积 982 平方公里，湖区四周群山叠翠，动植物资源丰富，共有植物 1 786 种，动物昆虫 2 000 余种，森林覆盖率达 93%，绿化率近 100%。千岛湖水面面积 573 平方公里，是杭州西湖的 108 倍，库容量达 178 亿立方米，是西湖的 3 184 倍，平均水深 34 米，能见度达 7～9 米，属国家一级水体，不经任何处理即达饮用水标准。

千岛湖的优势和核心竞争力就是其一流的生态环境和自然山水。20 世纪 90 年代，为了躲避喧嚣嘈杂的都市，呼吸清新的空气，城市旅游者纷纷涌向自然生态环境保护良好、风景优美的旅游地。为了适应旅游者的需求，千岛湖全力打造"锦山秀水"这一生态旅游品牌，一直坚持环保优先的原则，在风景区投入大量的资金用于环境保护工程。历经 20 多年的旅游业发展，千岛湖并没有受到旅游业带来的"污染"影响，相反，千岛湖的山更绿、水更清了，成功地打造了千岛湖的生态旅游品牌。

进入 21 世纪，千岛湖开始着力打造世界湖泊休闲旅游品牌，力求把千岛湖打造成为长三角领跑、全国一流、世界知名的度假之都。这一转型使原本已进入成熟期的千岛湖生态观光旅游再显青春活力。2002 年起，千岛湖开始从单一生态观光旅游向集观光、休闲、度假、会议、体育运动为一体的综合性旅游目的地转变。2004 年淳安县委县政府提出：建设旅游经济强县，提升观光游，推进休闲游，依托千岛湖一流的生态环境和独特的山水优势，着力打造长三角乃至全国著名休闲度假胜地。2005 年千岛湖又提出打造"度假之都"的品牌。现在，可以说千岛湖旅游已进入了发展黄金期、业态转换期和品牌提升期。

（资料来源：千岛湖旅游发展历程和经验，http://www.davost.com/news，2005，9）

评析：

(1) 景区品牌形象的认知包括两个方面：一是景区经营企业对景区本身形象的认

知;二是游客对景区形象的认知。这两者的认知达到融合时,品牌形象的塑造才能得到最优的效果。千岛湖准确把握两者的契合点,将“一流的生态环境”作为核心竞争力,品牌形象鲜明。

(2) 旅游市场的“时尚周期”现象要求旅游品牌的维护和提升应顺应旅游时尚,甚至创造新的旅游时尚。千岛湖由最初的观光游到20世纪90年代的生态观光游再到休闲度假游的转变正是顺应了不同时期的旅游时尚,从而使品牌得以强化和提升。

四、旅游景区产品及其定价策略

(一) 景区产品的概念

景区产品是可以明确划定界线范围的,特指以风景、旅游服务、旅游体验等为主要吸引物的旅游活动空间。景区本身就是一个产品的概念。而从经济学的角度去理解,景区产品则是指景区所能够提供给市场并被旅游者消费以满足旅游者某种需要的旅游产品、旅游项目或旅游服务,主要由景区的自然或人造景观、人文名胜、景区基础设施和服务设施、景区服务、景区旅游活动项目等构成。

(二) 景区产品的特点

(1) 景区产品具有区域性。

(2) 景区产品具有不可移动性。

(3) 景区服务产品具有无形性和生产消费的同步性。

(4) 景区产品所依托的资源具有独立性和垄断性。

(5) 景区产品具有一定的季节性。

(6) 景区产品具有文化属性。

(7) 部分景区产品具有不可再生性。

(8) 景区产品具有观赏性和整体性。

(三) 景区产品的价格策略

图8-15所示为景区产品价格策略的框架图。

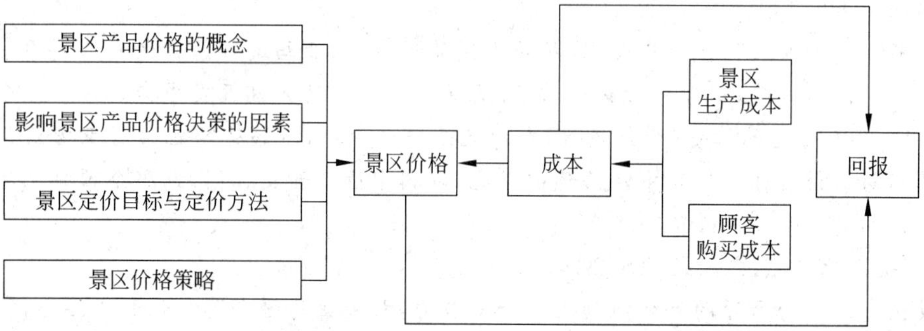

图8-15 景区产品价格策略框架

新产品价格策略、心理定价策略详见第六章。

1. 价格折扣策略

(1) 数量折扣

这是指景区为了鼓励旅游者或中间商购买,根据购买者所购买的数量给予一定的折扣。

(2) 季节折扣

这是指景区在淡季时给予旅游者或中间商的折扣优惠。由于在淡季时,景区普遍出现客源不足、服务设施闲置的情况,因而为吸引旅游者,增加消费,往往此时景区就制定低于旺季时的景区产品或服务价格以刺激旅游消费者的消费欲望。

2. 招徕价格策略

(1) 亏损价格

景区在自己的产品或服务结构中,把某些产品或服务的价格定得很低,甚至亏损,以价格低廉迎合旅游消费者的"求廉"心态而招徕顾客,借机带动和扩大其他产品的销售。

(2) 特殊事件价格

景区在某些节日和季节或在本地区举行特殊活动的时候,适度降低景区产品或服务的价格以刺激旅游消费者,招徕生意,增加销售。这种定价策略往往在旅游淡季时受到景区的重视。

案例 8-10

珠海亚马逊部落着力打造低成本主题公园

亚马逊部落景区,总占地面积100多万平方米,坐落在珠海市金湾区一个风景最美的山谷中,由河道、湖泊、热带丛林、土著部落风情四大元素构成,汇集了动植物的精华,是一个全景式再现亚马逊热带雨林景观的大型生态旅游景区,展现了亚马逊部落风情及神秘的玛雅文化。总投资3 000多万元,除展现亚马逊热带雨林景观外,还有丰富多彩的南美民俗风情表演。具体节目有印地安迎宾仪式、玛雅祭祀、部落成人礼、亚马逊之梦、树居人、部落村、蓝蛇岛、龟岛、蜥蜴园、类食人鱼区、的的喀喀湖、百果园、摩崖石刻、图腾区、河道乘船探险等。

主题公园开发往往是投资大、维护费用高的项目,但亚马逊部落景区充分利用景区的自然水道和低洼地势,局部进行整饬,极大地降低了景区的先期开发成本。作为一个主题公园,仅3 000万元的投资(分期投入)本身就是一个奇迹,能够从容地面对市场变化的冲击更属不易。景区开发过程中注意预留用地,以利于后期开发。因此,整个项目具有较大的创新性和灵活性。

1. 差异性文化,内涵式开发理念

景区发挥人力资源的主观能动性和开发潜力,引进亚马逊部落文化和风俗习惯表演,充分挖掘亚马逊部落文化的魅力,全景展示亚马逊部落文化与现代社会的巨大差异性。一方面丰富了珠海市文化氛围,得到政府的大力支持。另一方面变遥不可及的地域文化为现实的场景,对于习惯于猎奇但又不具备远足出行能力的部分珠三角游客来说具有较大吸引力。

2. 与当地社区关系融洽

景区开发时，考虑到原住居民的利益协调问题，景区在聘请工人、利益分配、股份参与等方面充分保障社区居民的利益，主动承担政府的部分后顾之忧，反过来得到政府在对外宣传和政策等多方面的支持。另外，极大地调动了社区居民的积极性，变私人经营项目为地区经济项目，拓展了景区开发的空间和范围。

3. 渐进的市场开发与营销

景区开发初期，重点拓展珠海市及周边地区，随着知名度的不断上升，开始拓展珠三角客源市场。在景区开发整个过程中，结合市场热点和国家经济发展，不断推出新的促销活动。为延长旅游地生命周期，定期增设新的旅游项目和旅游设施，进行滚动式开发，从而能够吸引回头游客的到来。

亚马逊部落景区属于文化型主题公园中不可多见的成功例子。这其中有地理位置、客源市场等多种原因，但与其优越的产品设计和成功的市场运作更是密不可分。

（资料来源：广东省旅游发展研究中心.珠海市金湾区旅游发展总体规划(2004—2015)，2004.2)

评析：亚马逊部落景区吸取了许多大型主题公园失败的经验教训，采取精品开发战略，因地制宜，充分利用自然条件，导入差异性文化体验，一方面降低了景区的先期开发成本，另一方面也有利于及时根据市场反馈进行调整。同时，在景区运营和市场拓展方面也有独到之处。

五、旅游景区促销策略

（一）景区促销策略

景区促销是营销者将有关景区产品的信息通过各种方式传递给旅游者，促进其了解信赖并购买景区产品，达到扩大销售的过程，其促销策略详见图 8-16。促销具有如下含义：

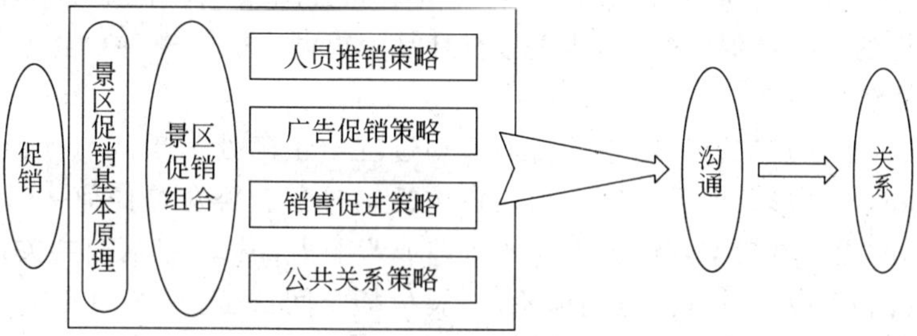

图 8-16　景区促销策略框架

(1) 景区促销工作的核心是与旅游者沟通信息并与其建立更加长期而稳固的关系。景区与旅游者之间实现旅游产品交易的基本条件就是信息沟通，一个沟通模式一般要回答五个问题：谁说；说什么；用什么渠道说；对谁说；有何效果。充分的沟通是与旅游者建立长期稳定关系的前提，是实现长期拥有客户的目标的重要保证。

(2) 促销的目的是引发、刺激旅游者产生购买行为。在旅游者可支配收入既定的条件下，旅游者是否产生购买行为主要取决于旅游者的购买欲望，而旅游者购买欲望又与外界的刺激、诱导密不可分。景区促销正是针对这一特点，通过各种传播方式把景区产品有关信息传递给旅游者，以激发其购买欲望，使其产生购买行为。

（二）景区促销组合

所谓促销组合，就是景区根据产品的特点和营销目标，综合各种影响因素，对各种不同促销手段的组合和搭配。促销组合是促销策略的前提，在促销组合的基础上，才能制定相应的促销策略，针对不同的市场，其促销组合策略也有所不同(详见图 8-17)。

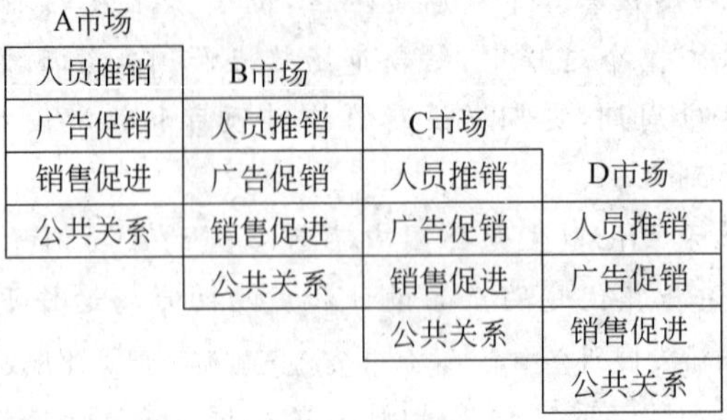

图 8-17　旅游景区促销组合示意图

1. 人员推销策略

景区通过派出销售人员，与一个或一个以上可能成为购买者的人交谈，做口头陈述，以推销旅游产品，促进和扩大销售。

2. 广告促销策略

景区广告是由景区或景区管理部门发起，向媒体公开支付费用，以非人员的任何形式，进行景区旅游项目和景区形象向公众传达的过程。

3. 销售促进策略

景区销售促进要根据目标市场类型的变化而变化，就旅游者而言，目标是鼓励旅游者更多地购买景区产品；就旅行社而言，目标是吸引和鼓励旅行社在旅游淡季销售景区产品，抵消竞争性的旅行社促销影响，建立旅行社品牌忠诚。

4. 公共关系策略

公共关系是景区在进行景区市场营销活动过程中正确处理景区与社会公众的关系，通过树立良好的景区形象促进景区产品销售的活动过程。公众是任何一组群体，它对景区达到其目标的能力具有实际的或潜在的兴趣或影响力，因此，景区公共关系策略的覆盖面也比较广，有利于改善景区景点的形象、拓展市场空间，提高景区的美誉度并最终达到促销的目的。

案例讨论与单元实训

杭州“宋城”主题公园的整合营销

杭州宋城旅游景区位于西湖风景区西南，北依五云山，南濒钱塘江，是中国最大的宋文化主题公园，由杭州世界城宋城置业有限公司投资兴建。宋城是反映两宋文化内涵的杭州第一个主题公园，它主要分为“清明上河图”再现区、九龙广场区、宋城广场区、仙山琼阁区、南宋风情苑区等部分。宋城景区建设依据宋代杰出画家张择端的“清明上河图”画卷，用了现实主义、浪漫主义、功能主义相结合的造园手法，在景观上创造了一个有层次、有韵味、有历史深沉感的游历空间。在借鉴中国传统山水园林艺术手法的基础上，吸取了西方建筑注重功能的艺术处理手法，使之既有“清明上河图”再现区的古朴、凝重、严谨，又有景观的包容性和冲击力，同时也保证了九龙广场、城楼广场、宋城广场轴线式大人流的集散功能。斗拱飞檐，车水马龙，折射出浓郁的古宋风情。

宋城集团的营销模式是具有现代经营理念的“整合营销”。在实施过程中，注重不同传播工具及手段优势的整合，降低企业宣传成本，注重时效。宋城的整合营销效益十分明显，景区投入4年接待游客700万人次，3年内，收回全部投资。2000年“五一”黄金周，宋城集团所属景区接待游客42万人次，门票收入2 200万元，首次超过西湖景区，占杭州旅游总收入的40%，开创了杭州及浙江旅游的新格局。

营销是宋城集团品牌经营的重要环节。宋城的营销模式是“统一策划、统一营销、统分结合，相互分工”。以杭州旅游市场为核心，以上海及华东地区为目标，积极扩大在“西湖一日游”市场中的占有率，在华东建立500家旅行社的委托代理网络，使长期客户占游客量的50%以上。宋城注重企业公共关系，整个公司的广告策划与营销由集团公司统一管理，旅游公司、广告公司大力协作，六大景区整体推出，以提高旅游产品在市场的整体竞争力。在营销的同时以鲜明的文化个性作为产品宣传口号，满足消费者需求的价值取向。“给我一天，还你千年”，这个宣传口号既表达了宋城景区以千年文化为主线，怀古寻根的主题，又显示出企业的一种营销理念，即对消费者的承诺和对自己产品的信心。通过中央电视台等传媒及户外广告的整体宣传，已广为人知。

（资料来源：约翰·斯沃布鲁克，张文译.景点开发与管理.北京：中国旅游出版社）

思考题

1. 杭州宋城的核心竞争力有哪些？其整合营销的成功经验对我们有哪些关键启示？
2. 谈谈如何有效地实施文化主题公园的整合营销。
3. 简述杭州宋城的产品营销模式。

第九章 事件旅游营销

本章节内容精要全览

- 章节 / 目录细则
- 第一节 事件营销及旅游事件营销
  - 事件营销特点：投入少，收获大 — 目的明确 — 具有风险性
  - 旅游事件营销
    - 原则：尽快抓住时机 — 选择合适的切入点
    - 操作步骤：
      - 明确营销目标 — 分析媒体运作流程
      - 选择目标受众 — 制订计划
      - 选择营销方式 — 效果评估
- 第二节 事件营销策略
  - 体育事件
    - 对体育赛事或体育机构进行赞助、合作或支持而展开营销
    - 结合体育资源和媒体的传统市场营销
    - 大力推出与体育赛事有关的特色旅游产品
  - 会议会展
    - 市场定位准确
    - 树立品牌优势
    - 提高服务质量
    - 积极促销
  - 城市节庆
    - 加大宣传力度，提高城市旅游节庆的知名度
    - 旅游节庆要体现创新
    - 加强旅游节庆的文化内涵
  - 影视事件
    - 借影视发展旅游景区
    - 借影视塑造旅游主题
    - 借影视策划旅游项目
  - 民族节事
    - 对民族节事旅游进行定位，树立市场概念、引入市场机制
    - 强调民族特色，确定标志性节事形象定位
    - 民族节事事件的营销一定要体现创新和发展
  - 危机事件
    - 树立危机意识，建立和完善旅游景区危机预警和防范机制
    - “以消费者为中心”，与媒体及时快捷沟通，承担责任
    - 改进问题后大力宣传，重新赢回消费者信任

第一节　事件营销及旅游事件营销

一、事件营销及旅游事件营销

事件营销(event marketing)是指企业通过策划、组织和利用具有名人效应、新闻价值以及社会影响的人物或事件,引起媒体、社会团体和消费者的兴趣与关注,以求提高企业或产品的知名度、美誉度,树立良好的品牌形象,并最终促成产品或服务销售的营销手段。图 9-1 所示为事件营销与其他学科的关系。

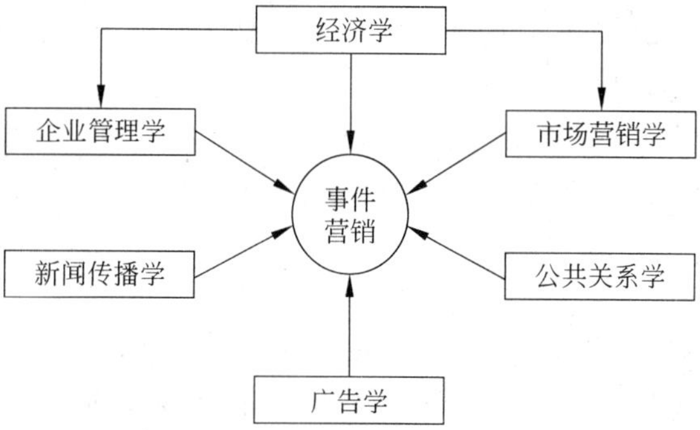

图 9-1　事件营销与其他学科的关系

旅游事件营销就是事件营销在旅游业方面的应用。成功的旅游事件营销是通过借助或制造具有新闻价值的事件,并通过一系列的运作,让这一新闻事件广为人知,利用事件做宣传,迅速增加旅游企业的美誉度和知名度,进而促进旅游产品的消费,达到企业盈利的目标。

案例 9-1

张家界旅游借"飞跃天门"事件一飞冲天

1999 年 12 月 11 日 14 时 28 分,亿人关注张家界,万众聚焦天门洞,世人关注的"穿越天门"在此举行。匈牙利特技飞行大师彼得·贝森叶从容驾机一举穿过了 279.42 米深的天门山天门洞,世界吉尼斯总部官员现场为其颁证,正式承认这是人类第一次驾机穿越自然山洞。受此鼓励,其他 9 名特技飞行运动员(包括唯一的女选手——俄罗斯的斯维特兰娜·卡帕尼娜)都成功地穿越了天门洞。其中法国两架"空中骑士"飞机载着一对中国新婚夫妇穿越成功、捷克四架"空中搏击"飞机同时穿越成功都属世界首创。在穿越表演中,别开生面的文艺演出开始,180 人组成的合唱团在庞大的交响乐队伴奏下,唱起了《欢乐颂》,著名歌手张也、刘维维现场演唱,挑战极限的"空中芭蕾"。《人民日报》、《中国日报》、中央电视台、湖南卫视等 150 家中外新闻媒体向全球做了现场直播,近 20 万中外游客及当地市民在现场目睹了"穿越天门"的英雄壮举。

据"穿越天门"策划人、黄龙洞投资股份有限公司总经理叶文智说:1999 年,张家界全年旅游收入12.6个亿；2000年，收入19.7个亿；2001年，27.6个亿；2002年，33个亿……扣除黄金周和自然增长，与同类风景区黄山相比较，驾机穿越天门洞这一活动起码给张家界的旅游收入带来了25个亿的增长。

作为“穿越天门”挑战12年后的升级版，2011年9月24日，张家界天门山旅游股份有限公司在天门山国家森林公园举办了“翼装侠飞越天门”的挑战活动，包括特技飞行和穿越天门等极具挑战性的项目，绝对是世界上最危险的体育项目，来自美国、德国、挪威、芬兰等六个国家的顶尖翼装飞行高手齐集天门山一展身手。

评析：张家界借力“穿越天门”这一系列活动，挑战极限，意将天门山塑造成世界各路超胆英雄挑战极限活动的圣地。这些活动吸引了无数的大众和媒体视线，短时间内实现了极高的曝光度，也将天门山的旅游资源特点和天门洞的神奇表现得淋漓尽致，实现了张家界景区品牌迅速提升的目标。

相关链接

爱上宜昌·宜昌情书

“我是宜昌，如果你来，你会爱上我，爱上巴山木楼悬挂的风情，爱上千里桔灯点燃的传说……”2014年4月27日，“爱上宜昌·宜昌情书”全球发布会在三峡工程所在地湖北宜昌举行，宜昌市以这种独特的方式，向世界各国游客发出热情邀请。万里长江穿城而过的湖北宜昌，景色秀丽、山河壮美，自然景观和现代工程交相辉映、巴楚文化和土家风情水乳交融。曾先后获评中国优秀旅游城市、全国文明城市、国家森林城市、国家卫生城市、国家园林城市、国家环保模范城市等殊荣。

发布会上，宜昌两位历史名人“屈原”和“王昭君”朗诵了《宜昌情书》散文诗。广州广之旅国际旅行社出省游中心负责人表示，以往来宜昌考察都是看山水，此次活动让他更加了解了宜昌的人文与历史，今后将把宜昌的人文故事添加到行程介绍中，让更多人了解宜昌深厚的人文内涵。众多的旅游美景就能诱惑你的心：壮美三峡，清江如画；高峡出平湖，深处有人家；人文方面有屈子问天，昭君浣纱，关公横刀立马；民俗方面有哭嫁、峡江号子情动天下……这些美丽的旅游资源值得你拥有。

“爱上宜昌·宜昌情书”这一创新性的旅游营销方式，以情书这种充满温情和真诚的形式向全球游客发出邀请。现代旅游追求的是一场精神盛宴，游客更希望从旅游中得到精神和情感层面的释放和满足，只要参加宜昌市旅游局官方微博的活动帮情书上头条，对你的爱人、父母、朋友写出三句情书，就有机会获得宜昌旅游门票。而“情书”是嫁接旅游目的地和游客需求的最佳形式，“宜昌情书”也标志着宜昌旅游将更深入全面地发展文化旅游和休闲度假旅游，实现从营销旅游资源到营销旅游生活方式的升级。

二、旅游事件营销的特点

事件营销主要有以下三个特点。

(1) 投入少，收获大。事件营销最重要的特征是利用现有的非常完善的新闻机器，来达到传播的目的。理论上讲，所有的新闻都是免费的，在所有的新闻制作过程中也没有利益倾向，所以制作新闻不需要花钱。事件营销严格说来应归于公关行为，而非广告行为，但是对企业来说，它达到了做广告的效果，甚至多是“有过之而无不及”，宣传的效果更好。

（2）目的明确，更容易传播到目标群体。事件营销策划的第一步就是要有明确的目的，然后确定通过怎样的新闻可以让新闻的接受者知道，从而达到自己的目的。新闻事业发展到现在，媒体已经非常精确地细化了。通常某一领域的新闻智慧有特定的媒体感兴趣，并最终进行报道，并且这个媒体的读者群也是相对固定的。

（3）具有风险性。首要的风险就是选错了事件，关注点与企业或产品没有关联，徒劳一场；其次是来自媒体的不可控性和新闻接受者对事件的理解程度容易事与愿违，甚至背道而驰。事件营销有风险，但这并不意味着一定是障碍，缺陷是进步的阶梯，因为风险的存在，有经验的、设计精密的事件通常会规避这些风险，同样也就能更准确地宣传自己和更有针对性地到达目的受众。

三、事件营销操作原则

（1）尽快抓住时机。当一个重大事件发生以后，恰恰会应了一句老话：外行看热闹，内行看门道。但普通的新闻受众还在琢磨新闻本身内容的时候，高明的企业策划人员已经在开始筹划如何让自己借这一突发事件来进入人们的眼球了。利用事件进行营销最重要的秘诀之一就是快，机会稍纵即逝，毕竟事件营销已经被越来越多的企业所重视，抢占先机才能出奇制胜。

（2）选择合适的切入点。一般来说，企业应该与公众的普遍情绪保持一致。当事件带来喜悦情绪时，企业应该让公众感觉到在一起喜悦；当事件带来悲伤或恐惧情绪时，企业应该表现出理解和支持。这样才能引起公众的共鸣，让消费者对企业产生亲切感，以便树立企业在消费者心目中的形象。

案例 9-2

史上最令人向往工作的背后

2009 年澳大利亚昆士兰州旅游局为宣传大堡礁岛屿，不久前面向全世界招聘大堡礁“护岛人”。其职责为每天在白沙碧海间巡视，并通过博客、图片和视频汇报工作。由于工作轻松且薪酬高（半年薪酬约 10.5 万美元），这一职位被称为“史上最牛工作”，消息一公布，就吸引了大约 3.5 万的应征者，致使招聘网站一度崩溃。

2010 年 6 月，一则令人垂涎三尺的招聘启事在网络上被疯传：信阳南湾湖景区招聘 61 岛总岛主，年薪 30 万元人民币，签约一年，工作内容却很轻松——湖面巡游，游客引导，环保监督，撰写博客，拍摄宣传片，组织招募网友活动，参加景区大型活动。招聘启事发布第二天，应聘人数就已接近 600 人，网友热赞其为“中国最爽工作！”

评析：无论此事是企业大胆招聘行为也好，是单纯的炒作宣传也好，南湾湖景区无疑都是最大的赢家。此后，国内旅游景区甚至旅游城市等旅游目的地纷纷尝试着“制造”此类事件，比如近两年的河南尧山“索道门”事件，湖南某景区的处女免票事件，河南黄河三峡“叫妈免费”事件等。这些营销行为，效果各有不同，业界褒贬不一，但是利用事件达到旅游营销的目的是一样的。

四、事件营销的操作步骤

1. 明确事件营销的目标

目标必须以旅游企业或者说旅游吸引物的类型以及目标市场和潜在顾客为依据。通常按照其生命周期的不同阶段,可分为向受众提供信息、使受众产生购买欲望和强化品牌形象三类。

2. 选择目标受众

也就是选择潜在旅游者,这一步工作的目的是避免无效事件的发生。一个旅游企业或旅游目的地不能满足所有游客的需求,而我们也没必要把所有游客都列入自己的目标受众,在强调个性化的今天,旅游也不例外,营销要有针对性,才能引起目标受众的更多关注。

3. 选择事件营销的方式

事件营销总的来说是制造新闻,但新闻也有很多种类,例如张家界利用“飞越天门洞”的特技表演扬名四海,而之前为黄龙洞的“定海神针”买下1亿保险的事件都为张家界带来非常可观的收入和很高的知名度。还有许多城市选择举办会展节庆等都是事件营销的方式。营销方式的选择一定要符合实际情况,不可盲目模仿。

4. 分析媒体的运作流程

知己知彼,百战不殆。这里的“彼”是指新闻媒体,因为要借助于媒体的力量,了解了它,就掌握了事件运作的关键点——抓住媒体的注意力,就能达到事半功倍的效果。

5. 计划的制订

确定了事件营销的目标和策略以后,就需要着手制作具体计划,有行动时间、行动方案和事件预算,甚至包括一个风险评估跟踪表。运作前的周密思考和准备会节省成本,保证事件运作的顺利进行。

6. 效果评估

包括三个部分:事件营销的事前评估、事中评估、事后评估。

事件旅游营销的操作步骤可以用图9-2来表示:

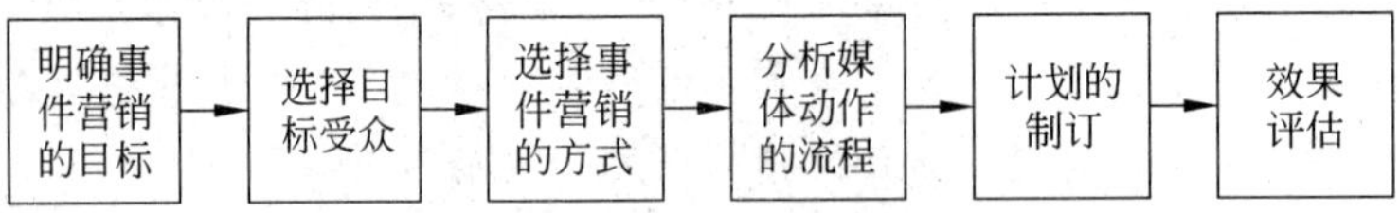

图9-2 事件营销的步骤

第二节 事件营销策略

事件旅游营销中的事件包含很多,最常见的分类为体育事件、会议会展、城市节庆、影视事件、民族节事事件和危机事件。每一类事件的营销策略都有各自的特点,见表9-1。

表 9-1　事件营销策略

事件旅游营销	示　　例	营 销 策 略
体育事件旅游营销	奥运会品牌赞助商 阿迪达斯与耐克赞助 NBA 球星 奥运吉祥物产品	1. 借助对体育赛事或体育机构的赞助、合作或支持而展开的营销策略，最典型的就是“奥运营销”。 2. 结合体育资源和媒体的传统市场营销，主要包括在体育媒体平台上的广告投放、宣传推广，利用体育明星的个人支持获得有利形象，或以体育为主题的公关、推广活动。 3. 大力推出与体育赛事有关的特色旅游产品
会议会展旅游营销	上海世博会 亚洲博鳌论坛	1. 市场定位准确。突出特色、精选目标是会展营销的必经之路。 2. 树立品牌优势。企业要发展，要吸引顾客，必须创建和发展自己的品牌。 3. 提高服务质量。各服务机构对服务质量的竭力追求与会展旅游的发展息息相关。 4. 积极促销。促销策略是影响会展市场顺利发展的关键因素，世界上许多国家的会议或展览业之所以能取得巨大成功并在国际上享有盛誉，很大程度上就得益于他们高效有力的促销活动
城市节庆旅游营销	哈尔滨冰雕节 青岛国际啤酒节 潍坊风筝节	1. 加大宣传力度，提高城市旅游节庆的知名度。发展旅游节庆，必须首先让外人了解、认识，知道你要举办的旅游节庆的宗旨、特色，要做到这一点，必须靠宣传。 2. 旅游节庆要体现创新。在保持节庆主题的前提下，在项目、内容、形式上一定要有独特的创意。节庆活动的内容要不断地花样翻新，别出心裁，形式要灵活多样。 3. 加强旅游节庆的文化内涵。文化是精神层面的营养品，体现出文化的特色才能经久不息
影视旅游营销	浙江横店影视城 《英雄》外景九寨沟 桂林——《印象·刘三姐》	1. 借影视发展旅游景区。借助影视进行旅游营销能够有效树立旅游目的地形象，使得旅游收入和游客量迅速得到了提高。 2. 借影视塑造旅游主题。它是以影视人物为原本，将电影中的人物在主题公园中再现，最早的迪士尼乐园就属于这种模式。 3. 旅游项目的创新：借影视策划旅游项目。当目的地的旅游产品已经处于成熟期，游客数量会逐渐减少，这时旅游地的营销商就要对旅游产品进行创新，使其能够重新焕发活力
民族节事旅游营销	99 中国丽江国际东巴文化艺术节	1. 对民族节事旅游进行定位，树立市场概念、引入市场机制是促进节事经济发展的关键。 2. 强调民族特色，确定标志性节事形象定位。 3. 民族节事事件的营销一定要体现创新和发展
危机事件旅游营销	千岛湖危机事件营销	1. 树立危机意识，建立和完善旅游景区危机预警和防范机制。 2. 坚持“以消费者为中心”解决问题，与媒体及时快捷沟通，勇于承担责任。 3. 改进问题后大力宣传，重新赢回消费者信任

案例 9-3

《富春山居图》合璧引发的旅游营销

2011 年 6 月 1 日，被誉为中国山水画“第一神品”的《富春山居图》，时隔三百余年后，第一次在台北“故宫博物院”合璧展出，这一历史性的时刻轰动了海峡两岸。黄公望画的《富春山居图》，反映的是富春江一带的山水秋色，这也让富春江的美景借合璧契机又一次名扬天下。

富阳市运动休闲委员会办公室敏锐地抓住这个两岸文化交流的机会，依托严子陵钓台、富春江小三峡、江南龙门湾、印象富春江等景区，推出《富春山居图》实景主题游。产品一经推出，就受到了国内外游客的青睐。同时，富阳借助相关媒体进行后续宣传，并推出各项优惠活动，使富阳迅疾成为长三角一个新兴旅游目的地。当获知由刘德华、林志玲等著名影星主演的电影《富春山居图》拍摄的消息，富阳市主动与摄制组联系，将龙门古镇、黄公望隐居地、江南中学等设为该片的取景地，再次使富阳成为公众关注的聚焦点。

据当地有关部门统计，《富春山居图》合璧事件以来，富阳旅游经济增幅明显，接待人次比上年同期增长 30.94%；社会旅游业总收入同比增长 26.41%。旅游与文化的融合，让富阳的旅游业发展驶入了快车道。

评析：《富春山居图》的主题事件营销，是一个持续的事件，在电影《富春山居图》上映以来，富阳旅游再一次成为一个热点。这个案例证明，在各产业相互融合的今天，影视旅游营销已经成为一个重要的营销方式。

案例 9-4

世界首次水下内阁会议在旅游胜地马尔代夫召开

椰林树影，水清沙幼，蓝天白云，印度洋上的世外桃源岛国马尔代夫由 1 192 个珊瑚岛组成，全国平均海拔只有约 1.5 米。根据科学家发布的研究报告，如果全球变暖的趋势继续下去，马尔代夫将在 21 世纪内消失。对于马尔代夫而言，气候变化不只是各大论坛上增添谈资的时尚话题，更是亟需有效应对的关涉生存的现实困境。

2009 年 10 月 17 日，马尔代夫总统穆罕默德·纳希德召集 12 名政府内阁成员，在距该国首都马累 35 海里的海底召开了世界上首次水下内阁会议，以呼吁各国减少温室气体排放。在这场长达 12 分钟的会议上，纳希德同内阁其他成员用防水笔共同签署了一份决议，这份名为《来自前线的紧急呼救》的决议将送交今年 12 月举行的哥本哈根联合国气候变化大会。

会议中，纳希德与内阁成员们身穿潜水服，依靠水下呼吸器下潜到海底会议地点，并运用水下手势语进行沟通。马尔代夫潜水联合会参与组织了此次特别的会议。会后纳希德还在海面上召开了记者会。纳希德表示：“我们试图向世界表明马尔代夫正在发生什么，以及如果不采取措施遏制气候变化，马尔代夫将会发生什么。”

评析：全球有关气候变化的会议何其之多，倘若依照常规的模式，纵然风景再美丽，小国马尔代夫又能吸引来几人的目光？另辟蹊径，是其唯一的选择。内阁成员在海底签署防止气候变化的决议，从内容到形式都紧密契合气候变暖这一主题：倘若有一天真的被海水淹没，恐怕真的只有穿着潜水服来开会了。由于闻所未闻，轻而易举就能引来全球各家媒体竞相报道，不单引起人们对全球变暖趋势的关切，也为马尔代夫免费做了旅游广告，成了效果显著的“事件营销”。

案例讨论与单元实训

德国世界杯背后的旅游营销

德国旅游业成为2006年世界杯足球赛真正的大赢家。世界杯期间游客数量较预测翻了一番，达到了200万人次，直接为德国带来了30亿～35亿欧元消费额。这一切的取得似乎出人意料，但又在情理之中。

1. 严谨国度，激情整合

德国以“世界杯”事件，诉诸整合营销手段，德国旅游井喷时刻到来。由于世界杯的效应，德累斯顿银行专家指出，德国旅游2006年全年的收入增加了7%，达250亿欧元。91%的游客表示愿意向朋友推荐德国作为旅游目的地，将使德国的旅游业长期受益。

2. 整合营销，推广手段多样化

“2006年德国世界杯足球赛”未开赛前已被作为年度旅游主题，放在市场推广活动的核心位置。其宣传推广手段可谓花样翻新，从印刷品、网络、展览会，囊括了整合营销的方方面面。一本名为“祝大家圆满成功”的德国旅游形象手册，为世界展示了一个热情好客的旅游之邦——德国。44页的内容分别介绍了世界杯体育馆、旅游景点、赛事主办城市及其周边地区文化名胜的情况，手册以超过10种的语言在世界范围内发行。

针对不同客源市场，德国国家旅游局设计的不同网站介绍世界杯，推广德国旅游目的地形象，其内容还包括旅游博览会、研讨会、旅游考察以及与旅行社合作。网站还专门为游客设计了“世界杯举办城市包价游项目”，可以在“50大城市”的在线专栏中查询到2006主题年的相关信息。

随着世界杯的临近，德国还邀请世界各地的记者来德国12个世界杯承办城市进行采访，其中仅汉堡就邀请了约1 000多名记者，其他11个世界杯赛承办城市也同时开展推介活动。德国国内世界杯赛的各种纪念品在各地销售。2006年德国旅游市场7%的增长，其中包括德国品牌、声誉等无形资产的增值。

评析：世界杯，在全世界范围内都是一次盛宴，其影响力堪比奥运会。今天，每一个国家争相承办奥运会和世界杯，不仅仅是为了运动会本身，更是为了通过这些全球性的大事件来整合营销推广整个国家。2008年奥运会，2010年世博会，中国也在这条道路上越走越远。

思考题

1. 对于德国世界杯的旅游营销，你认为可以借鉴的成功经验有哪些？

2. 对比2008年北京奥运会和2010年上海世博会的旅游营销，谈谈你对这类大事件营销策略的看法。

第十章 旅游市场细分与专题旅游

本章节内容精要全览

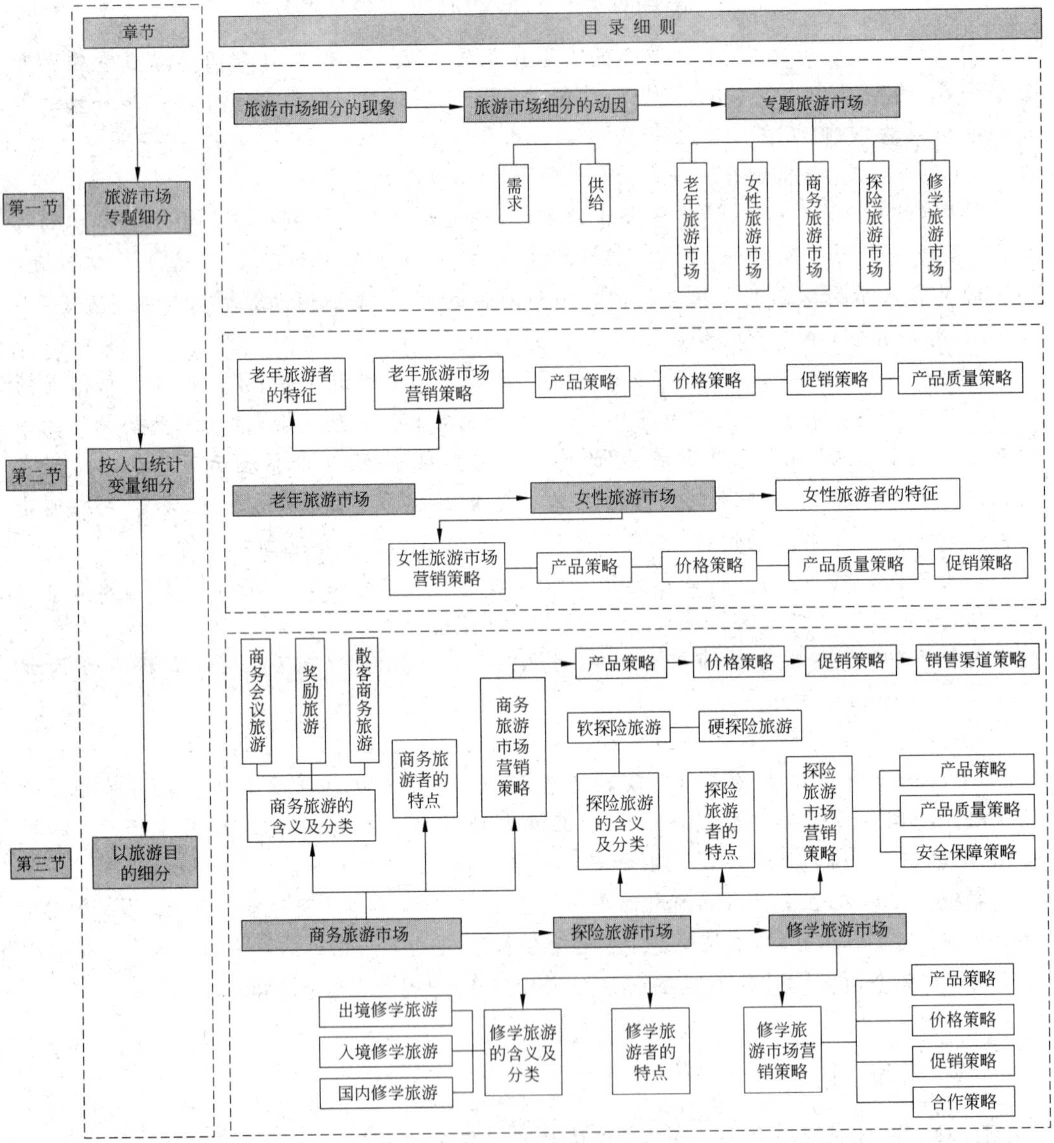

第一节　旅游市场专题细分

一、旅游市场细分的现象

20世纪80年代开始，西方旅游业逐渐进入了“细分市场时代”。旅游企业经营者已开始根据人口分布的特点、旅游者的兴趣和生活方式等对旅游消费者进行分类，依此提供恰当的旅游产品和服务。

旅游市场细分的现象主要体现在以下两个方面：

(1) 随着人们受教育程度和文化水平普遍提高，加上网络经济时代的迅速发展带来了新的信息革命，消费者的需求和消费个性日益得到释放，个性化消费需求时代开始来临。

(2) 随着旅游业的发展、同行业竞争的加剧，旅游经营者逐渐认识到：只有选择部分重点市场，有针对性地进行营销和服务，才能既让具有不同消费需求的旅游者满意，又能使本企业获得高额回报。

二、旅游市场细分的动因

旅游市场细分的动因可以从旅游市场的需求和供给两个方面来分析：

(1) 从旅游市场的需求来看，一方面由于旅游者的欲望、购买实力、地理环境、文化、社会、购买习惯和购买心理特征的不同，决定了旅游者之间的需求在客观上存在绝对差异性；另一方面在同一地理条件、社会环境和文化背景下的旅游消费者会形成有相似的人生观、价值观的亚文化群，他们需求特点和消费习惯存在相对一致性。因此，要求旅游经营者必须进行有效的市场细分。

(2) 从旅游市场的供给来看，对于大多数旅游经营者来说，由于自身条件限制，通常都不可能有足够的实力吸引和满足所有旅游消费者的需要；或者说，尽管客观上可能具有足够的实力吸引和满足众多类型的旅游消费者，但旅游经营者出于优化经营的考虑，主观上不会为所有的旅游消费者提供服务。因此旅游经营者可以根据旅游者特点及其需求的差异性，把一个整体旅游市场加以细分，即可以划分为具有不同需求、不同购买行为的群体。

三、专题旅游市场

专题旅游(thematic tourism)指带有特别目的而进行的旅游。在专题型旅游活动过程中，人们对于旅游行为具有明显的指向性，是为了满足自身某一特殊的需要。有别于一般的观光览胜。如商务旅游、文化旅游、宗教旅游、采风旅游、登山旅游、修学旅游、体育旅游、休养疗养旅游、探险旅游等。旅游者去某一地时，不仅欣赏风景，还带有特定的目的。

开展专题旅游的意义：

(1) 有利于深度开发旅游资源，提高产品知名度。

(2) 可以延长时间，增加旅游就地消费，带来经济效益。

(3) 延长旅游产品的生命周期,使旅游业永葆青春活力。

本章主要就人口统计变量和旅游目的细分的五项专题旅游市场即我国老年旅游市场、女性旅游市场、商务旅游市场、探险旅游市场、修学旅游市场等五种专题旅游市场的发展现状以及营销策略进行分析。

拓展阅读

全国旅游工作会议提出大力开发新产品、新业态

2015年1月15日,全国旅游工作会议在江西南昌开幕。国家旅游局局长李金早传达了汪洋副总理关于旅游工作的重要批示,并作了工作报告:2014年旅游业实现平稳增长。预计国内旅游36亿人次,增长10%;入境旅游1.28亿人次,下降1%;出境旅游首次突破1亿人次大关,达到1.09亿人次。全年旅游总收入约3.25万亿元,增长11%。提出未来十年要大力开发新产品、新业态,促进旅游消费转型升级。

(1) 全力推进乡村旅游。要重点支持一批有条件的乡村发展特色旅游,带动广大农民增收致富。要干出样子、走出路子。

(2) 积极开发休闲度假产品。①实施旅游精品工程,完善5A级、4A级景区创建,提升观光旅游品质;②在省级旅游度假区中,选择一批符合条件的,正式认定为国家级旅游度假区;③落实《国民旅游休闲纲要》,制定国家旅游休闲区标准,开展创建国家旅游休闲区试点工作;④鼓励各地积极开发市场需求旺盛的温泉旅游、滑雪旅游、邮轮旅游、滨海旅游、山地旅游、森林旅游、生态旅游等休闲度假产品;⑤支持各地推出一批高品位的主题公园和旅游演艺节目。

(3) 培育大众化旅游消费新热点。①围绕全国重点旅游区域、重点旅游线路、重点旅游城市、重点旅游景区,规划建设一批自驾车、房车营地,推动完善自驾车、房车旅游服务体系;②会同国家中医药管理局,推动建设一批中医药健康旅游示范区;③会同有关部门开展"'读万卷书行万里路'研学旅游"活动等,建设一批研学旅游基地,推进研学旅游全面开展;④完善老年旅游服务规范,推出一批适合老年人的养生度假产品;⑤鼓励各地通过财政补贴等方式,为青少年研学旅游、老年人旅游购买旅游意外保险,让青少年、老年人放心出游。

(4) 深入挖掘旅游购物潜力。①实施中国旅游商品品牌提升工程,推出一批中国旅游特色商品名单,引导旅游购物;②做好农副产品通过乡村旅游渠道或互联网店商销售;③与财政、税务、海关等部门共同落实好入境游客购物退税政策,提高入境游客购物消费水平;④办好中国旅游产业博览会、中国国际旅游商品博览会和农村妇女手工艺编织品展。

(5) 积极发展红色旅游。制定红色旅游经典景区旅游行业标准。开展"铭记历史,圆梦中华"纪念世界反法西斯战争胜利暨抗战胜利70周年红色旅游主题宣传活动,开展薪火相传纪念红军长征胜利80周年主题宣传活动,举办红色旅游讲解大赛,组织红色旅游进校园,举办全国大学生红色旅游线路设计大赛,举办首届革命老区红色旅游展销会,推进红色旅游国际交流与合作。

(资料来源:《2015全国旅游工作会议工作报告》,2015年1月)

第二节　按人口统计变量细分

一、老年旅游市场

老年旅游者是旅游市场的重要组成部分，伴随着老龄化社会的到来，老年旅游市场日益壮大，呈现出广阔的发展空间和潜力，正成为新的旅游经济增长点。旅游经营者应该从考虑老年人的生理和心理需求出发，深刻分析老年旅游者特征，制定符合老年人身心特点的旅游产品，提升老年旅游者旅游体验的质量和满意度，采取有针对性的、行之有效的营销策略，使这个潜力巨大的市场焕发蓬勃生机。

（一）老年旅游者的特征

图 10-1 所示为老年旅游者的特征。

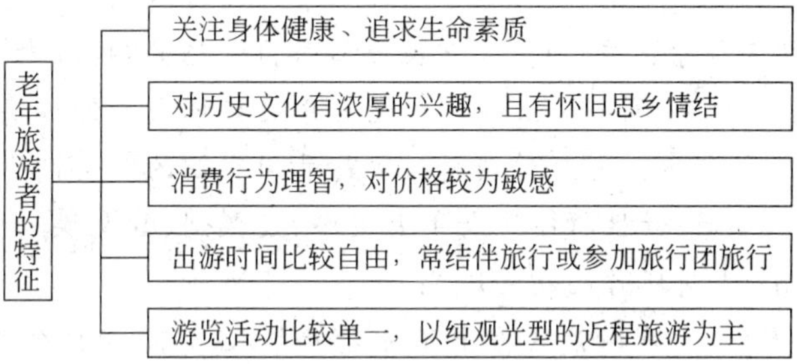

图 10-1　老年旅游者的主要特征

（二）老年旅游市场营销策略

有关老年旅游市场的营销策略可详见表 10-1。

表 10-1　老年旅游业市场营销策略

营销策略	措　施	具 体 策 略
产品策略	开发出能满足老年人生理、心理需求的富有特色的旅游产品	通过组织老年人到温泉疗养胜地、原生态景区等品尝药膳、书法绘画、垂钓休闲等活动来满足老年人的健康需求； 通过组织老年游客观光游，既可以开阔老年人的视野，也有利于老年人的身体健康； 针对老年人的怀旧心理，可以开发瞻仰游、文化游及金婚、银婚纪念旅游等
价格策略	开发出经济实惠型产品	旅行社设计老年旅游产品时应该避开旅游黄金周，尽量安排在旅游淡季，通过批量购买各景点的景区门票，通过产生价格差价来降低旅游价格
促销策略	加强对老年市场的宣传，做好促销工作	除传统的“广告＋促销”外，针对老年人的心理特点，开展活动营销、体验营销、公关营销等可能更容易为他们所接受； 在促销的各个环节都以“情”字贯穿始终，淡化商业味，以“老吾老以及人之老”的敬老观念服务老年游客，处处为老人着想

续表

营销策略	措　施	具体策略
产品质量策略	提供完美优质服务，注重售后反馈	为老年旅游产品提供完善的医疗保障服务，旅游全程应有专职医疗保健人员陪同； 针对老年团餐饮的清淡健康、住宿的舒适和交通的安全等要有较高的要求； 旅行途中应尽量放慢节奏，保证老年人得到足够的休息； 老年旅游者对于"游"的过程很注重，导游人员的讲解要尽量细致入微

案例 10-1

捕捉老年旅游市场的银色商机

2008 年，贵州黄果树景区在 10 月 7 日至 9 日举办主题为"健康老年节，漫步黄果树"活动。活动期间，景区对 60 周岁以上老年人凭老年优待证或身份证实行门票免费优惠，陪同人员实行门票五折优惠。并且对期间入住黄果树宾馆的 60 周岁以上老年人及陪同人员实行五折优惠。届时，景区将组织老年太极拳、太极剑、健身操、老年秧歌舞等表演，展现老年人老有所乐、老有所作的精神风貌。

为进一步开拓市场，黄果树景区推出了关爱老年人、促进亲情优惠活动。子女陪同 60 岁以上老人游黄果树，凭有效证件将获得由景区制作的旅游年卡，2009 年游黄果树享受免票优惠。

评析：此次活动的成功说明了社会对老年人的关注，子女对父母的关爱之情。景区推出的关爱老年人、促进亲情优惠活动获得了老年人和子女的好评，不仅吸引了老年人的来访，同时也吸引了很多年轻子女们。通过体验营销，带动了客流。

二、女性旅游市场

在现代社会中，女性的地位越来越高，受教育程度、就业人数、家庭收入以及对家庭收入支配的权利等都不断提高，在旅游市场当中，女性人数更是以明显的速度不断上升，旅游市场逐渐将眼光盯在女性游客身上。女性游客有其自身的旅游动机和消费特点，因而具有非常大的市场潜力，相应的旅游企业要想获得较好的经济效益，一定要大力开发女性旅游市场。

中国女性人口占总人口的一半以上，大约有 1 亿女性生活在城市，近 40%的女性年龄在 20～40 岁之间，其中 90%的女性是职业女性。鉴于女性在经济领域和消费领域的重要作用更加突出，人们已经开始将 21 世纪称为"她世纪"，女性旅游者构成了巨大的潜在市场。有鉴于此，旅游经营者应结合我国女性消费的特点和习惯，度身定做一些女性旅游产品，培育新兴的女性旅游市场。

（一）女性旅游者的特征

图 10-2 所示为女性旅游者的特征。

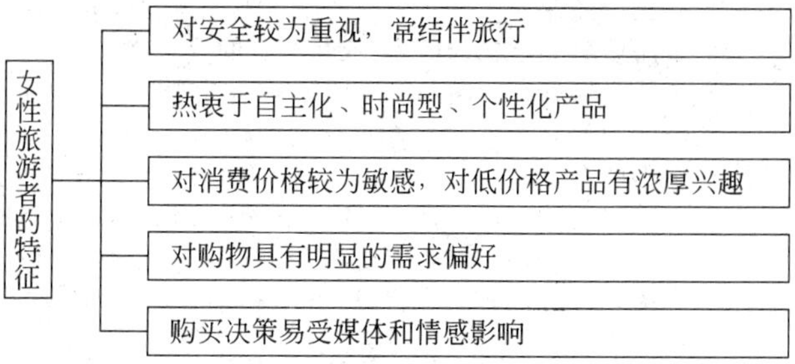

图 10-2　女性旅游者的特征

案例 10-2

独具魅力的粉红色航线

粉色航线是根据妇女特点设计、专为女性顾客服务的航线。近年来，职业女性的赚钱能力有增无减。她们财政独立，消费能力强，成为一股推动各地经济的新力量。一些精明的商人纷纷转攻急速增长的女性市场。于是，一些女性专属消费领域也应运而生，“粉色航线”仅是一个缩影。

英国企业家亚当·查尔斯创立了世界上第一条“粉红色航线”。该航线致力于为女性提供一流的时尚服务。“粉红色航线”于 2007 年 6 月首航，由英国利物浦的约翰·列侬机场飞往巴黎，150 名乘客全部是女性。查尔斯创立的“粉色航空”是一家规模小而时尚的航空公司，顾客群体仅限于女性，于 2007 年 6 月开始运营，总部设在英国利物浦。搭乘“粉色航班”，穿梭于世界时尚之都，过去只可能在好莱坞电影《律政俏佳人》中出现的场景，如今成为现实。现年 24 岁的英国年轻企业家亚当·查尔斯建立了世界上第一条女性专属航线，创造了民用航空业的新亮点。

评析：粉红色被赋予甜美、柔和、热情和浪漫等元素，是最具女人味儿的色彩。在高度信息化的五彩缤纷的世界里，粉红色飘满全球，是时尚流行中的主色调。因此，也成为各商家用来吸引女性的战无不胜的“广告色”。粉红色服装、粉红色手机、粉红色妆饰、粉红色海滩、粉红色鸡尾酒会等，一系列专为女性计划的产品或服务因势而生。

（资料来源：粉色航线，http://baike.sogou.com/v10593760.htm.）

（二）女性旅游市场营销策略

表 10-2 所示为女性旅游市场营销策略。

表 10-2 女性旅游市场营销策略

营销策略	措施	具体策略
产品策略	提供符合女性消费心理的旅游产品和服务	旅游经营者可开通专门的旅游专线，如"保健旅游"、"修学旅游"、"美容旅游"、"购物旅游"等，或在原有的旅游路线中增加这样一些旅游项目，使女性游客在满足旅游需求的同时她们的其他需求也得到满足。针对不同年龄段地为女性设计旅游产品：25岁以下的女性精力充沛，喜广交朋友，可设计呼朋唤友探险寻幽游等产品；25～35岁女性收入较高，家庭负担不重，可针对她们爱美、追时尚的特点，设计各种海滨度假游、SPA专项游、欢乐购物游等；35～50岁女性家庭观念重，可设计全家温馨度假游等产品，加强对小孩子有吸引力事物的宣传力度
价格策略	科学制定旅游产品价格	女性旅游者对价格都很敏感，有着强烈的攀比心理及敏感心理，旅游经营者必须重视价格的心理功能，科学制定出满足女性游客需求的产品价格
产品质量策略	注重产品的内在质量	女性对目的地环境有着更高要求，包括目的地安全性、导游人员的素质、餐饮住宿的卫生条件、交通工具的舒适度等 女性旅游者对于旅途中的心理感受要求高，所以营造一种亲切、友好、互帮互助的旅游氛围，对于女性旅游者来说至关重要
促销策略	合理选择促销手段	利用电视、网络、杂志等广告媒体把旅游产品的相关信息提前传达给消费者，以影响其购买决策； 采用饱含情感的语言，实行感性促销； 用营业推广的方式引起女性顾客的注意

案例 10-3

丽人顾问团

一位女性投资人从杭州高薪聘请了一位全国知名，特别擅长"小资"情调餐厅的设计师，期望能创建一家苏州最靓的"小资"餐厅。事情正如投资人所期待的，餐厅装修典雅高贵，赢得不绝的赞美。开业后同时经营咖啡和创意菜，但是生意没有预估的好，所有人都对餐厅的经营百思不得其解……

时尚需要引领，新模式需要新的客户开发机制，成熟或消费量大的客户群，具有相对的稳定性。于是，一次新的策划酝酿开始了……

计划的主题是——丽人顾问委员会，邀请苏州百位女性作为这家餐厅的顾问，享受全年免费的咖啡消费，并为每个顾问建立独立的档案，追求投桃报李的结果。被邀请的女性都是活跃人士，甚至是很出色的成功人士，身边不乏消费旺盛的人群，受她们的带动餐厅自然就日见火爆。同时，也形成了这里集聚最漂亮女人的印象，当然受男士的青睐。

评析：女性喜欢群聚，爱好虚荣，喜欢攀比，她们非常关注自己周围的同事、朋友的生活方式，从众心理强，易受相关群体的影响。她们选择旅游目的地时，总是习惯性地把相关群体去过的或曾经介绍过的景点作为自己的旅游目的地。一方面，她们认为相关群体的亲身经历或介绍值得信赖，购买这样的产品可以降低她们的购买风险；另一方面，她们希望购买相类似的商品，获得心理上和地位上的平衡。这家"小资"餐厅正是利用女性的从众心理和易受媒体与群体影响的特征，对女性消费市场进行营销。

第三节　以旅游目的细分

一、商务旅游市场

近年来，商务旅游成为发展最快的旅游项目之一，据统计，全球每年商务旅游收入占到全部旅游收入的12%。从其规模和发展看，已成为世界旅游市场的重要组成部分，而且仍有巨大的发展潜力。

在我国，社会经济的稳定发展为商务活动的活跃提供了良好的外部环境。我国的旅游业正在日新月异地变化，而商务旅游作为旅游高端市场日趋显现出优势和潜力，极具成长性。据国家旅游局公布，从我国入境旅游市场的结构分析，商务及会议旅游共占39.9%，已接近或超过一些发达国家的水平。我国的商务旅游发展潜力及速度极为惊人。旅游经营者应为商务旅游者提供专业化差旅服务的配套设施，面对迅速发展的商旅市场以及国外旅游企业的竞争威胁，采取有效的营销策略。

（一）商务旅游的含义及分类

商务旅游(business travel)是以商贸活动为主要目的，把商业经营与旅行、观光结合起来的一种旅游形式。

商务旅游主要有以下三类：

(1) 商务会议旅游(business conference tourism)。商务会议旅游是我国商务旅游市场的重要组成部分，包括各种会议、年会、论坛和展览会等。这些会议大多是在能够提供住宿、餐饮、娱乐、会议室和会议设备等全面服务的酒店、会所或者度假村中举行。

(2) 奖励旅游(incentive travel)。奖励旅游是指企业为了增强凝聚力，奖励在工作中有突出表现的员工而组织的旅游活动。奖励旅游具有规模大、档次高、回头客人多、综合效益高等特点。

(3) 散客商务旅游(FIT business travel)。我国散客旅游的比例虽然低于旅游发达国家，但已超过我国旅游市场的半壁江山，特别是一些大中城市和沿海地区，散客比例更大。

案例 10-4

越南打造东盟会奖商旅重要目的地国家

越南旅游资源丰富，共有5处风景名胜被联合国教科文组织列为世界文化和自然遗产。旅游网站旅游顾问网(Tripadvisor)“2012年亚洲最佳旅游目的地”奖亦颁发给了越南首都河内、胡志明市、广南省会安古城和广宁省下龙湾。

MICE旅游是一种在欧美早已盛行的旅游类型，越来越多企业开始选择这种奖励方式。近几年来越南MICE市场不断扩大，2012年到越南旅行的海外游客达到6 847 678人次，比2011年增长13.86%，其中出于商务目的的高端游客为1 165 966人次，同比增长16.25%。

2012年，中国大陆赴越南旅游人数达到1 428 693人次，位居第一位。2013年前6个月，中国赴越南旅游总人数达到825 664，远超过其他国家游客数量。越南旅游经营机构聚焦MICE产品，特别注重开发中国市场，取得了非常明显的效果，有越来越多中国的奖励旅游团、参展团及商贸投资团赴越南考察。

目前，越南的MICE中国市场集中在上海、北京及昆明等地，其中上海与北京以奖励旅游团及商务团为主，产业类别以保险业、医药业及制造业等为多，昆明则有许多参展团前往越南参加纺织、汽车零组件和机械展览等。

目前越南旅游业基础设施建设日益受到重视。迄今，全国旅馆酒店数量共1.37万家，其中5星级酒店60家、4星级酒店153家、3星级酒店362家。除具有丰富多样的旅游资源外，越南位于经济发展活跃地区，是东海重要交通枢纽，因此发展邮轮旅游较为便利。2012年，越南共接待邮轮游客28.5万人次，主要集中在海防、岘港、庆和芽庄、巴地头顿、胡志明市等省市。越南会奖旅游业资深人士表示，邮轮旅游日益受到青睐，越南发展邮轮旅游的良机已经到来。越南各地应快速投资改善和升级邮轮旅游基础设施和人力资源，同时继续简化通关手续，开发多样化旅游产品和加大旅游推广。

目前，越南政府正计划对来自主要客源市场的游客实行签证减免，并增开更多直飞航班。除了传统的胡志明市和河内之外，越南中部从顺化市一直延伸到北部的岘港，南部连接会安这两大区域对国际旅游市场来说仍相当陌生，但却拥有非凡魅力。当地延绵无尽的白色沙滩、田园般的热带岛屿、独树一帜的饮食传统，以及被列为联合国教科文组织世界文化遗产的、风光如画的古老香料之路贸易港口会安、传说中的美山占婆庙宇遗迹都充满了吸引力。

（资料来源：中国贸易报）

评析：越南打造东盟会奖商旅重要目的地成功的主要原因有三个：①位于经济发展活跃地区，是东海重要的交通枢纽，充分依托区域交通优势；②突出特色的MICE产品开发，产业类别主要以保险业、医药业及制造业等为多为主，发展特色会展经济，以会议带展览，以展览促会议；③实施主要客源市场的游客减免签证，增开更多国际直飞航线，全力打造亚洲旅游大国的形象等举措，越南政府采取多种举措，不断吸引着会展和奖励旅游的群体前来感受体验。

（二）商务旅游者的特点

图10-3所示为商务旅游者的特点。

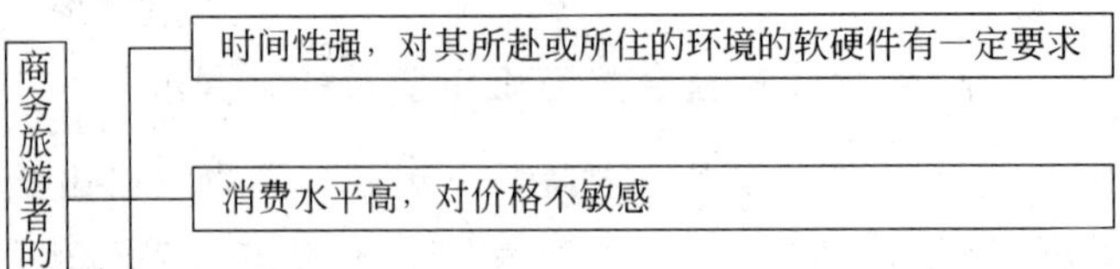

图10-3　商务旅游者的特点

（三）商务旅游市场营销策略

图 10-4 所示为商务旅游市场的营销策略。

商务旅游市场营销策略

- 产品策略：满足商务旅游者的个性化需求，提供比较高端的旅游产品
- 价格策略：旅游企业可以提供一些价格相对偏高，但是极具特色、个性化和专业化的旅游产品
- 促销策略：以网络促销为主，充分利用网络媒体和广告及旅游网站，向顾客传递和展示符合其个性化需求的信息，更准确地了解顾客需求，实现与顾客的双向沟通。促销对象主要针对企业的管理层来进行
- 销售渠道策略：尽量采用直接销售渠道，这样不但可以减少分销层次，有利于降低销售费用和成本，还可以正确把握消费者的需求动态

图 10-4　商务旅游市场营销策略

拓展阅读

把威尼斯狂欢节“定制”到会奖团行程中

威尼斯狂欢节是当今世界上历史最久、规模最大的狂欢节之一，每年都吸引着来自世界各地的人们参与其中。2014 年威尼斯狂欢节从 2 月 15 日开始，持续到 3 月 4 日，在此期间受中信国旅的委托，环意会奖部为某知名日企公司的奖励团定制意大利深度游出行方案，旨在为团员创造更难忘的旅行体验。

如何将会奖活动与旅游目的地特色节日相结合，让团员有更好的旅游体验？威尼斯本来就是一座露天博物馆，如果我们策划在狂欢节期间，团员戴着威尼斯面具置身在中世纪华服的狂欢海洋中，并参与狂欢节期间的歌剧或展览等活动，一定会给团员们带来浓厚的穿越感，从而实现组织者想要为他们创造更难忘旅行体验的需求。

此会奖团在意大利的时间为 2014 年 2 月 20～28 日，我们为客人定制了如下两个活动。

第一个活动：“盛装游行。”我们建议参加“盛装游行”的客人提前将自己当天要穿着的衣服和所佩戴的面具拍成照片发给组织方，以便选择不同类型的游行队伍；对于没有准备服饰的游客，我们为他们安排在威尼斯挑选一副心仪的面具。狂欢节当天活动现场，装扮好的团员们按照我们预先的规划，从容地开始了狂欢之旅，伴随在欢乐的游行队伍当中缓缓前进，还不时与周围的人群互动。威尼斯的狂欢把所有人融合在一起，无论地位高低，贫富差距，连年龄和性别都显得不再那么重要了，这份体验非常难忘。

第二个活动：当天欣赏独特的歌剧表演。随着游行活动的逐渐落幕，圣马可广场上响起传统歌剧的声音，但只闻其声不见其人，一块巨大的幕布将歌剧演出场地从广场中央分隔出来，只有提前预定好门票的游客才可以进去观看。意犹未尽的团员，又欣赏到了身着古典服饰的演员们在舞台上的倾情表演，举手投足的瞬间仿佛把观众们带回到了中世

纪的威尼斯。

（资料来源：http://www.cnbtmice.com/TJ/D.aspx? Id=8252）

二、探险旅游市场

近年来，探险旅游市场快速发展，2009—2010 年间该行业增长了 17%，目前，平均每 4 个旅行中，就有一个纯粹是探险旅游，或者包含有探险部分；而且目前这种趋势还将继续。2011 来自探险旅游贸易协会研究报告称：到 2050 年，探险旅游将占旅游业的 50%。

我国拥有丰富的探险旅游资源，尤其是在西部地区和东北地区。借鉴国外成功的经验，在我国经济欠发达地区进一步开展探险旅游活动，对于加速当地的经济发展和社会发展具有重要意义。但是探险旅游行程中任何一种因素的变化都带来意想不到的风险。因此，旅游经营者在给游客足够的安全感的基础上让游客享受到刺激，是开展探险旅游活动的关键所在。最成功的探险旅游经营者是在能够降低实际风险程度的同时，把刺激感内化于其中。

（一）探险旅游的含义和分类

探险旅游协会认为，探险旅游（adventure tourism）是一种在不寻常的、奇异的、遥远的或荒芜的目的地从事的休闲活动，通常它与参与者的高强度的活动相关，多数在户外进行。

探险旅游可根据风险程度的不同而分成"软探险"旅游（soft adventure travel）和"硬探险"旅游（hard adventure travel）（见图 10-5）。

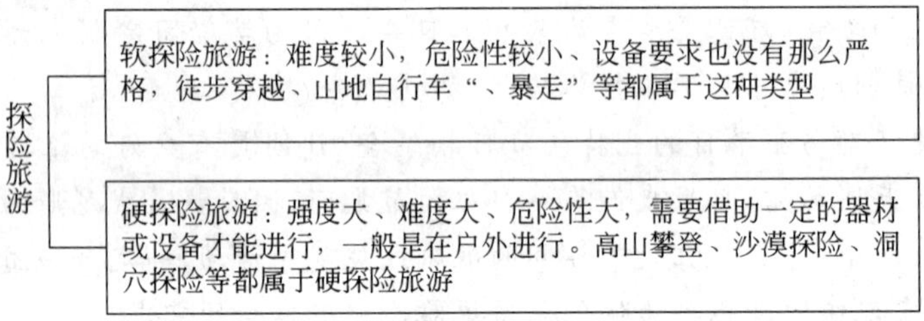

图 10-5　探险旅游分类

（二）探险旅游者的特点

图 10-6 所示为探险旅游者的特点。

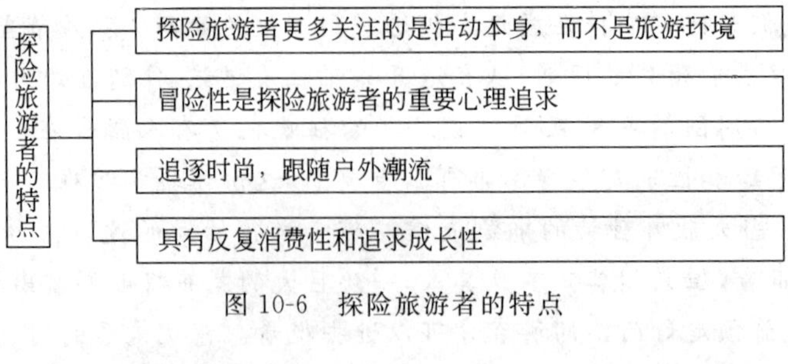

图 10-6　探险旅游者的特点

（三）探险旅游市场营销策略

表 10-3 所示为探险旅游市场营销的策略。

表 10-3　探险旅游市场营销策略

营销策略	措　施	具体策略
产品策略	根据市场需求，设计"新"、"特"、"险"、"奇"旅游产品	探险旅游对于旅游者的核心吸引力并不体现在风险本身，而是隐藏在风险后面的刺激感和不确定性。旅游者探险的目的就是为了在"新"、"特"、"险"、"奇"的环境中获得一种与众不同的经历
产品质量策略	进行专业化运作	开展探险旅游的专业旅行社或组织要有具备丰富的专业冒险知识和野外生存技能的领队人员，他们在行前能让顾客预知可能发生的风险，遇险时也有自救或请求外界救援的能力； 对探险旅游者进行严格的筛选和控制。产品路线设计要保证科学和安全
安全保障策略	加强探险旅游的安全保障体系建设，保证探险旅游"零风险"	我国探险旅游的发展目前尚不成熟，与此相关的规章制度不够完善，应急保障设施也不健全，导致探险旅游事故频频发生。而"绝对刺激，绝对安全"才是探险旅游的显著特点。应该加强法律规范、建立健全探险旅游安全救援体系、提高旅游者安全意识等，以期促进探险旅游健康发展

案例 10-5

新丝路自驾探险

2006 年，汉堡与上海结为友好城市 20 周年之际，德国汉堡中国之旅在上海市政府与汉堡市政府的大力支持下，成功举办了首届"汉堡—上海"自驾活动。80 多名德国车手，驾驶着近 50 辆珍贵老爷车，历时 76 天，跨越一万多公里的坎坷，途经 7 个国家，从德国汉堡一路驰骋到上海，第一次通过这条"新丝绸之路"把两大洲的门户城市紧密相连。自此，德国汉堡中国之旅每年都会组织一次德国到中国的长途自驾活动，迄今已经成功举办 7 次。2011 年，德国汉堡中国之旅将这项深受欧洲驾友欢迎的自驾活动引入中国，通过其在中国的办事处——上海兆歌文化传播有限公司和上海中旅国际旅行社有限公司进行战略合作，从 2013 年开始，每年举办一次"上海—德国"的双向自驾活动，以满足中国自驾爱好者的愿望。

去年首次成功组织上海—汉堡跨越欧亚大陆的自驾探险之旅，今年上海兆歌文化传播有限公司及德国汉堡中国之旅有限公司再次携手国内入境游合作伙伴桂林康辉旅行社开启年度长达 57 天的欧亚大陆自驾游。

目前上海—汉堡的欧亚丝绸之路自驾之旅产品每年将固定发一团，此外上海兆歌文化亦扩充产品线，将新丝绸之路衍生到了英国，将推出"2015 上海—伦敦—开车去英国新丝路自驾探险及 2015 上海—汉堡开车去德国新丝路自驾探险"两大产品，以满足更多自驾爱好者的需求。

评析：随着我国探险旅游市场的快速发展，探险旅游者的人群也越来越多，人们对于自驾探险旅游的青睐越来越明显。本案例中通过开发新兴的探险旅游路线来激发探险旅游者的旅游动机,获得了良好的成效。

三、修学旅游市场

随着知识经济时代的到来,游客的旅游需求也从传统的观光旅游向知识型、文化型转变,于是在我国的学生市场出现了高校游、科技游、文化游等修学旅游项目。修学旅游作为专题旅游产品,以其独特的特点和市场吸引力,日益受到广大旅游者的广泛重视。

我国现代修学旅游的发展始于入境修学旅游。虽然我国旅行社经营修学旅游的时间不长,修学旅游产品开发存在许多问题,但人们对修学旅游所产生的浓厚兴趣与极大热情,都显现出修学旅游产品的吸引力和我国消费者的极强购买力,尤其是《国民旅游休闲纲要(2013—2020 年)》明确提出提倡发展修学旅游,将修学旅游纳入教学课程,表明国家不断注重发展修学旅游。旅游经营者开发此类旅游产品具有很好的前景。

(一)修学旅游的含义和分类

修学旅游(training tourism),主要指针对学生群体设计的以语言学习、教育机构观摩为特点的旅游产品。修学游既非单纯的旅游,也非纯粹的教学,它介于游与学之间,又融合了游与学的内容,是一种以游相伴的见学、以学为主的旅行。

修学旅游主要分为以下三类:

(1) 出境修学旅游(study tour abroad)。以中小学生为主体,主要去以英语为母语的国家,在旅游过程中将学习异地文化知识和参与实践相结合,全程用英文交流、入住当地家庭或学习宿舍,在领略异国风情的同时了解国外活跃而先进的教育模式。

(2) 入境修学旅游(immigration study of tourism)。中国有着深厚的文化底蕴,是一个文化大国。我国与世界各国的教育、文化交流日趋频繁,海外很多国家的人们都喜欢中国文化,学习汉语,希望到中国来旅游学习。这促进了我国入镜修学旅游市场的发展。

(3) 国内修学旅游(the domestic study of tourism)。我国修学旅游最早出现在 2003 年。有别于境外学习语言为主要内容,国内修学旅游产品侧重科技、文学、历史、文化等领域的学习探索。

(二)修学旅游者的特点

修学旅游者具有如下特点(见图 10-7):

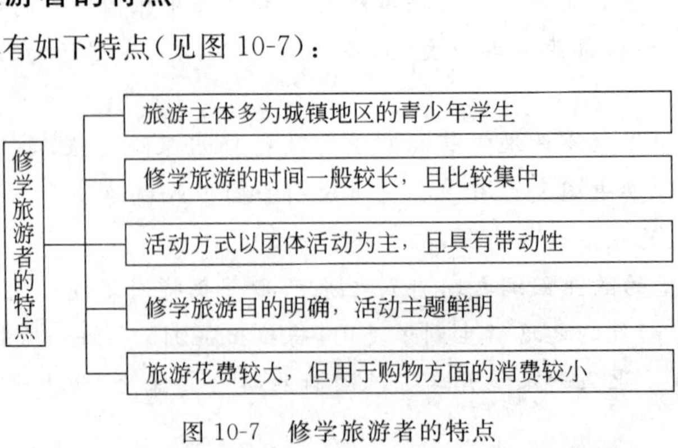

图 10-7 修学旅游者的特点

（三）修学旅游市场营销策略

表 10-4 所示为修学旅游市场营销的策略。

表 10-4 修学旅游市场营销策略

营销策略	措　施	具体策略
产品策略	开发“游”、“学”并举的旅游产品，丰富产品功能	旅游经营者在设计旅游产品时一定要把握好“学”的严肃性和“游”的休闲性，达到两者合二为一的效果； 并深入研究青少年旅游者的不同需求特点，不断设计多种形式的产品，丰富自己的产品体系
价格策略	合理定价，兼顾社会效益	旅游经营者切忌盲目定价而忽视市场运行规律，致使青少年修学旅游市场供求失衡；青少年是未来社会的建设者，旅游经营者也要以一个社会责任者的角色，在获取经济利益的同时要兼顾一定的社会效益
促销策略	加强对于修学旅游产品的宣传力度	国家、地区加强宣传，普及修学旅游知识，让公众充分了解修学旅游的内涵及开展的意义；同时采用多样化的促销手段，针对不同客源市场进行促销宣传，并主要加大对青少年学生的宣传力度
合作策略	加强与学校、地区及政府间的交流，形成“三方合力”	旅游经营者要注重与学校间的交流，争取使学校所具有的熟知青少年身心特点、教育教学规律等优势在修学旅游产品开发中得到充分的发挥；要注重与政府间的交流，积极争取政府的支持，有倾斜性的政策指导有助于推动青少年修学旅游市场

案例 10-6

遨游网以巨资补贴、主打青少年暑期修学旅游

中青旅遨游网日前在北京举办“老爸老妈，宝贝喊你去旅游——2014 年暑期产品发布会”，介绍了今年以亲子游为主打的暑期产品——修学旅游。其观光产品依孩子发展的三个阶段设计出不同内容产品：0～6 岁的“感知”阶段以短线的海岛、游轮、日韩产品为主；7～12 岁的“认知”阶段产品中，短线产品包括中国香港、新加坡游学，长线则包括行程含安徒生博物馆的 10～15 天北欧之旅以及至肯尼亚亲眼见证野生动物大迁徙；13～18 岁的“探知”阶段，主推游学和名校考察。

据有关数据，目前中国 0～14 岁人口已经超过 2.2 亿，越来越多的家长发现，旅行不仅是帮助孩子成长的第二课堂，更是可以用心陪伴孩子的最好方式。中青旅控股副总裁高志权表示：“在产品研发上，我们针对不同家庭的差异化需求，提供基于全球目的地的旅游产品，这些产品不仅突出了目的地的独特性，更为亲子活动创造了无限的发挥空间。”

为使出境游产品价格更亲民，中青旅遨游网推出了总额高达千万的优惠政策，如使用银联卡或手机 App 支付，即可打折、降价、获优惠券等。据统计，中青旅连续五年推行的“中高考成绩当钱用，考多少分抵多少钱”迄今已帮助 3 500 名学子实现一生一次的毕业旅行，今年该政策继续沿用。

（资料来源：http://ttgchina.com/article.php? article_id=8368）

评析：旅行社推出的产品正在日益细化，这给市场增添了活力，未来针对特殊群体的旅游模式将会越来越普遍。学子游等创新的旅游模式将为游客带来全新的体验，也为中国的旅游产业注入一丝新鲜的活力。旅游产品的细分也同时考验着一个旅行社的服务和接待能力。

案例讨论与单元实训

百年银饰——为姑苏光彩女性

都说酒店要充满“官气”、“贵气”、“财气”方能财源茂盛，餐饮营销活动大都以男性顾客为营销对象，而下面讲述的一个案例就是以女性为主体的独特客户群定位营销活动。

这家酒店不大，坐落在苏州一个主干道的末端，三层楼三百多个餐位，装修精致、格调清新，“库克船长”被邀请去做开业策划。当提交整个营销方案时，有些出乎投资人意料，活动内容居然是“百年银饰——为姑苏光彩女性”也就是说这家酒店将核心客户人群定位为女性。

整个活动安排是：开业时将有300件百年以上各式银饰展览，并在开业前通过各种渠道发布“银饰展”消息，引发媒介与市民的关注，在展览开幕当天发放“光彩女性卡”，在为期一个月内，持卡女性消费者消费总额前十位可在银饰展品中按序任选一款作为赠品，因为银饰的品质很好，很多受邀女性都领取了消费记值卡，并暗自选中了一款银饰，这时客人已有心理期待，因为规则规定消费最高者先选，许多女性心中已有了中意的饰品，就怕被先选者选中，为了获得优选权增加消费额，就把记值卡的内容告诉亲朋好友，希望他们都来消费增加累积的额值，一时很多平常消费频繁的人士都接到相同内容的求助电话，无疑此时，酒店已开发了一批新客户营销者。

其中，有位电视台“单亲”女主持人为儿子挑了一个“长命锁”，又苦于自己经常外出采访，无法以消费累积消费额，就打电话与酒店商量能否先付钱作为累积额，以后再消费，最后她充值了一万元，这可能已是这把“长命锁”几十倍市值。

每次去这家酒店，粗略观察客人总有超过六成的女性客人，这件事后也让大家领会了“美丽”与“财富”很近，此次营销活动的成功在于让女性成为“说客”，从中也看到了女性不顾一切的钟爱。

思考题

1. 该案例中反映了女性旅游者的哪些特征？
2. 该酒店针对女性市场采取了哪些营销策略？

第十一章 体验旅游营销

本章节内容精要全览

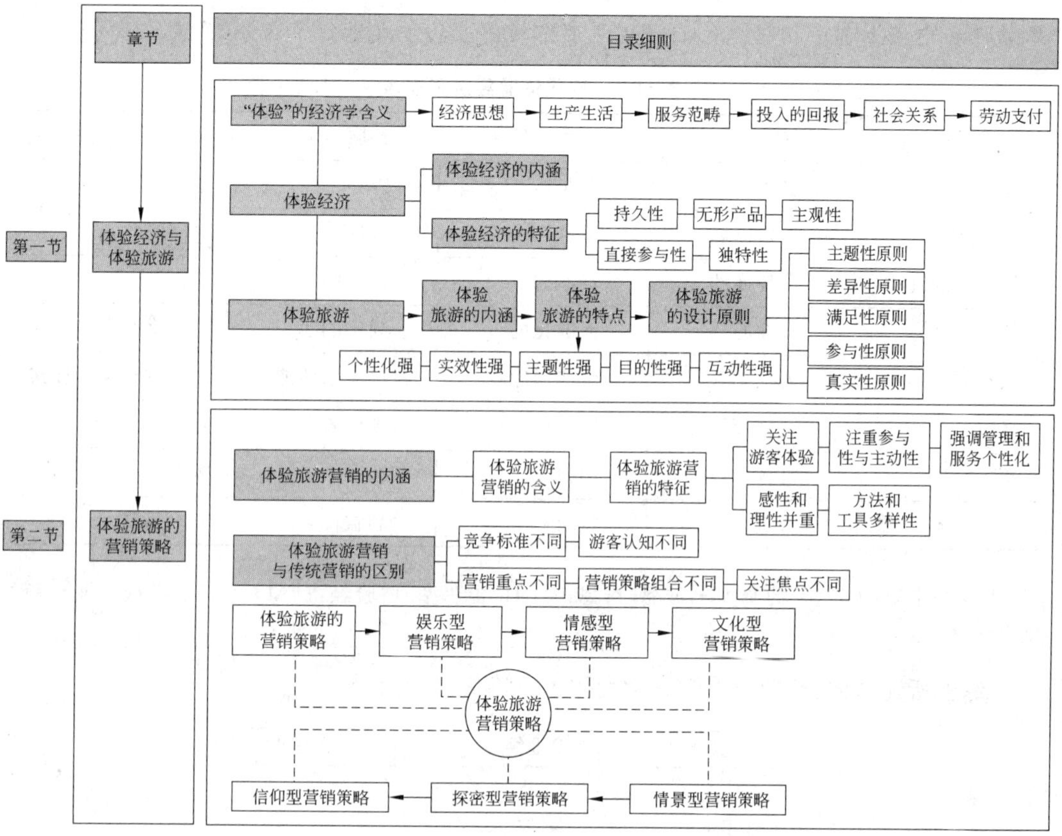

第一节 体验经济与体验旅游

一、"体验"的经济学含义

经济可以看作一种"过程",这一过程需要人的体验来不断认知。经济的"目的"与"内容"是通过体验不断展示的。在经济活动中,消费者是生产者与经营者,也是体验者,经济活动本身就是"体验场"。体验经济就是将这种"体验"放大,使其成为经济提供物和一种主要的经济运行模式。

相关链接

正在到来的"体验"经济时代

美国著名经济学家约瑟夫·派恩与詹姆斯·吉尔摩在《体验经济》一书中谈道：根据服务的现状和未来经济的发展趋势，"体验"已成为一种完全不同于传统服务的新的经济产出活动。如果说商品是工业经济的提供物，服务是服务经济的提供物，那么体验就是新经济的提供物，是新经济运行的基本因素。那么按照学术界的理解，各种经济提供物从根本属性和内涵上都不相同。他们将经济形态用图表的方式进行了区分(见表11-1)：

表11-1 现代体验经济形态表

经济提供物	产品	商品	服务	体验
经济	农业	工业	服务	体验
经济能力	采掘提炼	制造	传递	舞台展示
提供物的性质	可替换的	有形的	无形的	难忘的
关键属性	自然的	标准化的	制定的	个性化的
供给方式	大批储存	生产后库存	按需求传递	在一段时期后披露
卖方	贸易商	制造商	提供者	展示者
买方	市场	用户	客户	客人
需求要素	特点	特色	利益	突出感受

(资料来源：(美)B.约瑟夫·派恩，詹恩斯·H.吉尔摩.体验经济[M].北京：机械工业出版，2013)

综上所述，"体验"的经济学含义大体上可以概括为图11-1：

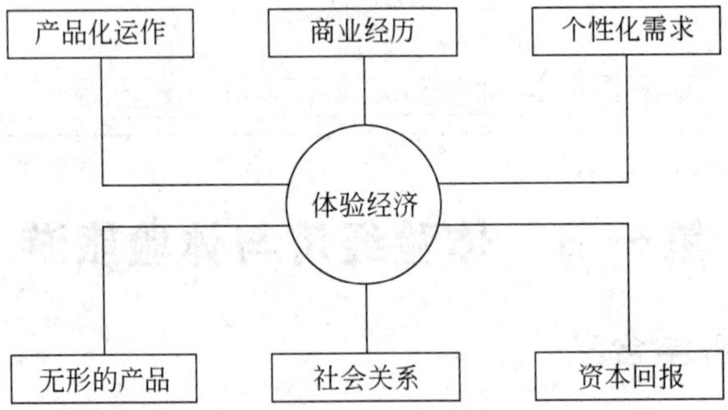

图11-1 "体验"经济的内涵

二、体验经济

人类围绕"体验"的经济活动古已有之，然而，"体验"经济活动的存在，是否意味着存在着体验经济形态呢？是否具有“体验”经济的目的和结果时，才构成体验经济呢？对此，体验经济的学者们有着不同的理解。作为研究的出发点，需要给体验经济做出明确的界定。

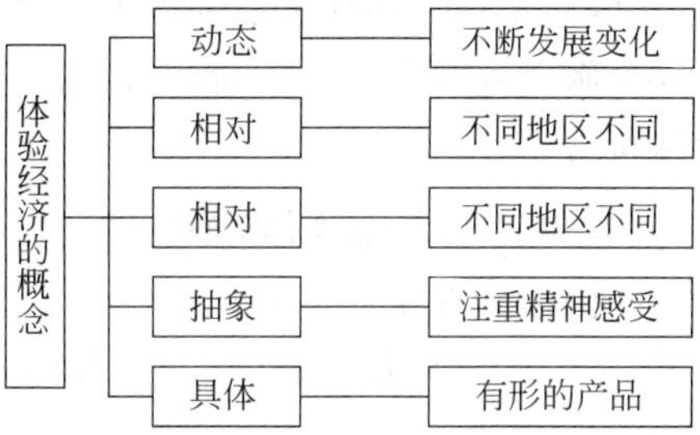

图 11-2　体验经济的概念

（一）体验经济的内涵

体验经济作为一个时代的烙印，与工业经济、服务经济的定义相类似。所以体验经济是以创造体验为目的，把消费者或客户的体验看作消费品，以实际的主观感受作为品质，并据此获取经济增长及意识形态。理解体验经济这一概念应把握如下逻辑特征：体验经济既是一个动态的概念，也是一个相对的概念（见图 11-2）。

（二）体验经济的特征

从经济发展史上看，服务业与服务经济早已存在，而它们作为一个确切的概念并进行有关系统的理论研究则是 20 世纪初才产生的。体验经济也是如此，受到关注只是最近十年来的事情。在这种情况下，引入体验经济，是否有助于明晰产业分类，有利于服务业的规划，也有利于产业经济发展呢？这就需要我们更深入地把握体验经济的本质特征。结合体验经济的内涵，归纳了其如下特征（见图 11-3）：

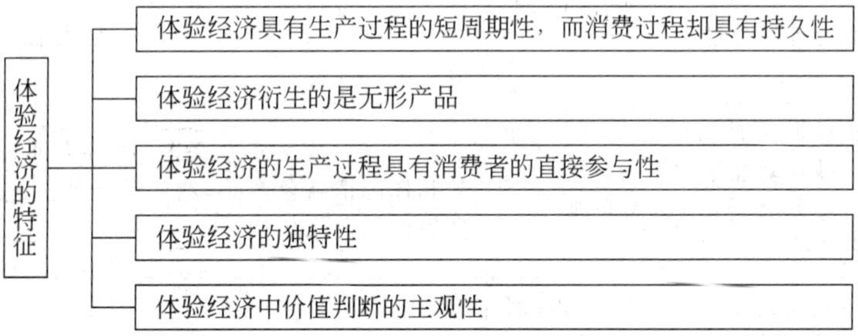

图 11-3　体验经济的基本特征

三、体验旅游

随着体验经济时代的到来，游客旅游是为了获得某种舒畅而独特的体验。旅游企业的中心任务不再是单纯提供旅游产品与服务，而是为游客塑造难以忘怀的旅游体验，满足游客消遣娱乐、求知审美、自我实现等更高层次的需求。

（一）体验旅游的内涵

体验旅游是社会经济高度发达的产物，代表着人类社会迄今为止最高的旅游形态。对于“体验旅游”的概念，虽然目前尚无公认的明确定义，但我们可以从旅游供给者和旅游者两个角度来理解它的含义。从旅游供给者的角度而言，体验旅游是以旅游服务为舞台，以旅游吸引物、旅游设施和旅游商品为道具，以旅游者为中心，为旅游者创造一系列难忘经历的活动。从旅游者的角度而言，体验旅游是旅游者在旅游供给者营造的环境和氛围中，获取一系列舒畅和愉悦的新鲜感受，并在内心深处留下深深“烙印”的经历，这个经历可以为旅游者的生命注入新活力，为其生活添加新色彩，为其观察开辟新角度，为其认知增加新内容。

（二）体验旅游的特点

国内学界现无针对体验旅游的具体标准，也无相关的法律法规给予证明。相较传统旅游，体验旅游具有如下特点（见表 11-2）：

表 11-2　体验旅游的特点

体验旅游	内　容	举　例
个性化	注重以个性化需求的消费者为出发点，根据消费者不同的偏好，提供彰显其个人品位与形象的产品和服务	针对新人的私人定制的蜜月游
时效性	体验旅游是一种满足消费者心理特征、生活方式、生活态度和行为模式的商品。这种商品最大的特点是能引起消费者的兴趣，反复回味于某种情感渲染	以漂流体验旅游为例，消费者沉浸在大自然的怀抱里，天际都被金色的光芒笼罩，感受着水的变化，沐浴温暖阳光，倾听白河波涛滚滚，感受着一个又一个急流险滩。这种体验是传统旅游所感受不到的
目的性	体验旅游不仅让消费者游过，更让消费者享受过	如美味的佳肴、奇特的景观、舒适的睡眠，更重视在何种环境中如何提供这些效用，以使消费者在消费过程中获得丰富的体验，并在消费结束后将这种体验继续留在记忆中
互动性	体验旅游不是自编自导自演，而是一种互动性强的旅游形式。消费者不是接受者，也有可能是指挥者	如在一些少数民族地区，一些游人通过与当地人在一起制作民俗特色产品，然后一起品尝，使得消费者感受到当地的民俗风情
主题性	体验旅游综合从建筑、音乐、舞蹈、解说系统、艺术作品、设施、活动项目、旅游纪念品、工作人员服饰、氛围、服务程序等各个方面，全方位刺激旅游者的感觉器官和心灵，使其充分感知和理解产品所要传达的主题和内涵	像深圳世界之窗，包括世界著名景观及埃及金字塔、阿蒙神庙等，这些景点分别以 1∶1、1∶5、1∶15 等不同比例仿建精致绝伦、惟妙惟肖，使游客到不同地方都能感受到其中蕴含的主题

案例 11-1

工匠之乡的体验之旅——日本水上町

日本东部的山区小镇水上町群山围绕，当地人以务农为生，种稻、养蚕和栽培苹果、香菇等经济作物。但当地人口逐年减少，务农的又大多是五六十岁的老年人，这种形势促使当地人于 1990 年提出了“农村公园”构想，探索农业和观光业相互促进的体验旅游之路，其中最重要的就是开设“工匠之乡”。游客不仅可以现场观摩手工艺品的制作过程，还可以在坊主的指导下亲自动手体验。主要项目及产品如下：

“工匠之乡”包括“人偶之家”、“面具之家”、“竹编之家”、“茶壶之家”、“陶艺之家”等近30余家传统手工艺作坊，占地总面积350公顷。其旅游概念的提出吸引了大量游客，同时也吸引了日本各地成千上万的手工艺者举家搬迁过来。

核心旅游项目有：胡桃雕刻彩绘、草编、木织（用树皮织布等）、陶艺等传统手工艺作坊，形式多样，异彩纷呈。目前水上町已经建成了农村环境改善中心、农林渔业体验实习馆、农产品加工所、畜产业综合设施、两个村营温泉中心、一个讲述民间传说和展示传统戏剧的演出设施。

解析：以“工匠之乡”为代表的农村公园构想，将农业与观光、休息紧密结合，使游客在休闲的同时更多地参与体验，吸引了大量的游客到来，同时也点燃了当地人从事农业的激情，促进了地方经济的活跃。

（三）体验旅游的设计原则

结合上面的特点，体验旅游一是有三性，即感知性、理解性与参与性。二是有三感，即新鲜感、满足感与亲切感。三是有三需，即需补偿、需解脱、需刺激。而消费者就以这些为购买驱动力。所以在开展体验旅游时，应保持以下五个原则（见图11-4）：

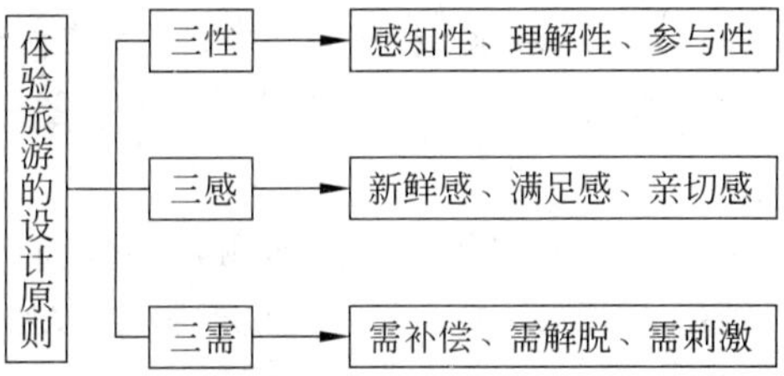

图11-4　体验旅游的设计原则

1. 主题性原则

主题是营造环境与氛围，聚集游客注意力，使游客在某一方面受到强烈感染，得到深刻感受的有效手段。按照主题性原则，应从景区的大环境到具体的服务氛围，从景物、建筑、设施设备、服务用品和旅游纪念品的外观形式，到食、住、行、游、购、娱各环节的项目内容，用一条清晰明确的主线贯串起来，全方位地展示一种文化、一种情调，使游客通过视觉、听觉、嗅觉、味觉和触觉，多层面、多角度地获得一种整体、统一的美好感受，形成难以忘怀的记忆。

2. 差异性原则

体验具有主体性，而每个旅游者由于自身的情况不同而有不同的旅游选择。游客对个性化产品和服务的需求越来越高，他们不断追求能够促成自己个性化形成、彰显自己个性、与众不同的服务和产品，以获得独特的旅游体验。因此，体验旅游应当注重差异化。

3. 参与性原则

体验的获得离不开游客的参与，需要游客调动各种感官，在积极主动的参与中体验，这样的体验才会深刻、持久。游客主要通过精神参与和身体参与途径获得真实的景物体验，在整个过程中游客参与的程度越强，所涉及的感官越多，就越令人难以忘怀。

4. 真实性原则

体验旅游注重的是消费者的真实感受，所以其提供的景物环境或历史建筑都必须力求真实。在景区所营造的环境中，消费者去感受、去体验。这就要求经营者必须力求恢复其本来面目。

5. 满足性原则

体验旅游过程中，人们彻底放松，全身心投入到欣赏、娱乐等活动中，达到一种自我实现的满足感。如一些运动旅游项目，蹦极、河流、滑翔、探险等极限活动都可能让游客在挑战中实现最大的满足。

案例 11-2

去大唐芙蓉园看“唐代皇帝”选妃

大唐芙蓉园位于陕西省西安市曲江新区，建于原唐代芙蓉园遗址所在地，占地1 000亩，其中水面300亩，总投资13亿元，是西北地区最大的文化主题公园，有全球最大的水景表演，是首个“五感”(即视觉、听觉、嗅觉、触觉、味觉)主题公园。据了解，国家旅游局正式批准西安大雁塔——大唐芙蓉园景区为国家5A级旅游景区。近日，西部网网友“西安文丰”在大唐芙蓉园观看了“唐王选妃”表演，表演以它独特的魅力和无可比拟的历史地位，成为华夏子孙寻根追梦的文化祖庭和重温盛世的精神家园，它将带您进入中国唯一的盛唐文化之旅。

评析：西安大唐芙蓉园按历史文献仿造了皇家园林，划分出中轴、西翼、东翼、环湖四大景区和12个文化主题小区，此次“唐王选妃”的主题表演，从乐器、服饰、布景和舞姿均较逼真，使游客观赏时有“梦回大唐”的感觉。而杭州的宋城公园，分为“上河”再现、九龙广场、宋城广场、仙山琼阁、南宋皇宫、南宋风情苑等6个景区，以现实主义、浪漫主义、功能主义相结合的手法，形成一座寓教于乐的历史文化之城，使人仿佛置身于千年之前的宋朝，从而使体验更加真实。

拓展阅读

智慧旅游将开启体验旅游新时代

所谓智慧旅游，已经不是单纯地提供资讯让游客知道，而是包括旅游前、中及后期所有资讯的串通、资讯互联甚至资讯取得与购买重新做一个包装、诠释等。

这种智慧旅游让游客能更加全面、便宜地了解各种旅游信息。而且“高科技”能让游客体验价值更加直观。因为旅游作为平台和载体，所衍生的旅游经济产业链非常多，所以怎么样通过智慧旅游把人在旅游中获得的体验重新找回来，网络信息化怎样才能让旅游体验更加深化，是智慧旅游未来的发展方向和目的。

第二节　体验旅游的营销策略

一、体验旅游营销的内涵

体验性旅游正在成为21世纪旅游发展的新潮流。体验经济时代旅游消费需求从结构、内容、形式出现了许多新的变化。旅游需求的变化，呼唤着旅游营销思路、营销方式的变化，其核心是注重旅游者的体验性消费及其差别化，实施游客满意化管理，以追求游客占有率和回头率为目标。旅游体验营销将是旅游营销面临内外部各种因素而采取的必然和有效的对策。因此构建体验旅游营销理论体系显得非常有必要和有意义。

（一）体验旅游营销的含义

体验经济时代的到来，对企业影响深远，其中最主要的方面在于企业的营销观念上。体验旅游营销就是伴随着体验经济的产生应运而生的新型旅游营销方式，是体验旅游的营销。而是指旅行社通过创造、提供和出售体验，让消费者在体验旅游过程中留下难以忘怀的印象，精神需求得到最大程度的满足的一系列营销活动的总称。体验旅游营销还可以定义为旅游所在地工作人员通过声音或图像等媒介为游客营造一种氛围、一种情景，让游客沉浸其中，努力为游客创造一系列难忘经历的活动。

拓展阅读

携程有了旅游体验店

在很多传统旅行社纷纷向“线上”延伸发展的同时，在线旅游企业则开始在“线下”布局。近日，国内最大的在线旅游服务公司携程旅行网宣布，位于北京银河SOHO中心的首家携程旅游体验店正式开业。这意味着，今后，游客在“线下”也可以实现网络旅游互动体验、现场咨询接待、报名下单、送交签证材料等全套服务。此外，从6月开始，该体验店还将举办各类主题旅游免费推介活动，并与国内外旅游局合作，打造覆盖全球主要旅游目的地的视频库等。目前，携程以旅行社方式一年组织300万以上的游客出行，这样的规模优势有利于支撑体验店的发展，并反过来扩大在线市场。

（二）体验旅游营销的特征

表11-3所示为体验旅游的营销特征。

表11-3　体验旅游的营销特征介绍

特　征	内　容	举　例
关注游客体验	体验是旅游的本质，它来源于某种经历对人们的感觉、内心和思想的触动。旅游体验经营把企业和游客的生活方式联系在一起，它赋予游客的个体行为和购买动机更广泛的社会意义	如科技馆一些科技展品体验活动

续表

特　征	内　容	举　例
注重参与性与主动性	给予游客充分的自主权与参与产品的开发设计，让游客作为主角去完成生产和消费的过程，企业只是提供道具和场景，让游客亲身体验每一个细节，这样可最大程度地发挥游客的主动性	如农家游让游客过了一把农民瘾，从耕作到做农家饭、睡农家炕等活动中体验到了真实的农民生活
强调管理和服务个性化	旅游体验营销要求企业在设计旅游产品、提供旅游服务时要以游客深层次个性需求为依托，为游客提供完美体验	给游客以充分的自主权去参与产品的开发，让游客作为主角去完成生产和消费过程，企业只是提供道具和场景，让游客亲身体验每一个细节。
感性和理性并重	旅游体验营销不把游客仅仅看作理性决策者，认为游客都希望得到乐趣、刺激、快感，都愿意感受感情上的触动，接受有创意的挑战，旅游企业不仅要从游客理性的角度开展营销活动，也要考虑游客的感性需要	如韩剧带动的韩国旅游，游客为剧中的角色及精美的场景、服装所吸引，纷纷到韩国去追逐心中的偶像和向往的生活
方法和工具多样化	体验是多种多样的，又是非常复杂的，没有两种体验是完全相同的。人们可设定一些标准，将体验分成不同的形式。同传统营销分析性强、定量方法相比，体验营销采用的方法和工具比较多变而且种类繁多	如最近兴起的微信旅游、“乐游游·手机导游”，景区、景点触屏导览等多种旅游体验

（三）体验旅游营销与传统营销的区别

体验旅游营销作为一种全新的营销模式具有鲜明的特征，它不仅重视旅游产品的功能价值，更加重视带给游客的体验价值。体验旅游营销与传统营销的区别主要表现在以下几个方面(见表 11-4)：

表 11-4　传统营销与体验旅游营销的区别

区　别	传统营销	体验旅游营销
关注焦点不同	专注产品特色与功效	关注游客体验
竞争标准不同	产品类别与竞争领域	消费情景与体验
游客认知不同	理性决策者	既理性又感性
营销重点不同	关注产品的分类、确定产品的功能与特色以及企业在竞争中的营销定位，某种程度上是以企业自我为中心的营销	侧重游客体验，按照游客体验需求进行生产和营销，真正是以顾客为中心的营销
营销策略组合不同	4P 营销组合(产品、价格、渠道、促销)	4P+2E 营销组合(体验、情境、产品、价格、渠道、促销)

1. 关注焦点不同

传统营销注重产品和服务本身的特色以及它们给消费者带来的功效，旅游体验营销关注的焦点是游客体验。

2. 竞争标准不同

前者侧重于产品类别与竞争领域，后者侧重于消费情景与体验。

3. 游客认知不同

传统营销认为消费者都是理性的，他们通过理性的过程进行购买决策；后者认为消费者既是理性的，又是感性的，他们在购买时更多凭借的是以往的消费体验，轻松地完成购物，而不是必须经历一个复杂的过程。

4. 营销重点不同

传统营销注重产品质量及服务水平，体验营销重点放在给顾客提供的“体验”上。后者通过提供体验满足顾客，通过满足顾客提升企业价值，最终实现企业与消费者的双赢。

5. 营销策略组合不同

传统营销以杰罗姆·麦卡锡提出的4P营销组合为指导；后者营销策略组合除4P外，还加上体验(experience)、情境(environment)。

二、体验旅游的营销策略

游客的体验需求是多样化和多变化的。对于旅游企业来说，要创造出令顾客难以忘怀的旅游体验，就必须深入研究顾客的体验需求，制定和实施有针对性的营销策略。

（一）娱乐型营销策略

所谓娱乐型营销策略主要是以娱乐性为主的营销活动。这种娱乐可使消费者产生快乐、审美、满足等主观享受。

案例 11-3

游客去哪儿？

湖南卫视亲子秀节目《爸爸去哪儿》可谓大红大紫，除了节目本身，一切与《爸爸去哪儿》有关的话题都成为网友讨论的热点。更有意思的是，拍摄节目的景点也火了，一跃成为网友们向往的旅游胜地。可以说是“爸爸去哪儿”，游客就去哪儿。

评析：《爸爸去哪儿》一档亲子娱乐节目带火了旅游地，而旅游企业将娱乐营销的思想贯穿于整个体验营销的全过程，在游客的旅游经历中适时适景地融入娱乐体验，同时要赋予娱乐体验以更深的意义，在“娱乐”的基础上注重社会公益，就会让游客在娱乐中得到更多价值。

（二）情感型营销策略

情感是人类的永恒主题。所谓情感型营销策略，主要是以消费者情感为依托的旅游项目。

案例 11-4

世界杯让巴西旅游业如此火爆

从巴西旅游到世界杯纪念品，再到巴西世界杯明星贴纸，令人应接不暇，巴西世界杯为巴西带来无限商机。所有前往巴西观看或采访世界杯的人，回国前都会带几件世界杯纪念品。虽然巴西物价高得惊人，但是这阻挡不了球迷的购物热情。记者在巴西世界杯四强产生后前往里约最大的世界杯纪念品特许直销店，看到店前车水马龙，生意异常火爆。据店方营业员Karol介绍，该店上午10点开门营业，下午4点关门歇业，每天接待的顾客数量有1万多人次。顾客主要是外国球迷，有的人一次性消费达三四千巴币。当记者问到一天的营业额有多少时，Karol做了个鬼脸说："这可是一个秘密。"据悉，由于商品太抢手，像阿根廷、巴西国家队的球服已经售光，价值150巴币的女式挎包上架3天就销售告罄，目前正在紧急调货。看来，世界杯不仅带来了人气，也带来了滚滚财富。

评析：2014年世界杯带火巴西旅游，就是一种典型利用体育赛事搞的体验性营销。情感体验就是唤起和激起消费者情感需求，诱导消费者产生心灵上的共鸣，以此达到吸引消费者的目的。

（三）文化型营销策略

著名经济学家于光远指出："旅游不仅是一种经济活动，而且也是一种文化生活。"所谓文化型营销策略，主要是通过主打文化产品或文化体验来进行营销的旅游项目。

案例 11-5

白云鄂博让奇石玩出文化

石头本无意，是人类进化过程中形成的种种文化基质给石头增添了人文的力量和色彩，折射出人类丰富的文化意蕴。通过采石、收藏石、欣赏石、玩石等活动，人类将石头的天然属性与人的心灵融合在了一起，以更加健康的理念应对人类发展与地球生态环境的演变。得天地之灵，纳万物之精华，奇石是一种古老的文化艺术，奇石的"奇"就在于它是大自然鬼斧神工的结果。

白云矿区是与生俱来的奇石王国，其辖区周边属干旱性草原，北接蒙古国东戈壁省，风沙大、降水少，独特的自然气候环境孕育了奇异的戈壁石，所产奇石具有质坚、色艳、形奇的特点。2005年，白云矿区投资建成包头市首家公益性奇石展览馆，专门用于展示白云鄂博及各地石友收藏的各类奇石精品。从2006年起，该区每年举办一次奇石展销会，2011年将奇石展销会提档升级，更名为"奇石文化节"。2014年奇石文化旅游节举办了特色活动"国学与奇石展"、国际矿物晶体展、中国国际房车露营大会、草原摇滚音乐会、草原徒步穿越、草原绿化公益爱心活动、国际奇石文化旅游节形象大使评选等。"长安杯"自行车拉力赛、草原汽车拉力赛表演、滑翔伞等表演赛事也将让你兴奋难抑。少年儿童专场晚会、小剧场话剧、卡通人偶街头巡演、航模表演、3D画展、陶艺制作体验活动还将为小朋友们带来丰富多彩的暑假生活。

国际奇石文化旅游节在继续秉承往届节会活动成功做法的基础上，以"弘扬传承奇石文化、提高白云鄂博知名度、推动白云鄂博奇石文化产业发展"为办节宗旨，通过开展一系列丰富多彩的体验活动项目，吸引了国内外百余家石商和广大奇石爱好者和各界群众参与，进一步把"中国·白云鄂博国际奇石文化旅游节"打造成为内蒙古自治区有影响力的民族文化活动品牌。

评析：中国地大物博，民族众多，乡土风俗与特色文化多样，蕴含着丰富的人文旅游资源，如何发现、挖掘和整合这些资源成为能否促进旅游业持续发展的关键。白云矿区利用石头做文化，举办奇石文化旅游节营造氛围就是一种体验营销的成功尝试。

（四）情景型营销策略

所谓情景型营销策略主要是用情与景去营造一种消费者的主观体验的营销策略。这种情景型营销策略因人、因地等因素有不同分类，而每种分类又因为各自所拥有的异质资源而有差异，因此，旅游企业在营造情景时，要从自身特点出发，不可盲目照搬别人的模式。

案例 11-6

在沙头镇体验现实版“开心农场”

4 月 17 日上午，广陵区第三届乡村旅游乐活节的西江生态园里，可实现现代农业科普教育、采摘时令蔬果、开心农场认种、休闲垂钓、生态养殖、儿童游乐、吃农家菜、欣赏大江风光、商务会议、度假别墅等一系列功能。它坐落于沙头镇的胡笔江故居，是民国时期中国现代金融的创始人之一胡笔江先生功成名就后回故乡修建的宅院。故居建筑面积 2 200 平方米，由 5 个相互贯通又自成格局的院落组成。宅院建筑规模宏大，风格为中西合璧，其正门称为午门，开创了民间借用皇家气派的先河。

评析：这种现实版的农家体验区别于网络的虚拟体验，让游客真实地与田园亲密接触，契合了当下都市人返璞归真的心理诉求。因此，在情景型策略实施中，情景设计是关键，旅游企业应该设计符合游客心理特点的产品，让游客产生积极的情绪和情感，提高游客对企业的满意度和忠诚度，获得长期客源市场。

（五）探密型营销策略

人人都有追新猎奇心理，好奇心容易引起人的心理紧张，人们便会设法满足其好奇心。这种需求比较强烈的人，旅游对他们来说是深层精神需要。此类型的游客向往和追求新奇、出乎意料变化和不可预见性事物，喜欢把自己置于一种极端危险的境地，充分激发自己的生存本能，向极限挑战，以考验人的勇气、毅力和智慧。探密型策略就是为满足这类游客的旅游需求，依托自身资源，设计鲜明主题，将探索、冒险等刺激因素揉入旅游项目中，为游客提供挑战自我之后淋漓尽致的畅快体验。

案例 11-7

中国人在淘宝抢购“太空游”

针对荷兰的太空探索公司发起的“5 分钟”太空游，目前已有 300 多名中国富人为太空游每人支付近 10 万美元。在太空游中，顾客将乘坐双人飞船到太空飞行 5 到 6 分钟。

当地媒体报道，他们将看到平时难以见到的太空景色，并亲身体验失重状态。太空游的组织者要求其顾客的体重不得超过125公斤，因为在太空游之前他们需要接受模拟飞行和失重训练。

评析：探密型策略的实施关键：要明确主题，塑造一种独特的体验情境，否则游客不能整合所有感官感觉到的体验，也就无法留下长久的记忆。主题的设计要通过虚幻世界模拟或现实来实现，素材可以从自然界、哲学概念、历史、艺术等领域取得。此次荷兰推出太空游就是一种探密型的旅游，满足的就是人们对于宇宙的未知。

（六）信仰型营销策略

信仰是人们对人生观、价值观和世界观的选择和持有，表现为对一种文化的认同、信服和尊崇，是一种身心灵的皈依，是一种完全发自内心的自愿。旅游与信仰有关，旅游是人们的个性体验和心理诉求，是一种心灵之旅、精神之旅，是为了一种信念，在旅行过程中寻求灵魂的寂静。所以信仰是游客的旅游需求，而且是一种更高层次的精神需求，虔诚的人们为满足自己的精神需求、寻找精神上的寄托，参加宗教活动、从事宗教考察、观礼等而外出旅游。所谓信仰型营销策略主要指利用消费者某种信仰进行营销活动，像国外一些教派信仰、常见的一些穆斯林活动就是一种信仰型旅游营销活动。

案例讨论与单元实训

聆听革命故事，踏访红色足迹

全国各地推出的红色旅游景区、纪念馆就属于革命信仰旅游。如在北京，市公园管理中心推出了“喜迎十八大·公园红色游”活动，通过爱国主义教育、革命纪念场所、追忆革命伟人等3条特色线路将香山、陶然亭、北京植物园、中山公园、颐和园等北京历史名园中的“红色基地”串联起来，可方便游客及社会团体到公园中组织爱国主义教育参观和学习。在革命老区涉县，推出“游革命圣地，留红色记忆”、“品农家饭菜，赏革命剧目”、“轻松游览一二九师，深刻感受革命精神”等系列红色套餐以及“当一天八路军”体验式活动，并新增加了推石碾、纺线等特色活动，穿八路军衣服、吃八路军饭、听老八路讲故事，让游客亲自参与体验，追忆当年一二九师和老区人民团结抗战、生产自救的艰苦岁月。同时，一二九师剧社还为游客编排了精彩的文艺节目，推出“小米焖饭”、“烤红薯”、“南瓜汤”等特色美食，让游客在追忆红色岁月的同时大饱口福。

思考题

1. 试分析案例中体验营销的营销策略以及产品组合策略。
2. 体验旅游营销过程中应遵循哪些原则？

第十二章 绿色旅游营销

本章节内容精要全览

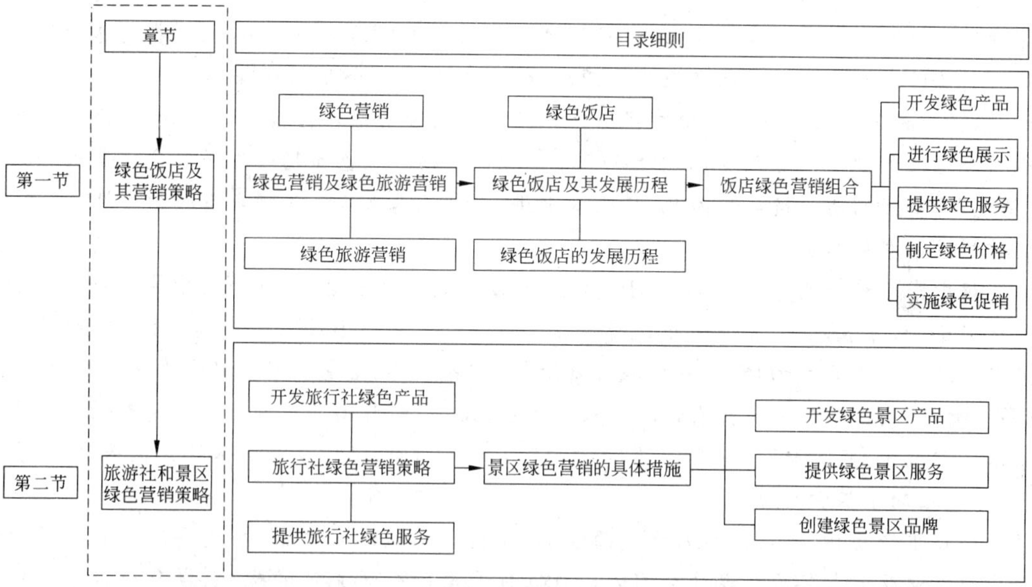

第一节　绿色饭店及其营销策略

一、绿色营销及绿色旅游营销

（一）绿色营销

绿色营销是指企业以可持续发展理论为指导，以社会、经济、人口、资源、环境协调发展为基础，以既能相对满足当代需求又不对后代发展构成危害，并为其发展创造优良条件为宗旨的市场营销活动。

（二）绿色旅游营销

绿色旅游营销是指旅游企业（如饭店、旅游景区、旅游景点、旅行社等）在旅游营销中以谋求顾客利益、企业利益、社会利益和环境利益的协调为原则，以生态环境保护和有效利用自然资源为出发点，通过研制和开发绿色产品，来满足顾客的绿色消费需求，从而实现其自身利益的营销过程。

拓展阅读

绿色需求驱动绿色营销

随着经济的发展，人类掠夺式的非可持续的开发行为给全球带来了前所未有的灾难，温室效应、水体污染、森林破坏、水土流失、野生动植物物种大量灭绝等，这些都已经严重影响了人类的生活环境和生活质量。生存环境的变化刺激出新的需求——“绿色需求”，人们更加需要清新的空气、清洁的水源、宁静的空间、无污染的食物等。同时，也渴望工作环境改善及高质量的消费去处，闲暇时间可以投入大自然的怀抱。据报道，在发达国家中80%的德国人在购物时考虑环保问题，77%的美国人由于企业的环保形象会影响其消费倾向，66%的英国人愿意付高价购买绿色产品。在消费者绿色价值观的影响下，形成了绿色需求—绿色设计—绿色生产—绿色产品—绿色价格—绿色市场开发—绿色消费这种以“绿色”为主线的消费链条。因此，从根本上讲，是绿色需求决定了绿色营销的产生、规模、运作模式和发展趋势。

据中国环境监测总站2013年10月22日发布的9月份全国74个大中城市空气质量状况显示，京津冀地区13个城市达标率仅为37.5%，其中PM2.5为首要污染物的天数最多。随着雾霾天气的持续，不少旅行社做起了“躲雾游”生意。雾霾引发躲雾旅游商机。《第一财经日报》昨日采访获悉，目前，五指山、三清山、明月山甚至空气较为清新的郊县农家乐等都打出“躲雾游”、“好空气游”旗号，而在春节期间，不少主打山水的景区依靠“躲雾游”概念拉动了不少客源。

根据市场反映，目前山林好空气西线游、五指山润肺舒心之旅、东线海风清新游等纷纷出炉。江西宜春三爪仑森林公园依托自家负氧离子含量充足的优势，在春节期间已经推出“躲雾游”、“好空气游”，翻倍增加客源。江西省不少景区在推出这类概念型产品后收效明显：黄金周期间，江西省共接待海内外游客684.95万人次，同比增长24.32%；旅游收入26.25亿元，同比增长33.25%。其中，井冈山、婺源接待游客同比增长均超过60%，庐山、井冈山、婺源门票收入实现50%以上增长。由此可见，随着经济的发展、生活质量的提升，绿色旅游是旅游业发展的必然趋势。

二、绿色饭店及其发展历程

（一）绿色饭店

《绿色旅游饭店》(LB/T 007—2006)标准把绿色旅游饭店(也称为“绿色饭店”)定义为：以可持续发展为理念，坚持清洁生产，倡导绿色消费，保护生态环境的饭店，其核心就是在生产经营过程中加强对环境的永续保护和资源的合理利用。

（二）绿色饭店的发展历程

“绿色饭店”始于20世纪80年代的欧洲饭店行业，并很快成为国际饭店业的潮流，在中国的发展也非常迅速(见表12-1)。

表 12-1　绿色饭店的发展历程

时　　间	事　　件
20 世纪 80 年代末	欧洲的一些饭店意识到饭店对环境保护起到的积极作用，极力营造饭店的“绿色氛围”，掀起了节约能源，保护环境，营造无污染、无公害的绿色饭店行动
1995 年	加拿大制定了世界上第一部饭店业的《绿叶分级评定标准》
1999 年 4 月	杭州之江度假村、浙江世贸中心大饭店等 14 家旅游饭店联合发出了“创建绿色饭店，倡导绿色消费”的倡议，引起了浙江数十家旅游饭店的热烈响应
2003 年 3 月 1 日	中国饭店协会起草的《绿色饭店等级评定规定》正式实施。中国绿色饭店分为 A 级到 AAAAA 级共 5 个等级，分别用具有中国特色的银杏叶作为标志，被评为“中国绿色饭店”的有效期为 4 年
2005 年	国务院号召要创建绿色饭店，接下来国家商务部、发改委、环保部、国标委、国资委、旅游局等六部委发出通知，明确了创建绿色饭店的目标和相关部署
2008 年 3 月 1 日	由商务部、发改委、环保部、国标委、国资委、旅游局和中国饭店协会共同起草的《绿色饭店》(GB/T 21084—2007)国家标准开始实施
2009 年 7 月	商务部办公厅下发《关于进一步开展创建绿色饭店活动的通知》
2010 年 4 月	国资委颁布《中央企业节能减排监督管理暂行办法》
2011 年 3 月	商务部下发《关于加快住宿业发展的指导意见》
2013 年 8 月	国务院提出《关于加快发展节能环保产业的意见》
2014 年 6 月 12	安徽省发布了地方标准《节约型餐饮评价准则》，这也是我国首部对餐饮行业实施的节约标准评价的地方准则

（资料来源：编者整理）

拓展阅读

绿色饭店及等级

绿色饭店可以简单地翻译为 Green Hotel，但国际上又把绿色饭店翻译为 Eco-efficient Hotel，意为生态效益型饭店，由于 Eco 也是 Economy 的前缀，这个单词也隐含着经济效益的含义，意思是充分发挥资源的经济效益，也有的将绿色饭店翻译为 environmental-friendly Hotel 即环境友好型饭店。

2003 年 3 月 1 日，国家经贸委出台了中国饭店行业第一个《绿色饭店等级评定规定》国家行业标准。据了解，该标准是借鉴国外经验，旨在为顾客提供符合安全、健康、环保要求的绿色客房和绿色餐饮的基础上，在生产过程中加强对环境的保护和资源的合理利用。

绿色等级标准的制订标志着中国饭店业从此进入了安全、健康、环保的“绿色时代”。绿色饭店分为五个等级，根据企业在提供绿色服务、保护环境等方面做出不同程度的努力，分为 A 级、AA 级、AAA 级、AAAA 级、AAAAA 级共五个等级。AAAAA 级为最高级。分别用具有中国特色的银杏叶作为标志。现在消费者要选择安全、环保的饭店就要看“绿叶”。

绿色饭店资格由企业自愿申报，由中国饭店协会组织成立的中国绿色饭店指导委员会评审，被评为“中国绿色饭店”的有效期为4年。

相关链接

1. http://www.ccas.com.cn/Article/HTML/9518.html，绿色饭店国家标准(GB/T 21084—2007)。

2. http://www.chinahotel.org.cn/dispArticle.asp? id=4483SB/T10356-2002，绿色饭店等级评定规定。

三、饭店绿色营销组合

饭店绿色营销组合是饭店在顾客利益、社会利益和饭店自身利益有机统一的基础上，对各种营销因素的优化组合和综合运用，包括开发绿色产品、提供绿色服务、制定绿色价格，实施绿色促销等(见图12-1)。

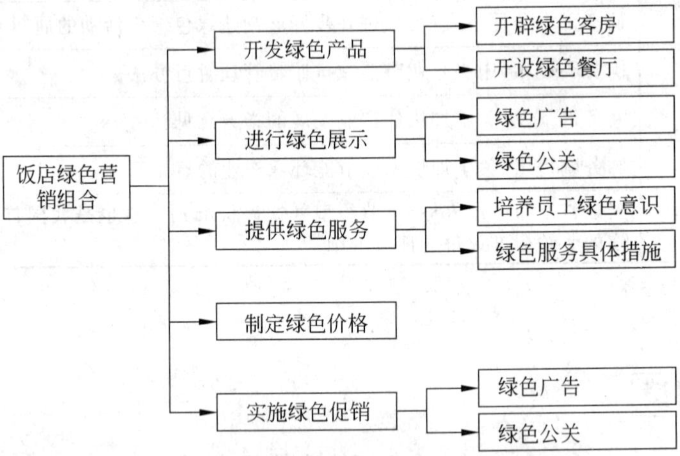

图12-1 饭店绿色营销组合

(一) 开发绿色产品

开发绿色产品是实施绿色营销的关键环节和支撑点。饭店业的绿色产品主要指绿色客房、绿色餐厅和绿色服务。

1. 开辟绿色客房

客房是饭店的主体，也是饭店向客人提供的主要产品，创建绿色饭店就应该建设绿色客房。严格意义上的绿色客房要求饭店从开始设计到提供服务的全过程必须符合环保要求(见表12-2)。

表12-2 绿色客房的环保要求

客房	采用生态建筑材料、天然涂料以及木头、天然石料等装饰材料
厨房	使用瓷砖、不锈钢或玻璃等无污染材料
用品	采用绿色产品，如纯天然油脂皂，减少一次性客人用品，尽可能多次反复使用，房间使用分类垃圾筒，摆放绿色植物

续表

地板	天然木材和石料
家具	天然的藤木制品或玻璃器皿，绿色文具、绿色冰箱、节能空调和灯具，节水马桶、淋浴设施
床品	纯天然棉麻织物，减少房间物品的洗涤次数
……	……

案例 12-1

阳光饭店的绿色客房

（1）房间的牙刷、香皂、梳子、拖鞋等一次性客房用品和毛巾、枕套、床单、浴衣等客用的棉织品，按客户意愿更换，利用“环保卡”提示宾客如无特殊要求住客房棉质品三天一换，退房一客一换，既保证了服务质量又减少了洗涤次数，从而减少洗涤剂带来的水污染。

（2）洗衣袋用布制的，可以重复使用，垃圾袋选用可降解的，房间的客用品全部区分为两种颜色，六小件采用独立纸制包装，可供客人重复使用，避免了“一次性”的产生。

（3）客房用纸和卫生间用纸最大限度使用环保再生纸。

（4）设立“无烟”客房，并采取了有效的“无烟管理”措施，数量占宾馆总数的10%。

（5）房间光源使用节能灯，楼道采用感应灯。

（6）房间设计合理，有充足的采光，可以节约照明用电。

（7）选用国际品质的节水淋浴设备、节水静音型马桶。

（8）房间的家具用具均达到国家环保要求。

（9）量化使用清洁剂，在清洁剂的分发、配比上有专人负责控制，减少清洁剂带来的污染。

（10）杯具的消毒全部采用消毒柜消毒，避免了消毒剂带来的污染。

（11）客房楼层内摆放了一定数量的绿色植物，可改善房间内的空气质量。

评析：绿色客房开辟至今，既为企业节约了资源，创造了价值，也让更多的人重视生态，关注环境，它的生命力已经开始显露，这也更加增强了我们进一步将“创建绿色饭店，倡导绿色消费”的绿色工程进行下去的信心。

2. 开设绿色餐厅

开设绿色餐厅的关键是推广绿色食品。绿色食品是指遵循生态经济的原则，按照特定生产方式生产，经专门机构认证许可使用绿色食品标志的无污染的安全、优质、营养类食品。绿色食品应具备的条件及饭店绿色餐厅具体措施见表12-3和表12-4。

表 12-3　绿色食品应具备的条件

绿色食品应具备的条件	
1	原料产地必须符合绿色食品生态环境质量标准
2	农作物种植、畜禽饲养、水产养殖及食品加工必须符合绿色食品生产操作过程
3	产品必须符合绿色食品质量和卫生标准
4	产品包装、储运必须符合绿色食品包装储运标准

表 12-4 饭店绿色餐厅具体措施示例

饭店绿色餐厅具体措施		
	具体措施	示例
1	为了确保食品原材料的无公害、无污染、安全、优质性，星级酒店可以结合自身实际，建立自己的绿色食品原材料生产基地	青岛海梦圆大酒店从2000年3月就从美国引进了有机产品理念，在山东昌邑建立了七十余亩的有机菜基地
2	酒店应该与声誉良好的绿色食品供应商建立长久的合作关系	香格里拉大酒店、泛海名人大酒店等与胶州大白菜生产商、马家沟芹菜生产商等都建立了长久的供需关系
3	餐饮部的人员要把好个人卫生关，同时生产和操作应严格按照酒店制定的食品质量管理手册和环境管理手册进行	知名的快餐业巨头麦当劳制定了完善的生产和操作规则，并要求员工严格执行，以确保把好食品卫生安全关
4	不用国家禁用的动植物开发特色餐饮	1 800多种禁食的野生动物，如蛇、果子狸、穿山甲等受保护的野生动物

拓展阅读

有机食品、绿色食品、无公害食品的关系

无公害农产品是指产地环境、生产过程和产品质量符合一定的标准和规范要求，并经有资格的认证机构的认证，获得使用认证标志的农产品。

绿色食品是通过产前、产中、产后的全程技术标准和环境、产品一体化的跟踪监测，严格限制化学物质的使用，从而保障食品和环境的安全。

有机食品是利用一系列可持续发展的农业技术，不使用人工合成的化学物质，减少生产过程对环境和产品的污染。

无公害农产品、绿色食品与有机食品像一个金字塔，塔基是无公害农产品，越往上要求越严格。

相关链接

1. http://www.zglsspwz.com，中国绿色食品网。
2. http://www.agri.gov.cn，中国农业信息网。
3. http://www.gov.cn/fwxx/bw/lyj/content_396083.htm，中华人民共和国野生动物保护法。

（二）进行绿色展示

1. 绿色包装

饭店在对产品进行包装的时候，尽量采用绿色包装盒或者包装袋。例如，饭店的包装袋选择环保可降解材料，尽量不用一次性塑料袋。

绿色产品包装的要求：

（1）应选择无毒性、少公害、易分解处理的材料；

（2）包装材料尽可能简单化，避免过分包装；

（3）增加一些关于消费者使用和处理包装物的宣传及处理方法的说明。

2. 绿色环保标志

绿色环保标志是对饭店和饭店产品是否符合绿色标准以及实施绿色标准程度的评价。饭店绿色环保标志的实施，无论是对饭店还是对消费者都具有重大的意义。

一方面，实施绿色环保标志会促使饭店强化其绿色产品的特性，以此区别于其他饭店的产品和服务，从而进一步提升饭店的绿色形象，赢得消费者的信任和青睐。

另一方面，绿色环保标志将有利于消费者在选择饭店时辨别绿色产品，帮助消费者获取准确信息，引导消费者的绿色消费，增强其环保意识。

相关链接

1. 绿色食品标志

A级绿色食品标志（左）；
AA级绿色食品标志（右）

绿色食品标志由三部分构成，即上方的太阳、下方的叶片和中心的蓓蕾，象征自然生态；颜色为绿色，象征着生命、农业、环保；图形为正圆形，意为保护。A级绿色食品标志与字体为白色，底色为绿色；AA级绿色食品标志与字体为绿色，底色为白色。整个图形描绘了一幅明媚阳光照耀下的和谐生机，告诉人们绿色食品是出自纯净、良好生态环境的安全、无污染食品，能给人们带来蓬勃的生命力。

2. 有机食品标志

有机食品（organic food）也称生态或生物食品等。有机食品是国标上对无污染天然食品比较统一的提法。有机产品包装上都印有各国有机认证机构的认证标志，您可以通过识别有机标志识别有机产品。常见的有机认证标志有以下几个：

中绿华夏
有机食品认证中心

中国有机食品
认证标志

中国有机产品GAP认证
China GAP
certified organic

欧盟ECO CERT 有机认证
European union ECO
CERT certified organic

美国USDA有机

澳大利亚NASAA

ECOCERT-QAI

3. 绿色消费标志

绿色,代表生命、健康和活力,是充满希望的颜色。绿色消费是指消费者对绿色产品的需求、购买和消费活动,是一种具有生态意识的、高层次的理性消费行为。国际上公认的绿色消费有三层含义:一是倡导消费者在消费时选择未被污染或有助于公众健康的绿色产品;二是在消费过程中注重对废弃物的处置,三是引导消费者转变消费观念,崇尚自然、追求健康,在追求生活舒适的同时,注重环保、节约资源和能源,实现可持续消费。

(三)提供绿色服务

绿色服务是指以保护自然资源、生态环境和人类健康为宗旨,能满足绿色消费者要求的服务。饭店的绿色服务主要伴随其产品一起向消费者提供,并贯穿生产和消费全过程。

1. 培养员工绿色服务意识

员工的绿色意识对绿色营销策略的推行至关重要,培养绿色员工是绿色策略不可或缺的重要部分。这主要从两个方面进行:制度管理和绿色文化推广(见图 12-2)。

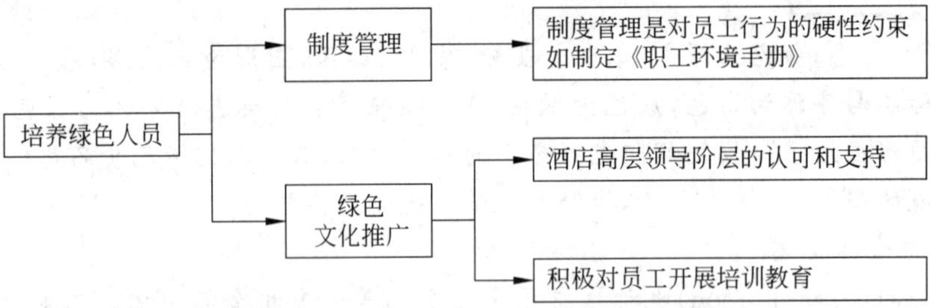

图 12-2 绿色员工的培养

通过制度的硬性约束和推进及文化的软性影响,饭店员工会慢慢将绿色精神转变成一种自觉行为,贯彻到绿色营销的过程中来,而成为绿色员工。

2. 制定绿色服务具体措施

表 12-5 所示为绿色服务具体措施示例。

表 12-5 绿色服务具体措施示例

	绿色服务具体措施
1	餐厅服务员在推荐、介绍菜肴时不能只考虑推销产品,而应本着“经济实惠、合理配量、减少浪费”的原则向客人介绍经济实惠、营养均衡、不浪费的菜式组合,并尽可能介绍绿色健康食品和饮品
2	用餐后客人有剩菜必须提供周到的“打包”服务,打包时采用“纸饭盒”,避免产生白色污染等
3	提供代客保管剩酒的服务,专门设一张精致的橱存放客人剩酒,并在剩酒的酒瓶上挂上一张标签,上有酒名、客人姓名、地址、电话以及存放日期,供客人下次消费饮用
4	收送客人洗衣物时,将衣物用布袋和洗衣篮装送,减少一次性洗衣袋的耗用

续表

绿色服务具体措施	
5	在酒店设立专门容器回收酒瓶、铝罐、报纸、废电池等，将废物分类收装，以便进行无害化处理，并标上醒目的“绿色环保”标记；使用垃圾压缩容器，把不能回收利用的垃圾压实，以减少存放空间、运送垃圾的次数，降低处理成本

案例 12-2

百利饭店的绿色服务

百利饭店的绿色服务体现在细节之中：餐饮服务部，服务员在推荐、介绍菜肴时本着“经济实惠、合理配量、减少浪费”的原则向客人介绍经济实惠、营养均衡、不浪费的菜式组合，并尽可能介绍绿色健康食品和饮品；餐后主动为客人提供“打包”服务，打包时采用“纸饭盒”，避免产生白色污染；还提供代客保管剩酒的服务，专门设一张精致的橱存放客人剩酒，并在剩酒的酒瓶上挂上一张标签，上有酒名、客人姓名、地址、电话以及存放日期，供客人下次消费饮用。

饭店的绿色服务还体现在其他细节方面，如在收送客人洗衣物时，将衣物用布袋和洗衣篮装送，减少一次性洗衣袋的耗用。饭店设立专门容器回收酒瓶、铝罐、报纸、废电池等，将废物分类收装，以便进行无害化处理，并标上醒目的“绿色环保”标记；使用垃圾压缩容器，把不能回收利用的垃圾压实，以减少存放空间、减少运送垃圾的次数，降低处理成本等。根据环保要求对快餐容器等进行有效处理，使之不污染环境。

评析：百利饭店在整个服务过程中，均应坚持既满足广大消费者、客户的绿色消费需求，又可以节省资源、能源，尽可能减少污染的原则，切实提供绿色服务，这是饭店实现“绿色化”的重要保证，也是其走向绿色之路的重要环节。

（四）制定绿色价格

绿色价格是指附加了开发绿色产品的知识、劳动和物质投入而高于传统产品价格的价格。绿色产品成本应将环保支出计入成本，如表 12-6 所示：

表 12-6　绿色产品成本构成

绿色产品成本构成	
1	在产品开发中，因增加或改善环保功能而支付的研制经费
2	在产品制造中，因研制对环境和人体无污染、无伤害工艺而增加的成本
3	使用新的绿色原料、辅料而可能增加的资源成本
4	由于实施绿色营销而可能增加的管理成本、销售费用等

按照价格理论，影响饭店绿色产品定价的因素主要是成本、需求和竞争。饭店绿色产品的价格要从实现饭店战略目标出发，综合考虑绿色产品的成本，选择现实和潜在的绿色消费群，认真研究消费者的绿色消费需求、价格承受能力以及市场竞争状况，从而制定出

合理的价格(如图 12-3 所示)。

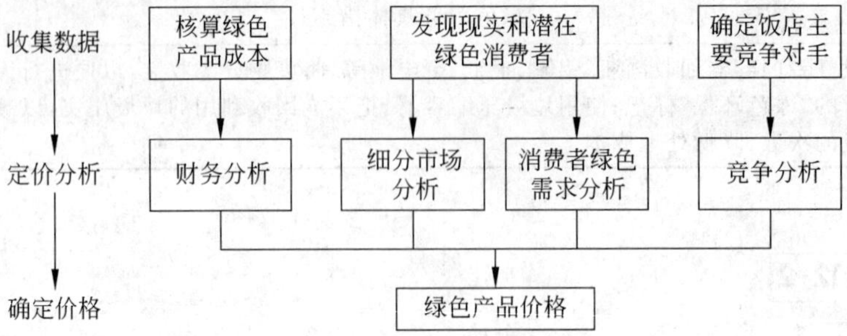

图 12-3　饭店绿色产品的定价过程

(五) 实施绿色促销

绿色促销是饭店通过媒体及直接服务,传递绿色饭店和绿色产品的信息,从而引起消费者对绿色饭店产品的需求及购买行为。实施促销的主要方式是绿色广告和绿色公关。

1. 绿色广告

绿色广告的任务是在了解既定顾客和潜在顾客的绿色需求的情况下,制定相应的广告策略、吸引更多的绿色消费者,给饭店创造更多的经济效益。不同类型的绿色消费者,应当采用不同的绿色广告策略(如表 12-7 所示)。

表 12-7　不同类型绿色消费者采用的广告策略

绿色消费需求较强烈的消费者	采用宣传广告,告知消费者有关饭店最新的绿色产品和环境管理进展,增强消费者对本饭店绿色产品的信心
绿色消费需求较弱的消费者	采用促销广告,引发有潜在需求的顾客前来询问,吸引新顾客并使其成为常客
环保意识淡薄的非绿色消费者	采用教育广告,向消费者宣传饭店的绿色产品,加强顾客的绿色消费概念,引导和强化他们的绿色消费行为

2. 绿色公关

绿色公关能帮助饭店更直接、更广泛地将绿色信息传达到细分市场。绿色公关的主要对象是:饭店的客户、环保组织的成员、法律团体、其他一般性团体和饭店内部人员。

绿色公关的方式具有多样性,可通过一定的大众媒体开展。如通过演讲、报刊、环境保护教材及资料、有声影像资料、信息服务中心等,还可通过某些有关的公关活动来宣传饭店的绿色形象。

此外,饭店还可以通过人员推销、营业推广、形象促销等方式实施绿色营销的促销策略,树立饭店的绿色形象。

案例 12-3

麦当劳的绿色公关

在美国,从 70 年代起,麦当劳(快餐食品)以其无坚不摧之势风行世界,几乎无处不受欢迎。时过境迁，到了 1988 年，麦当劳因其每天都制造垃圾——废弃的包装物，又逐渐成为环保人士攻击的对象。

麦当劳采用的是“保丽龙”贝壳式包装。这种包装既轻又保温，且携带方便，但这种包装难以处理，加之外带食用的比例过高，废弃包装物的清理就成了威胁环境的问题。富有环保意识的人们，尤其是年轻的一代纷纷向其总公司寄去了抗议信。

许多企业面对环保问题，应付的办法不外乎是推、拖、拉，但麦当劳没有这样做。为了平息抗议，1990 年 8 月，麦当劳和“环境保护基金会”(EDF)签署了一项不寻常的协定。

EDF 通过调查研究，确信减少包装才是治本之道。麦当劳因此决心取消贝壳包装，代之以夹层纸包装。夹层包装纸虽然无法回收再制，但不像贝壳那样蓬松，其储运与丢弃所占的空间只是贝壳包装的 1/10。

取消贝壳包装只是麦当劳整个环保努力中的一个小进步，为了实现环保计划，麦当劳同意从三个方面着手来实现环保目标：一是减少包装；二是减少使用有损环境的材料；三是使用较易处置，能物化成肥料的材料。

麦当劳在“绿色”的潮流中，以自己独有的精明和强烈的公共关系意识，通过环境保护这一深得人心的举措，赢得社会的好感和信誉，从而为麦当劳事业的发展创造了一个良好的社会关系环境。

评析：从公共关系角度看，企业形象是企业的第一生命，树立企业的良好形象是企业刻意追求的目标。麦当劳在面临“环保危机”的情况下，不等、不拖、不推，而以自己特有的敏感和强烈的企业信誉意识积极主动“出击”，通过与 EDF 携手合作，从“减废”这一根本之道出发，成功地在社会公众中重塑了麦当劳的良好形象，使企业重新在激烈的市场竞争中赢得消费者的喜爱，创造了良好的社会氛围和经营环境。这正是麦当劳的高明之处。

第二节　旅行社和景区绿色营销策略

一、旅行社绿色营销策略

（一）开发旅行社绿色产品

“绿色”——一种强调社会进步与环境保护协调同步发展的崭新文明形态，已成为时代不可抗拒的潮流，所以旅行社一定要重视绿色产品的开发。旅行社绿色产品主要可分为以下几类(见表 12-8)：

表 12-8　生态旅游产品的分类

按资源吸引要素划分	自然景观旅游产品	展示给旅游者的能够构成景观的资源体，如峰丛、沙滩、雪山等
	人文景观旅游产品	以人文旅游资源开发作为旅游产品的一部分，如寺院建筑、历史建筑遗迹、古城、民族文化、民族风情等
按产品性质划分	生态观光旅游产品	供旅游者观赏、游览和参与体验的旅游产品
	生态度假旅游产品	以自然生态资源为背景，供游客在一定时间度假消费的旅游产品
	生态专项旅游产品	以自然生态旅游资源的消费为主要内容的专项旅游产品，如自然探险旅游产品、民族节庆旅游产品等

案例 12-4

旅行社推出绿色养老旅游

远离都市的喧嚣拥挤，寻一处鸟语花香的地方，栽花植草，养鸡种地——退休后以不同的方式到乡下颐养天年，眼下成为不少城市老年人的选择。他们吃着天然食品，呼吸着清新空气，享受着大自然的悠闲，在城市与乡村之间"嫁接"出新的生活。而旅行社也顺应推出了农家乐养老的旅游项目。

"在距离南京不远的苏南浙江和安徽等地分布着各村各镇的特色农家乐。例如溧阳天目湖农家乐和浙江杭州天目山农家乐就是两个典型且非常成熟的农家乐基地。"推广农家乐养老项目的风华旅行社孙总介绍说，现在一些成熟的农家乐交通都相当便利，加上当地政府给予这些淳朴农民的政策支持，统一规范的集中培训，农家菜肴的就地取材，绿色自然的生活概念，自主休闲的景点游览，三五成群的朋友相聚，农家乐成了现在最为健康风靡的养生方式。住农家屋，吃农家菜，享农家乐，抛开固有、乏味、单一、无奈的养老模式，寻求新鲜、趣味、丰富、健康的养老基地。这无疑是一种进步、向上的心态。从费用上看，通常在农家乐吃住一天的花费在60元左右，相当接近城市生活成本。建议广大老年朋友们出行的时候最好安排在非周末，与团队错开高峰期，可以更好地享受宁静致远的田园生活。

除了住在那里享受新鲜空气农家氛围，闲暇之余也可以到周边景点转转，像天目湖及天目山这样的农家乐距离景区比较近，一些老年朋友凭老年证或身份证可以享受到周边景点的优惠。不愿意去景点的还可以留在农家进行棋牌娱乐活动、卡拉OK、拓展活动等，给广大老年朋友提供了一个沟通情感的交友平台。

评析：旅行社推出农家乐养老的旅游项目，是现在最为健康风靡的养生方式，既满足了城市老人远离都市的喧嚣拥挤，享受大自然的悠闲自在的绿色生活理念，也提高了旅行社的经济效益。

相关链接

低碳旅游、生态旅游和绿色旅游的关系

低碳旅游、生态旅游和绿色旅游都是为了解决环境危机、能源危机相继出现的几种旅游形态，是对人类和自然关系重新认识和总结的结果，旨在解决人类可持续发展的问题。这些经济形态内容相互交叉，有许多相同之处，同时也各具特点。其具体关系见表12-9。

表12-9　低碳旅游、生态旅游和绿色旅游的关系

联　系	区　别
理论基础相同，都是以生态与旅游系统协调发展为核心	研究的角度不同。生态旅游强调旅游与生态系统的协调；低碳经济主要针对的是能源领域和应对全球气候变暖问题；绿色旅游强调生态环境保护和有效利用自然资源

续表

<table>
<tr><th>联　系</th><th>区　别</th></tr>
<tr><td>依靠的技术手段相同，都是以生态技术为基础</td><td rowspan="2">核心内容不同。生态旅游的核心是实现旅游和自然系统的可持续发展。绿色旅游强调以人为本，以发展旅游、全面提高人民生活福利水平为核心，保障人与自然、人与环境的和谐共存，促使社会系统公平运行。低碳旅游是以低能耗、低污染为基础的旅游，其核心是能源技术创新、制度创新和人类消费发展观念的根本性转变</td></tr>
<tr><td>追求的目的相同，都是以保护、改善资源环境，追求人类的可持续发展和环境友好型社会的实现</td></tr>
</table>

（二）提供旅行社绿色服务

1. 培养旅行社绿色导游

在旅游过程中，导游肩负着组织者、服务者、讲演者等多重角色，始终与游客同行，其示范效果不可低估。所以旅行社必须加强对导游的培训和管理，培养熟悉地域自然及文化、具有绿色意识和社会责任感的绿色导游。

2. 传播旅行社绿色理念

在旅游活动中，旅行社有责任对旅游者传播绿色理念，让旅游者珍惜自然景观、提高对自然及社会的责任感，杜绝不文明行为（详见表 12-10）。

表 12-10　旅行社绿色理念的传播

旅行社绿色理念的传播	
传播方式	传播内容
出行前情况介绍说明会	对生态保护重要性的认识
分发宣传材料	目的地的生态、人文情况的介绍
在旅游合同中附加有关生态保护的条款	生态旅游的行为规范及注意事项
旅游过程中导游的引导、宣传	目的地的有关生态保护的法律、规定

案例 12-5

游客的不文明之举，毁掉百万年晶石

随着文明旅游理念日渐深入人心，加上 10 月 1 日起旅游法正式实施，记者 7 日从海南省内各大景区了解到，相较往年，这个国庆黄金周期间，旅游不文明现象有所缓解，但仍有一些游客乱涂乱画、破坏植被景观等不文明行为出现。

1. 海南热带野生动植物园：游客顺手一摘，花草遭了殃

眼下正是金秋时节，海南热带动植物园内的“黄金鸟”花开正艳，为景区增加了一道靓丽的风景线，但游客的“毒手”，却让这些形似小鸟的花朵饱受摧残。“景区内的‘黄金鸟’基本上都种植在步行道两旁，本意是希望让到访的游客能在游玩的过程中多一道美丽的景观，但一些游客可能没见过这种植物，加上它的外形比较漂亮，一看没人注意就摘上几

朵带走。”对于游客这种破坏景区植被的行为，海南热带野生动植物园相关负责人很头疼。

2. 儋州石花水洞：百万年晶石被削，无法修复

拥有文石花、卷曲石、方解石3大镇洞之宝的儋州石花水洞，是国内乃至世界上都十分罕见的石花溶洞之一，国庆假期，同样迎来了不少游客的光顾。谈到一些游客的不文明旅游行为，该景区相关负责人肖先生表示：“最痛心的是个别游客对溶洞内钟乳石和晶石蓄意破坏，钟乳石和晶石都是上百万年自然形成的，一旦遭到破坏就是不可逆的，根本没办法修复。前段时间，该景区内一块晶莹剔透的晶石，竟然被人整块削掉。”

3. 定安文笔峰：槟榔汁乱吐，月老殿遭涂鸦

因为紧邻海口，今年国庆假期，位于定安的文笔峰盘古文化旅游区同样迎来了众多游客，玉蟾宫的风采和道教文化的魅力，让不少到此游览的市民、游客大呼过瘾，但地上的槟榔汁和口香糖却让景区里的保洁人员伤透了脑筋。其次就是一些年轻小情侣在“月老殿”的“涂鸦”。

（资料来源：依据2013年10月8日《海南特区报》改编）

评析：法律的强制性措施固然重要，但强制性、惩罚性的措施只是一个辅助手段，根本解决方式依旧是自我约束。景区应向对旅游者传播绿色理念，使游客养成文明旅游、环保旅游的良好习惯。

二、景区绿色营销的具体措施

景区绿色营销是景区以环境保护观念作为经营哲学思想，以绿色文化为价值观念，以绿色消费为中心和出发点，力求满足绿色消费需求的营销观念。

景区绿色营销的具体措施如下（如图12-4）：

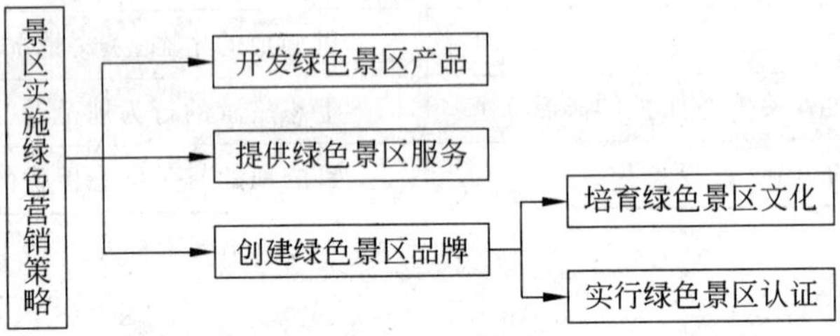

图12-4　景区绿色营销的策略

（一）开发绿色景区产品

绿色景区产品是进行绿色营销的基础，强调生态性、环保性、长远性、安全性。景区要充分利用其生态旅游资源，大力开展绿色景区建设，实现旅游资源可持续发展。

案例 12-6

绿色旅游，魅力十足

到海南就是看大海吗？这或许是过去不少游客的想法。参观了2011年中国森林旅

游博览会后，更多的人或许都想亲身体验海南绿色旅游的魅力。作为海南省绿色旅游的代表，今天亚龙湾天堂森林公园、南湾猴岛、呀诺达等海南省知名景区精彩亮相博览会，展现了海南各具特色、风情的绿色旅游魅力。

在南湾猴岛展馆，两只精心打扮的可爱猕猴吸引不少参观者拍照留影。在南湾猴岛景区，这些猕猴是"主人"，游客是"客人"，而景区的经营管理者们则是替"主人"招待"客人"的"仆人"。在南湾景区发展中，充分凸显热带海岛猕猴自然保护区的特色生态文化。

以绿色为主题的呀诺达景区展馆仿佛要将游客带入一个奇妙的雨林之旅。展馆前，欢快的黎族迎宾八音迎接着八方来客，黎族阿哥阿妹身着漂亮的民族服装为参观者们跳上一段竹竿舞。呀诺达景区将热带雨林文化与本土文化有机融合，让游客在体验海南生态美景、雨林奇观的同时，感受海南热情、友善的独特人文魅力。

开园仅两年多的亚龙湾热带天堂森林公园，将海南生态文化与休闲文化、时尚文化相结合，开创出中国第三代景区新模式——"景区中的度假区和度假区中的景区"，即从观光向休闲度假成功转型的旅游景区。借助今年初在该景区拍摄的电影《非诚勿扰 II》的热播，一举成为海南最热门景区之一。

评析：海南的绿色旅游产品各有特色，既吸引了游客，又实现了旅游资源可持续发展，每一个景区都是一个精品，非常值得学习和借鉴！

（二）提供绿色景区服务

景区应提供绿色服务，如在景点讲解中，要提示游客不乱刻乱画、不乱扔垃圾、不践踏草坪等；积极向游客推荐绿色食品、绿色饮料、绿色饭店；详细介绍绿色产品对环境及消费者自身的重要性；引导消费者更好地遵循绿色规范等，从而使游客成养成文明旅游、环保旅游的良好习惯。

案例 12-7

自行车骑行引导绿色低碳旅行

低碳旅行，"骑"乐无穷。5 月 8 日，旅游胜地张家界市武陵源区正式向全球推出自行车游览项目。当天下午 5 时，一批 20 人的户外爱好者冒雨成为该游览项目的首批体验者。

据了解，该游览项目由张家界武陵源绿风自行车协会开发，共围绕武陵源城区推出四条精品骑行线路：溪布街至黄龙洞生态广场的民族风情度假线、魅力湘西国际文化广场至百丈峡的自然峡谷探险线、索溪河环城的滨河风光观光线、索溪峪镇至双峰国家生态村的醉美乡村休闲线，单程骑行线路里程为 6 公里至 15 公里左右。目前，武陵源已经首批投放了新颖别致的旅游专用单人自行车 30 辆、双人自行车 15 辆，并在城区天子街、黄龙洞广场设立两个自行车租还点。

"我们推出这种游览项目，目的就是提升城市品位，呼唤大家低碳出游，保护武陵源世界自然遗产的原始生态美！"张家界武陵源绿风自行车协会秘书长邓敏坦言，城区自行车游览项目旨在通过自行车旅游的方式，让武陵源美丽独特的自然景观景区成为低碳绿色的代表,进一步打造绿色武陵源、慢游武陵源、休闲武陵源。

近年来,张家界市武陵源区在呼唤低碳旅行方面做了大量“文章”:2012 年暑假在全球率先推出了为期 80 天的“你低碳、我补贴”活动,得到了社会各界的高度关注;2013 年 10 月 19 日,张家界核心景区首次举办的自行车穿越大峰林活动,期间共有包括美国、斯托维利亚、奥地利和港澳台地区在内的 2 500 名车手参赛,成功向人类倡导绿色、环保、节能、减排理念的低碳旅行。

评析:张家界城区自行车游览项目向外界传递资源节约、绿色城市等理念,让游客更多地亲近自然,这些活动的举办,不仅宣传了张家界核心景区丰富的旅游资源,还塑造了张家界低碳旅游新形象。

(三)创建绿色景区品牌

景区品牌体现了景区产品的个性及消费者对景区的认同,是旅游景区的核心竞争力。在大力提倡绿色消费、创建生态文明旅游景点的时代背景下,旅游景区要以绿色营销为突破口,全面开展景区绿色营销,树立景区在消费者心目中的良好品牌形象,创建绿色景区品牌。

1. 培育绿色景区文化

绿色文化是景区的一种核心文化,旨在保护环境、崇尚自然、促进可持续发展,只有将这种文化理念根植于每位员工的意识中,才能为景区绿色营销提供强有力的精神支持,推动景区的可持续发展。

2. 实行绿色景区认证

景区要争取政府部门的支持,实行绿色景区认证体系。有关部门要对达到标准的景区发放“绿色景区”标志,并积极宣传,提高景区核心竞争力,真正做到与国际接轨,以赢得海内外客源市场。

案例 12-8

东源绿色生态旅游品牌——“苏家围·东江画廊”

在苏家围·东江画廊旅游景区不仅可以欣赏到秀美的乡村风光,还能亲身体验苏氏家族和客家人的历史文化。它具有绿色、生态、安静、客家文化、乡村休闲的特点,发展潜力巨大。

早在 2010 年 4 月,东江画廊发展有限公司对苏家围景区进行重新规划,形成了集东坡文化、客家文化和乡村文化于一体的原生态休闲度假旅游景区,打造成有品位、有特色、有亮点的“苏家围·东江画廊”品牌。

1. 旅游硬件设施的提升

拓宽了苏家围入口和景区公路、桥梁;新修了景区内特色游绿道 3 公里;建设了苏家围游客接待中心和东江画廊游客接待中心;设置规范标识牌,增设了苏家围入门标志和东江画廊入口景观墙,制作精美的景区导游全景图,同时重新制作了成套精美的景区门票。

2. 景观质量和文化内涵的提升

一是建设了东坡文化广场,设东坡塑像、立诗词书法碑林。二是建设了“四苏”青铜塑像及周边配套广场。三是按照修旧如旧的原则，对景区大门等明、清时期的古建筑进行了维修，并做到了保护历史建筑的真实性和原有风格。四是制作出版了景区 DVD 风光片、书籍、宣传折页、导游图、画册、明信片等景区宣传资料近 20 多种。

3. 旅游服务和管理水平的提升

加强旅游购物集中统一管理，健全管理制度，规范摊点经营行为。强化旅游综合管理，景区管理更加科学规范，景区从业人员服务技能和水平大幅度提升。

4. 景区知名度的提升

一是积极承办各类文化宣传活动。如 2012 年 10 月，第三届磨房·河源 40 公里大型徒步在苏家围举行，吸引了 3 500 多人参加。二是积极开展了各类宣传推广活动。

评析：苏家围·东江画廊旅游景区经过全面升级改造，加大旅游资源的保护和开发建设，完善旅游基础设施，提高旅游服务水平，加强旅游宣传促销，加大景区文化资源的开发和建设，把苏家围·东江画廊旅游景区打造成一流的绿色生态旅游品牌。

案例讨论与单元实训

神农架的绿色营销策略

神农架位于湖北省西部，据传是华夏始祖、炎帝神农氏搭架采药、疗民疾矢的地方。由于一年四季受到湿热的东南季风和干冷的大陆高压交替影响，以及原始森林对热量、降水调节，神农架形成了夏无酷热、冬无严寒的宜人气候。正当夏季酷暑难耐时，神农架却凉爽宜人，成为消夏避暑的好去处。

自 1997 年神农架举办首届生态旅游节以来，神农架确立了以“人与自然可爱的家——神农架”为主题的绿色旅游形象，为神农架进一步开发生态旅游奠定了良好的基础。

2013 年 6 月，神农架举办了第六届国际生态文化旅游节，在神农架大九湖举行大九湖环湖自行车赛。这次活动以“夏日清凉岛 牵手神农架”为主题，旨在展示神农架自然风光与独特魅力。活动将彰显神农架绿色价值，力促生态文明。

活动主要内容包括：炎帝神农祭祀大典、生态旅游节开幕式暨大九湖环湖自行车赛、《美丽神农架梦幻大九湖》文艺晚会、百万博主七天徒步穿越神农架无人区、百家媒体神农架生态文明采访行、神农文化论坛等。来自媒体、各地旅行商、百万博主、环湖自行车赛选手、神农架乡镇代表、群众和游客等共计近千人参加。

神农架旅游绿色旅游开发的总体战略目标是：在绿色旅游观念的指导下，通过科学规划与开发，达到神农架旅游资源的合理利用，保持资源和文化的完整性，并能给本区居民公平地分配旅游业的发展带来的社会和经济效益，使神农架成为以自然景色为主，集观光览胜、探险猎奇、度假疗养、科研科考于一体的综合型生态旅游区，使之成为湖北“唯我独优”、华中地区最美、全国一流、海内外游客向往的古老而神秘的旅游目的地。

神农架根据旅游市场环境及未来环境趋势的分析，提出绿色旅游市场营销组合策略。

(1) 产品：任何一种神农架旅游产品都应是绿色的，重点是两线(双神线、区内循环线)、五区(自然保护区、夹道河风景区、燕天风景区、武山湖景区、大九湖景区)。

(2) 价格：绿色价格包含环境成本，在短期内，神农架旅游价格相对较高，要配合以宣传促销，让游客充分了解产品的档次、风格、质量。

(3) 分销：在主要城市及旅游办事处，选择有信誉的旅行社进行分销，防止恶性削价竞争。

(4) 促销：选择绿色媒体，发布绿色信息。林区政府和旅游局致力于整体旅游形象塑造，各企业推广具体产品，促销时应有长远眼光，避免产生类似"告别三峡游"口号的误导。

(5) 提供信息：收集各种环境信息，根据神农架的实际加以利用。

(6) 过程：严密监视林区环保过程。

(7) 政策：制定神农架旅游可持续发展的各项经济、社会、环境、技术政策。

(8) 人员：提高林区各项旅游从业人员对绿色旅游的认识，使之成为绿色旅游的认同者、示范者、推动者。

相关链接

1. http://www.snj.gov.cn，神农架官网。

2. http://news.cnhubei.com/gdxw/201202/t1970248.shtml，神农架：建设"一园四区"实现绿色崛起。

思考题

1. 结合案例分析神农架的绿色营销策略有什么特点。
2. 神农架举办国际生态文化旅游节的意义是什么？
3. 试为神农架举办下一届国际生态文化旅游节设计方案。

第十三章

旅游业网络营销

本章节内容精要全览

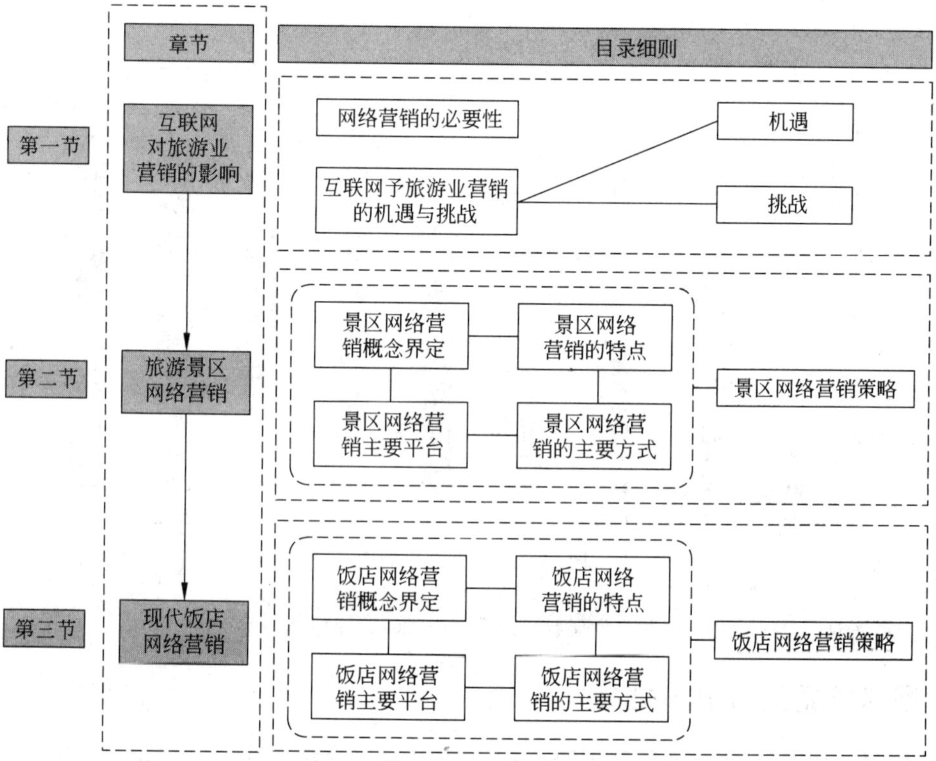

第一节　互联网对旅游业营销的影响

微软创始人比尔·盖茨曾说："不上网的企业将面临倒闭，要么电子商务，要么无商可务"，也许这些话有些危言耸听，但在以信息技术为基础的21世纪将成为一个不争的事实。随着计算机网络技术日益成熟和应用的日益广泛，我国旅游业进行的网络营销也日趋发展。

一、网络营销的必要性

互联网络信息中心数据显示，2014年中国网民数量已达6.32亿。截至2014年6月，我国网民手机上网使用率达83.4%，网络技术的发展和4G服务的出现，微博、搜索引擎、门户网站、社区论坛、视频广告、微电影等新媒体日趋成为旅游业消费者获取旅游目的信息和反馈旅游消费体验的重要平台。

拓展阅读

在未来10至20年内借助于网络获取旅游信息、选择旅游目的地、制订旅游计划、安排旅游行程将成为人们的一种生活常态。近10年来中国互联网用户规模发展十分迅猛(见图13-1)。互联网正在推动社会消费文化模式和经济结构的巨大变革,这一变革蕴藏着无限商机,旅游企业如能抓住机遇,就能在激烈的市场竞争中脱颖而出。

图13-1 中国网民规模

(资料来源:CNNIC中国互联网发展状况统计调查,2013.12)

二、网络营销的机遇与挑战

网络对于中国旅游业而言是把双刃剑,既是机遇又充满挑战(见图13-2)。

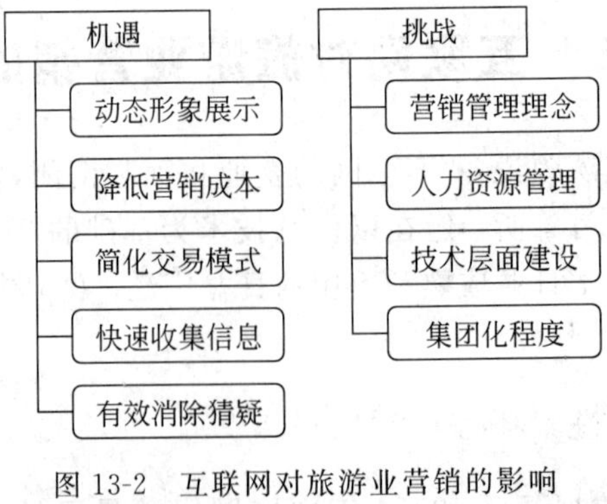

图13-2 互联网对旅游业营销的影响

（一）机遇

网络促进旅游业经营方式的变革及给旅游业营销带来的良好效益是多方面的，主要表现为以下几点（见表13-1）：

表13-1　互联网给旅游业带来的机遇

1	动态形象展示	通过互联网宣传旅游形象，比以往的宣传方式更快捷、更清晰、更全面、更互动，使无形服务有形化；旅游企业可以利用多媒体技术，把整体的设施设备、自然人文景色、各种特色服务等在互联网上动态地表现出来
2	降低营销成本	与传统营销依赖层层密密的销售渠道不同，网络营销可以降低在市场上投入大量的人力、广告以及其他费用。通过网络的互动性直接与潜在消费者进行接触，既可减少印刷和邮寄成本，也可节约人工成本
3	简化交易模式	网络营销简化了旅游业与各相关企业（供应商/经销商/代理商）之间的交易方式。网络可以使商业伙伴之间建立新的商业关系，通过网络实现电子贸易（商务）、采购、销售和交换商品（如饭店物资再利用）、交换服务和信息
4	快速收集信息	旅游业将自己的信息系统建立在互联网这一新平台基础上，可使旅游企业建立起与消费者直接、即时的信息沟通，减少市场信息采集的迂回，节省环节，减少重复劳动
5	有效消除猜疑	旅游业综合运用各种多媒体手段，展示出各种旅游产品、服务设施和服务，通过因特网与消费者的互动，让浏览网站的潜在消费者提前进行“虚拟现实旅游与消费”，预先“享受”到相关的优质服务，有效消除其原先的种种猜测与疑虑。同时，顾客也从预先的体验中形成了对旅游业的正确期望，在真正消费后，如果这正确期望与服务实绩相符合，就会提高消费者感觉中的满意程度

（二）挑战

网络营销给旅游业带来了机遇的同时也带来一系列的挑战（见表13-2）：

表13-2　互联网给旅游业带来的挑战

1	营销管理理念	网络营销模式下，旅游业应该准确自身市场定位，从自身实际出发，根据自身的品牌、档次、规模等因素和市场行业情况，决定该企业是否采用网络营销方式及采用何种营销方式。对电子商务等网络技术的应用应当适时、适度，做到不盲目
2	人力资源管理	网络营销模式下对员工即直接的服务提供者要求更高。随着经济全球化，人才的国际竞争国内化、国内竞争国际化的到来，尤其是因特网时代的到来、新经济浪潮的席卷，对发展旅游业所需的职业经理人、创新人才、电子商务人才等的培养提出了更高的要求
3	技术层面建设	技术层面上，我国相当一部分旅游企业自身管理和预订网络建设有待加强，如预订页面复杂难以操作，官网建设和推广相对落后，过分依赖第三方网络预订平台等，部分丧失对自身价格的定价权和控制权
4	集团化程度	网络营销模式下，我国旅游企业集团化程度相对较低，如酒店业，和跨国集团相比，不仅在数量上面临巨大竞争压力，在软性营销力量，包括品牌、文化创新等各方面和跨国公司相比都尚处于劣势地位

第二节 旅游景区网络营销

一、旅游景区网络营销的概念

“旅游景区网络营销”是景区借助互联网科技的优势，将计算机技术、电子通信技术与企业购销网络系统运用于旅游景区分销渠道而形成一种新型的电子商务模式，它包括景区在网上传递与接收信息；订购、付款、客户服务等网上销售，网上售前推介与售后服务；以及利用因特网开展景区品牌宣传、市场调查分析、财务核算及旅游产品开发设计等内容。

二、旅游景区网络营销的特点

旅游景区网络营销是目标营销、直接营销、分散营销、顾客导向营销、全球营销、虚拟营销、双向互动以及无纸化营销的综合体。它为旅游景区树立良好形象、实现双向交流、开展在线交易提供了广阔空间。由于互联网自身特质，旅游景区网络营销具有以下特点（见图 13-3）：

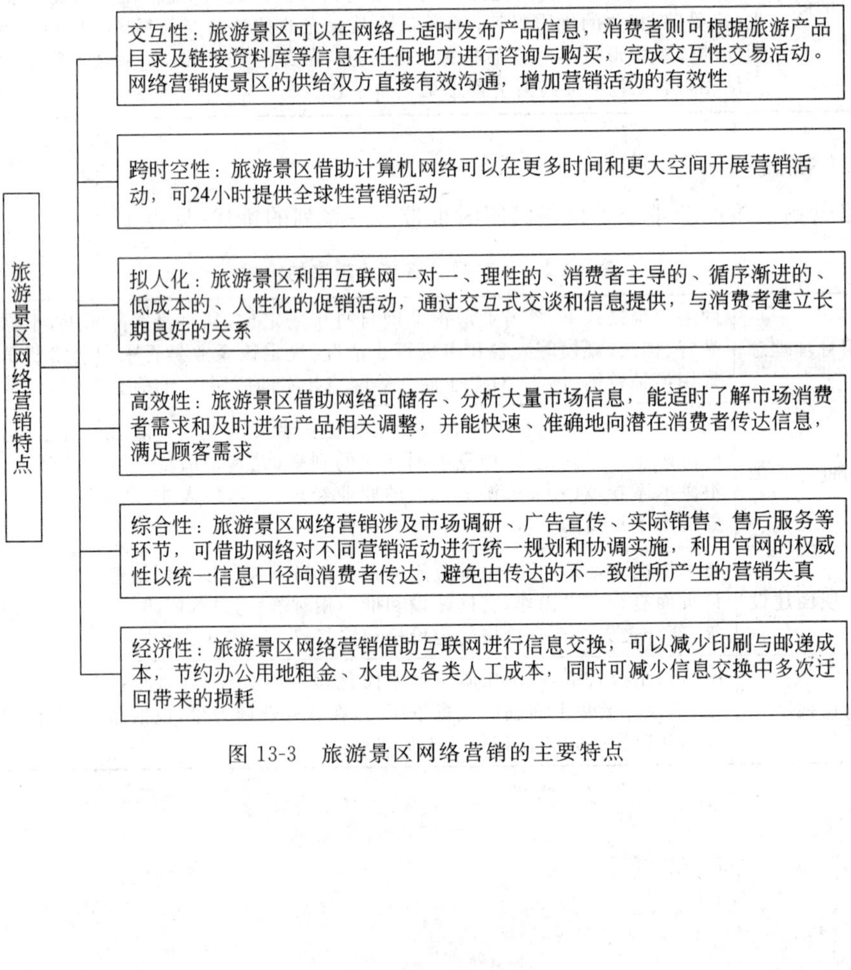

图 13-3 旅游景区网络营销的主要特点

三、旅游景区网络营销平台与方式

（一）旅游景区网络营销平台

目前，我国旅游景区进行网络营销活动的平台有以下几类（见图 13-4）：

旅游景区网络营销主要平台

- 政府网站、微博、微信：政府网站、微博、微信是展示旅游目的地形象的窗口，利用其网络平台推介当地旅游资源，吸引投资商进行投资，同时，也吸引游客进行旅游、观光、消费，推动当地旅游经济和周边相关产业的发展
- 景区网站、微博、微信：景区网站、微博、微信是实施网络营销的基础，它可突破现代营销中平面、户外、电视、电台等广告方式局限，24小时在线真实生动展现景区形象和旅游产品，是形象宣传和市场营销的重要工具
- 门户网站：旅游景区可在影响力大的网站建立旅游板块，以景区介绍和旅游节事宣传为主题，扩大景区的品牌知名度和影响度
- 旅游商业网站：旅游景区可与旅游商业网站合作，如机票酒店类预订网站、景区门票分销网站等，适时为消费者提供景区的产品和服务信息，推出相关预订模式，满足电子商务时代消费者的需求

图 13-4　旅游景区网络营销的主要平台

案例 13-1

安吉探索旅游目的地微博营销

为适应游客结构中自驾游比例逐年上升的强劲态势，为年轻的自驾游客提供更多的信息和更好的服务，2012 年底，安吉县旅委在新浪注册开通了主题为“玩转安吉”的官方微博，借助官方微博的权威性对安吉旅游信息、旅游线路、动态新闻等进行网络推广，并采取网络互动的形式定期派发景区门票小礼品。自从官方微博开通以来，该县旅游局在微博上发表大量长兴的旅游信息及相关图片。“我们主要是把长兴景点所推出的活动、优美的风景照片、游客在长兴旅游时发生的趣事发布在微博上。”长兴旅游营销公司负责人这样表示。“粉丝”们转发“玩转安吉”发布的信息；在一定时间限度内转发了一定数量，就可以领取大竹海、龙王山景区门票等小礼品。这种方式受到了广大网民的关注和喜爱。

“安吉通带你玩转安吉，走山野寻闲趣，一样的安吉不一样的玩法！”县旅委的新浪官方微博开通短短 5 个月时间，通过图片、景区活动介绍、各季节旅游信息发布等，迅速集聚了 7 403 名微博迷的网络人气，极大地提升了人们对安吉旅游的兴趣和关注，促进了当地旅游业的发展。

评析：该案例是一起典型的旅游目的地微博营销案例。微博的价值在于简练和迅速，面向最普通的大众，意义在于广播形式喜闻乐见。安吉县旅委利用官方微博渠道进行网络推广，发布大量有关景区的信息、图片还有活动。一方面、安吉县旅委的官方微博信息传递具有一定的权威性，它传递信息的有效性对潜在消费者是有一定影响力的，是一般

个人自媒体无法比拟的。另一方面，这种微博营销结合现在潜在消费者获取信息的习惯，使其更方便快捷地从可靠渠道获取信息，营销成效显著。

（二）旅游景区网络营销方式

一般来说，旅游景区在网络平台上往往采用以下几种方式进行营销活动(见图 13-5)：

旅游景区网络营销特点

- 网站SEO优化:网络营销很关键的部分，就是让更多的搜索引擎能够搜到景区要宣传的网站和内容，不但从编程技术上进行优化，更要在网站首页设定精准的关键词，将标志性的关键词加到首页上，并定时根据搜索引擎的统计结果适当调整，做到有的放矢，而非主观臆断
- 网络社区发帖推广：网络社区是当前第四大热门网络应用，而景区文化、景区图片、景区游记攻略等是网民出游前经常要搜索浏览的，景区必须在游记攻略中把握创作引导，主动转载，并通过结伴同游等活动帖的发起、回帖、顶帖等手段，挑起话题，制造热点，软性宣传景区及其旅游产品
- SNS社区口碑推广：论坛最具备口碑的传播性，论坛里的信息通常会成为人们热议的话题，旅游景区在社区论坛发布与景区相关信息，利用论坛信息转载、复制的过程，很快就可以传播开来，是建立和应用口碑最好的地方。论坛营销的精髓在于辅助景区形成口碑，引导网民对景区的认识
- 信息发布：旅游景区在携程旅行网、驴妈妈、百度网等各种旅游网发布景区最新活动消息或好评文章。经过一段时间积累，海量的信息会充斥互联网，使浏览网站者不断加深印象，从而成为景区的直接或潜在顾客，以及景区信息的二次传播者
- 网络视频推广：旅游景区通过视频网站有声有色、不受文字页面局限的形式，上传高质量、主题突出的视频，同时，游客游览完景区之后也将自己不专业但是极具差异化的旅游视频上传至网站，并附写好评，同时被其它SNS 社区转载分享

图 13-5　旅游景区网络营销的主要方式

案例 13-2

天台山微博营销

2010 年 5 月 16 日，王功权带着心上人冒天下之大不韪勇敢地私奔了。就在大家还在惊诧王功权为什么私奔时，@520 私奔就通过新浪微博发布了所有与王功权私奔相关的消息，同时推出“#私奔天台山宣言？#”征文活动，@520 私奔：#私奔天台山宣言#王功权和王琴私奔了，奥特曼和 PP 猪私奔了，中国旅游日源自天台山，天台山 5 月 19 日到 21 日 3 天免费迎客，一起组团私奔到天台吧！佛国仙山，私奔好去处，转发本微博+#私奔天台山宣言#+发表私奔宣言，逢含 516、519、520 的楼层(如 1516、1519 等)，即送 PP 猪漫画 1 套，just 奔 it!

通过互动微博“一切皆可私奔”、“我爱你，爱者你，就像私私爱奔奔”、“私奔是大奔的兄弟”、“别和我谈恋爱，有本事和我私奔”等的话题激发，为互动用户提供互动思路，瞬间激发大家当年的才华横溢，满腹笔墨一吐为快。最后活动截止，一共盖到 5 300 楼，远远超出预先计划。网友积极参与@520 私奔盖楼活动不仅仅是想获得 PP 猪漫画，而是私奔到天山的全民参与的乐趣刺激了网友的参与热情。

两天后新浪微博以“万水千山总是情，跟我私奔行不行?”为主题推出七字心声微博私奔活动，正是受到＃私奔天台山宣言＃的启发。而天外宣宣传部作为官方微博也积极参与互动，传播天台美景和中国旅游日，源自天台山的理念。而这些微博甚至吸引了中共浙江省委组织部部长蔡奇、浙江工商大学党委书记蒋承勇、中共天台县委书记李志坚、中共天台县长黄继满等人的转载和热烈互动。有浙江天台强大的组织协调能力和高瞻远瞩的营销意识，再加上天台山本身深厚的历史文化积淀、独特魅力的风景，天台山借网络迎来营销高峰。

(资料来源：http://abc.wm23.com/Rosie/81215.html)

评析：“天台山私奔营销”是2010年旅游网络营销经典案例。该案例利用王功权私奔事件，进行相关主题微博讨论与互动，造就和景区相关联的网络焦点“私奔天台山宣言”，吸引公众的注意力，同时传播天台山美景带动了景区被关注度，激发网络上潜在消费者对于该景区的注意，从而增加销售额度，成功达到网络营销的目的。

四、旅游景区网络营销策略

网络时代，旅游景区营销可采取以下策略(见图13-6)：

旅游景区网络营销策略

(一)多形式信息展示

景区网络营销可以采用文字、图片、视频等多形式组合，利用门户、搜索、软件、邮件、论坛、博客、SNS、视频网站、WAP等多种渠道在网络上全方位地展示该景区的信息和提供服务，包括景区的常规介绍、旅游目的地实用的问题详解、交通信息、服务信息、旅游促销活动信息、影音资料等，并为游客提供票务预订、住宿餐饮预订、旅游产品数据库查询、影音资料下载等功能

(二)个性定制服务

通过互联网，景区可以与每位顾客建立直接的关系，通过双方互动，顾客了解景区，景区也可以通过在线服务了解顾客的需求特点，及时捕捉顾客需求变化信息，形成景区与顾客之间的“双向信息交流”，从而克服传统营销中景区与顾客之间无法及时沟通的“单向信息交流”的弱点。另外，景区还可根据顾客以往的需求信息，不断为其提供经过精心挑选的个性化的产品和服务信息，进行量身定制，吸引游客再次光临

(三)网络社区互动

随着旅游市场散客化和自助化趋势越来越明显，对景区目的地的选择权也越来越掌握在旅行者手中。旅游景区可以因地制宜，根据不同社区情况，制定合适的线上及线下营销模式。目前国内较具规模的社区网站或社区论坛，主要有开心网、人人网、天涯、篱笆和西祠等。借助社区网站，可以大大延伸旅游企业社区营销的触角和范围。旅游景区也可以通过社区类的专业旅游网站，比如携程旅行网、驴妈妈旅游网等开展互动宣传和口碑营销，以在散客市场、自助游市场领域的营销取得更好效果

(四)自媒体口碑营销

据市场调查，旅游口碑是大多数出游者获得旅游信息并据此做出旅游决策的主要途径。因此，景区要充分重视和利用自媒体口碑传播集散地的作用，着眼于“口碑的建立”，利用消费者中的“意见领袖”，通过新闻传播“引爆点”将景区的知名度迅速扩大，提升景区吸引力

图13-6 旅游景区网络营销策略

案例 13-3

网络营销助天山天池游客激增

天山天池风景名胜区既是国务院 1982 年首批确定的 44 处国家重点风景名胜区之一，同时又是 1990 年联合国教科文组织批准的国际“博格达峰生物圈保护区”和国家首批公布的 4A 级风景旅游区。

随着互联网的普及，网民人数暴增，网络逐渐成为人们获取信息的重要渠道。天山天池敏感地认识到这一点。但是据天山天池相关负责人检查互联网天山天池信息统计，天山天池有价值的信息仅为 13%，且多为广告或景区介绍，可信度不高。有关网友自发性风土人情及旅游线路信息介绍几乎为零；不能充分发挥电子商务平台的优势以达到预期效果，更不能带动天山天池的旅游。而且天山天池旅游刚刚建立起来的网络电子商务平台不为人知，怎样以最快的广而告之，通过网上售票管理系统为天山天池带来更多的游客。

天山天池迅速制定一系列网络营销执行方案，重新打造新的天山天池网站，打造新疆旅游第一品牌。例如：结合天池的历史相关资料普及大众对景区历史的了解，在知名网站比如百度知道、新浪爱问、天涯问答等及论坛中开设景区知识有奖问答。与一游网和丝绸之路官方网站合作，带来直接的用户流量和人气。通过在中国旅游报、中国旅游网、新浪旅游等知名旅游网站或门户网站的旅游频道进行全面的广告交换与投放。通过即时消息工具设立网上热线，与网友和游客建立联系，处理电子订单和客户咨询。开发网上门票、酒店、机票预订，通过手续费实现网站直接盈利。经过一系列得当的网络营销措施，提升了天山天池景区在人们心中的形象，刺激了网友的热情，天山天池的旅游人数比往常激增了 10 倍。

评析：网络营销对于旅游行业来说，已不是选择与不选的问题，而是如何根据自己旅游品牌的特点，进行系统化操作的问题。天山天池景区根据目前潜在消费者特点，意识到网络营销的广阔前景，适时进行营销方式调整，制度定了一系列相应的营销方案，如建设自身网络电子平台、与各知名旅游网站合作等，有效地提升了自身景区形象和知名度，也带来了良好的经济效益。

拓展阅读

行业专访：旅游行业微信营销前景几何?

城市和景区的微信营销，关键是深刻领会并把握住微信对用户的价值，即优质的活动内容。

嘉宾：专家 1——中国社科院旅游研究中心特约研究员

专家 2——某著名旅游营销策划专家

问题 1	继微博营销之后，微信营销近来在旅游界大热，不少旅游局、景区、航空公司、酒店等纷纷开辟微信，对此您怎么看？
看法	专家 1：旅游业是典型的注意力经济，营销是旅游业的重中之重。在国外发达国家的旅游局，基本上只有一个功能——促销和营销，对于景区、酒店、航空公司来说，营销的重要性也是不言而喻的。如今科技进步，各种新兴营销手段的出现必然会受到旅游业的关注，况且这是显现创意、多重营销的手段，旅游业对微信营销的关注是在情理之中的，可以说是一种进步，但其中也可能是被动而为。总之，旅游业对营销手段是敏感的，可能有些旅游业界开微信是为了跟风，并不确定能否达到预期效果，但肯定首先会去追赶潮流，这是旅游业的本性
	专家 2：微信是与智能手机相伴而生的。如果说 QQ 是 PC 互联网时代的标准沟通工具，那么微信就是手机互联网时代的标准沟通工具。微信只用了两年时间，用户就近 4 亿，超越世界上任何同类产品的发展速度。所以，从旅游营销角度看，任何旅游企业和组织都不能无视它的存在，因为它标志着网络营销已快速进入移动互联网时代，继续忽略或无视微信这一新兴营销渠道，是一种落后的行为，甚至在未来的旅游业中这是很危险的
问题 2	目前有称微信的用户群达 4 亿，基于如此数量的用户群，您认为微信的营销效果如何？目前旅游业开的微信，其效果、互动性如何？
看法	专家 2：微信目前商业模式尚不清晰，微信营销还处于起步阶段，所以评价其营销效果为时过早，仍需观察以后的发展情况。但跟微博相比，微信的商业前景更广阔，营销传播价值更大。微信与智能手机绑定，重在与亲朋好友交流和分享。所以，旅游行业的微信应该更加注重人与人之间想要沟通这一想法。从信息传播的可信度和有效性来看，人们更愿意相信和乐于接受亲朋好友的推荐，而不是微博上的所谓公知和娱乐明星
	专家 1：在分析微信之前，先分析率先火起来的微博，无论是旅游微博还是微信用不用心经营差别很大。目前在微博上主要有两类话题比较容易引起关注：政治和花边新闻，但旅游不可能每天有很新的旅游信息，更不可能每天去炒作八卦，微信是同样道理。毕竟旅游需要有较强的计划性，不可能看到微博或微信促销就立刻去出游，即使是周边的旅游信息，最快也只能等到周末假期才能去。比起微博，微信还有一个特殊性，就是微信是朋友圈以及公众微信之间的联系，即微信使用者对于旅游企业形象已经有先期的认定，了解它的名称和形象才会加微信，因此通过微信的技术手段，再宣传旅游形象意义不大。此外，传统的营销方式给旅游业带来的增量不是那么明显，自然会尝试新的营销方式，可是新的未必比旧的好。旅游营销不能绝对简单地跟风，应该是组合拳，各种营销媒体都有它的优势和劣势，如果只是陷入追求这一新鲜技术，微信的宣传不一定好
问题 3	据说微信还能够实现预订机票、酒店等功能，今后还可能开发更多适合运用的功能，您觉得在旅游界微信的前景如何，还有哪些种类的运用比较适合旅游营销？
看法	专家 2：实际上，微信在旅游预订方面的强大功能已经初步显现，如同程网去年下半年以来门票预订有 10%的增量来自微信。这是值得关注的市场信号，说明旅游网络营销的发展方向已经出现重大拐点。城市和景区的微信营销，无论品牌传播还是产品促销，主要还是应深刻领会并把握住微信对用户的价值，即优质的活动内容
	专家 1：微信营销要取得比较好的效果，可以利用微信的功能来吸引一些不确定的用户。比如在旅游接待中心、火车站、机场等地，利用摇一摇或是其他更多功能，向这些不确定对象推送目的地景区、酒店等实用信息，利用微信精准宣传的特性，这样推送广告才有意义。我认为周边游的话可能利用微信的可能更大，因为周边度假休闲游本身是重复性的消费，有定期的优惠措施可以发送给周边城市的游客，吸引消费的功能才会更显著

（资料来源：广州日报，2013 年 10 月 2 日）

拓展阅读

《2013中国在线旅游市场研究报告》解读

2014年12月，中国旅游研究院武汉分院发布《2013中国在线旅游市场研究报告》。《报告》从市场环境、业态主体和宣传营销等方面分析了中国旅游电子商务发展情况。

2013年中国在线旅游市场交易规模为2 204.6亿元，同比增长29%。而在未来几年，仍然保持较快增幅，预计到2017年在线旅游市场交易规模有望达到4 650.1亿元，复合增长率为20.5%。艾瑞估计2010年整个在线旅游市场交易规模大概占到整个交易规模的7.2%，约为1 600亿元人民币，目前在线旅游市场平台虽然如雨后春笋般呈现，但基本上是“金字塔”结构，即在线旅行社以携程、艺龙等形成寡头垄断，占据在线旅游的大部分市场份额。以百度、去哪儿为代表的垂直搜索网站通过比价的方式将那些更看重价格因素的用户集结起来，引导向最有价格吸引力的预订网站。如蚂蜂窝、蝉游记、大众点评、高德地图等。

与此同时，线下传统旅游产品供应商和旅行社加大对在线旅游市场的投入，如中国国际航空公司、春秋旅行社等着力推进O2O的线上和线下的整合，加大对官网App的开发与应用，微信、微博公众号的营销投入等，从而减少对在线旅行社的依赖性。在美国，在线旅游渗透率达到60%以上，在欧洲在线旅游渗透率也达到42%以上，相比之下，中国2013年旅游市场总交易额约为29 475亿元，其中在线渠道交易额约为2 522亿元，在线旅游渗透率仅为8.6%。

第三节　现代饭店网络营销

一、现代饭店网络营销的概念

饭店网络营销是饭店业在新的市场竞争下的产物，是以互联网技术为基础，通过与顾客在网上直接接触和双方互相沟通，最大程度满足顾客个性化需求，以达到开拓市场，增加赢利目标的一种营销过程，包括饭店推介、网上预定业务、介绍当地的旅游景点和旅游线路、旅游饭店人才招聘及中介、饭店新闻信息发布、旅游饭店电子地图、政策信息资料查询及咨询、饭店用品网上商城、旅游饭店书刊介绍等。

二、现代饭店网络营销的特点

网络营销将工业时代大规模生产、大规模营销改进为小群体甚至是个体营销，越来越多的饭店企业采用网络营销的销售模式。现代饭店网络营销具有以下特点(见图13-7)：

三、饭店网络营销平台及方式

（一）饭店网络营销的主要平台

目前我国饭店业主要是通过以下网络平台进行营销活动(见图13-8)：

- 现代饭店网络营销特点
  - 信息共享性：旅游饭店可在网络上适时发布有关信息，而消费者可根据信息及连接库的信息对其满意度来确定是否完成交易活动
  - 跨地域性：借助计算机网络，旅游饭店能在更多时间和更大的空间上进行营销活动，可24小时提供全球性营销服务
  - 经济性：饭店运用网上营销进行信息交换，一方面可减少印刷与邮递成本，节约办公地租金、水电及各类人工成本；另一方面，可减小因交换中由于多次迂回所带来的损耗
  - 高效性：借助网络，饭店可储存、处理大量的市场信息
  - 互动性：饭店可以随时随地与饭店产品购买者互动式地进行交易，而买方也可以以一种新的方式与卖方交流，这种交流是双向的，通过消费者的主动参与，有效地刺激消费者的购买欲望
  - 软性化：与传统以企业为主动方的强势营销相区别，饭店网络营销迎合个性化消费需求的回归，使消费者成为主动方

图 13-7　现代饭店网络营销的特点

- 现代饭店业营销平台
  - 代理类网站：有比较成熟的订房中心、票务中心，最经济的形式。首先，饭店可以节省一大笔技术支持费用；其次，网上订房采用成交后支付佣金形式，饭店较易控制受益与费用情况
  - 咨询类网站：只提供饭店的相关情况，如地址、客户服务类电话、客房价格等，而没有预订、付款功能。这类网站一般由政府部门针对某一地区(大部分是景区)建立的，以宣传本地的旅游产品
  - 门户类网站：提供信息平台，供饭店、旅行社等相关企业开展网上业务
  - 实体类网站：它是单个实体饭店针对其自身业务组建的网站。其优势在于业务处理能力较强，运作规范实用，地域限制性较强，网站信息总量大
  - 移动客户端：利用平板电脑、手机等便携终端，提供饭店产品及服务信息，并提供咨询、预订等功能

图 13-8　饭店网络营销的主要平台

（二）饭店网络营销的主要方式

目前我国饭店业网络营销活动内容丰富，形式多样，比较典型的营销方式有以下类型（见图 13-9）：

饭店网络营销的主要方式

- 在线销售渠道：饭店业可在自己网站开设预定和销售平台，直接为消费者提供销售，也可与具有影响力的中介专业网站如携程网或艺龙网等进行合作，开展在线直销
- 模拟服务体验：利用新媒体的优势，在网络上向潜在消费者提供产品的提前模拟服务体验，充分展示饭店的优势硬件和优质服务，以吸引潜在消费者的注意力
- 搜索引擎：饭店业将自己网站在各大搜索引擎登记，注册搜索引擎的数量和在搜索结果中的排名对增加网站访问量具有重要影响，以提高自己的影响力和吸引潜在客户的注意
- 网站交换链接：饭店业通过与一些具有影响力的重要网站进行链接，尤其是客源互补和品质相当的合作伙伴，从而增加浏览访问机会以吸引潜在消费者
- 网页广告：在饭店独立网站或其所加入的网站设置各种网页广告，常见的有位于网站主页顶部和底部的横幅旗帜广告、位于网站主页两侧的竖式旗帜广告等。另外，集动画、声音、影像和用户参与一体的富媒体格式也越来越多地用于网页广告中
- 信息网和广告分类：饭店在专业信息网发布载有大型活动机构网址的信息和分类广告，会使潜在消费者根据网址来进行访问，从而增加营销机会。如果选择在知名或权威的大型活动行业网站发布信息和分类广告，营销效果更佳
- 新闻组与网上社区：饭店利用新闻组可有效地推广饭店网站和活动产品。饭店利用网上社区进行营销活动，可增进饭店和顾客之间的关系，有利于了解顾客对产品和服务的意见和评价，而以往顾客的优评累积也有利于酒店的人气集拢

图 13-9 饭店网络营销的主要方式

案例 13-4

锦江之星酒店携手开心网展开网上营销

2010 年我国在线旅游行业热闹非常，无论是酒店还是机票在线预定网站，都纷纷打起了网络营销牌。在众多纷繁的网络营销活动中，锦江之星的市场营销团队注意到，只有将中国网民的行为习惯与企业营销目标结合起来，才能实现网络营销的效果最大化。而如何实现这两者之间的结合呢？与国内风头正盛的 SNS 媒体——开心网合作，便成为锦江之星市场营销团队的一次重要选择。

锦江之星市场部总监陈文哲先生向记者介绍说，开心网的用户主要以国内各大城市的白领为主，其人群特征和消费品位，符合锦江之星的品牌定位。这是锦江之星选择和开心网合作的重要原因之一，如何让开心网的用户也能成为锦江之星的用户，他认为应当在

不影响开心网用户体验的前提下，给予潜在客户人群以足够的利益驱动。

为此，锦江之星携全国已开业的300多家连锁店在2010年1月20日到3月10日共同推出“千万(奖品)别错过”的主题优惠活动，奖品非常丰富，活动设置轻松、有趣。该活动在开心网首页广告的网民浏览量已经超过了100万次，网友们对活动帖子的浏览量达到500万次，每天都有近10万人次将锦江之星的抵用券作为礼物在亲朋好友之间互相赠送。

(资料来源：WWW. Chinabyte. com)

评析：对于酒店行业来说，口碑和品牌至关重要。锦江之星始终从客户体验的角度，走创新营销之路，敏锐地捕捉年轻化、网络化的客群特点，与开心网进行合作，本着合作双赢的目的与消费者进行全方位的沟通，以巩固和强化自己作为国内经济型连锁酒店领导品牌的上佳口碑。

四、饭店网络营销模式及策略

(一) 饭店网络营销的模式

现代饭店网络营销模式一般可分为内部网络化和外部网络化(见图13-10)：

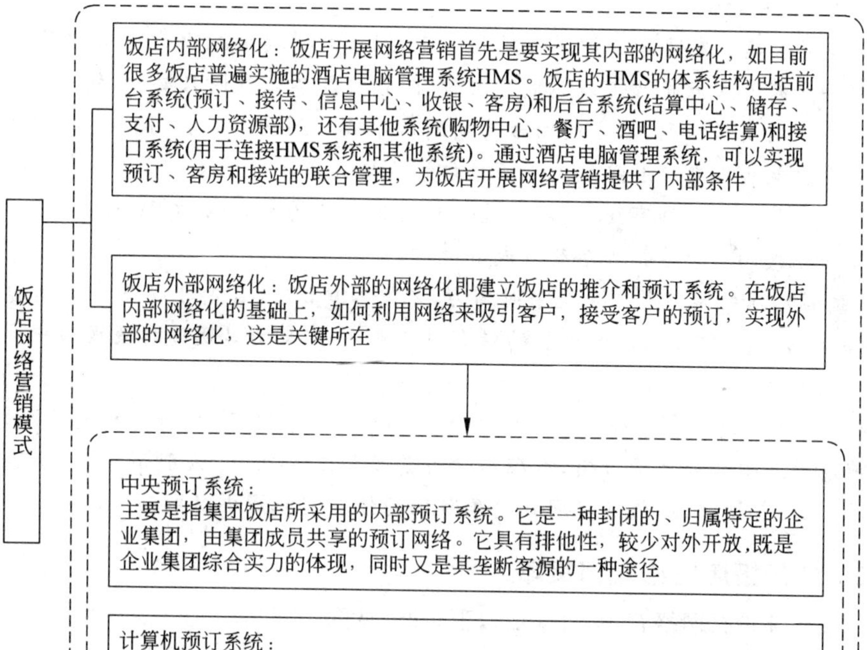

图13-10　饭店网络营销的模式

案例 13-5

网络预订直销系统助力7天连锁酒店快速崛起

在中国酒店企业中,7天连锁酒店有自己非常独特的一点:它采取的是会员制直销模式。其在开店伊始就推出了自主研发的网络预订系统和会员系统,到2008年11月时,其会员总数已接近800万;其官网显示,截至2013年年底7天连锁酒店的"7天会"拥有会员达7 000万。7天连锁酒店的订单来自会员,而会员又主要通过网络进行订房。早在2010年时,7天连锁酒店的客房订单中就有超过80%以上来自七天连锁酒店官网。在它的快速发展过程中,网络预订直销系统功不可没,其庞大的会员群体通过网络进行预订,使其不再分切利润蛋糕给携程、艺龙等分销机构,业绩自然扶摇直上。其网络预订系统有以下特点:

(1) 全国联网。7天连锁酒店的网络预订系统依靠信息管理系统将7天连锁酒店全国的分店连成一个网络,使顾客24小时都可以通过互联网、WAP预订、呼叫中心、短信平台、手机客户端等5种方式查询7天连锁酒店的全国的客房入住情况,也可以知道各家客房的价格、位置等信息。

(2) 方便快捷。在网络预订系统的指引下,顾客就算是初次预订也会很方便。其中在网上只要进行4次点击就可以完成一次预订,预订加确认最快只要30秒。预订后会有酒店的电子地图发送给顾客,方便顾客清楚到店路线。到店后用身份证或者有电子识别功能的会员卡就可以在自助终端上按照预订的价格选择房间。

如因天气等原因行程有变,可以通过7天连锁酒店的官方网站、WAP网站、短信、电话等便捷的方式向7天连锁酒店改订或者退订。

7天连锁酒店的网络预订系统省时省力,方便客户,迎合了时下消费者的消费心理和习惯,其成为7天连锁酒店迅速增长的强有力工具之一,助力其迅速发展成为中国经济型酒店的后起之秀。

评析:7天连锁酒店在酒店内部外部都进行网络信息化,自主研发的网络预订系统,迎合当前消费者心理和消费习惯,准确抓住当前目标潜在客户,吸引消费者,快速形成稳定客户群,从而获得收益,使其在现代竞争激励的经济型酒店中脱颖而出。

(二) 现代饭店网络营销策略

现代饭店业进行网络营销,可采取以下策略(见图13-11)

案例 13-6

拉萨福朋酒店的多渠道产品网络组合营销策略

近年来,拉萨福朋酒店的网络销售收入一直占总收入的绝大部分比重。第一,其福朋喜来登酒店的官网承担了福朋酒店40%的订房任务。该网站提供喜达屋集团拥有、管理或特许经营的所有福朋酒店的相关信息。全球有200多家福朋酒店使用该网。网站

现代饭店网络营销策略

(一)明确饭店目标客户

明确饭店网络营销的这一目的后才能明确网络营销该做什么以及怎么做，而不只是发布住店信息坐等客人网上预订。不同的酒店所面对的主要目标客户也是不同的，要让互联网上众多的目标客人快速准确地搜索和浏览到对应的酒店，一定要本着为自身酒店的目标客户服务为宗旨，有针对性地做好网上营销和宣传

(二)完善网络资源建设

建立尽可能多地吸引网络“观众”的网站，拥有一个独立域名下的企业网站，全方位开展网络营销。网站的页面设计、编排必须围绕企业的目标顾客群，而不只是堆砌的图片和空泛的文字说明。精良和专业的网站设计如同制作精美的印刷品，会大大刺激访问者的购买欲望，使网站成为企业销售产品、提供服务、宣传企业形象的窗口

(三)实施个性化网络营销

走适合饭店自身的网络营销之路，开展网络营销没有固定的模式可以遵循，饭店应从酒店自身的特点出发，做好自我定位，明确区域目标，量力而行，长短结合，走个性化发展的网络营销之路

(四)多渠道产品组合营销

网络对于饭店是一个促销的平台，但更是一个为顾客服务的平台，是一个与顾客自由交流的沟通平台，饭店应充分利用网络这一科技产物开发更多的营销辅助功能。围绕消费者心理和实际需求，迎合消费者消费习惯，开发多种产品，采取多种网络营销渠组合策略，如直接官网营销、与其他旅游销售商专业网站进行合作等，最大化地利用网络这一营销平台优势，实现效益的最大化

图 13-11　饭店网络营销策略

主要提供的服务有在线预订、酒店地点和设施查询、优惠信息查询、会员服务及其他合作信息。在福朋官网订房可享受最优惠房价保证，即该网站的在线房价与通过电话提供的房价相同或更低，如果在预订酒店客房前或预订 24 小时内找到更低房价，只需提交“最优惠房价保证”声明，即可提供更低房价，并且该网站可为预订用户提供 10% 的折扣或 2 000 点的 Starpoints 积分的保证，因此对于顾客具有极大吸引力。第二，拉萨福朋酒店具有众多间接渠道作为销售代理，如携程、艺龙、芒果、同程、京东商城等。第三，福朋酒店加入旅游搜索引擎去哪儿和酷讯。旅游搜索引擎虽然并不直接销售产品，但是它可以提供诸多酒店信息查询，信息量更全面，并且搜索引擎能提供更精准的价格比对，不仅可方便顾客选择拉萨福朋酒店提供的传统客房产品，而且采用套餐的形式搭配销售其他酒店产品。最常见的套餐销售为房价搭配早餐销售。而在官网上，拉萨福朋酒店推出了更多富有地方特色的优惠套餐。据调查得知，福朋酒店现已推出节日套餐：房费＋晚餐费＋音乐套餐费(客人可以凭套餐券免费听本土音乐会一场)，此套餐可为客人节省早餐费、晚餐费、服务费、音乐会门票费。

评析：拉萨福朋酒店首先通过官网进行网络直接销售，同时与一些有影响力的网络第三方平台如携程、艺龙、京东商城合作，进行间接分销。另外，它还加入旅游搜索引擎和

推出特色优惠套餐。这种以直销为主的多渠道网络营销策略，积极地变被动销售为主动销售，打破中间商的垄断和控制，将个性化的直销与数量化分销相结合，注重产品组合，丰富了网络销售产品的种类和形式，提升了竞争力，可创造最大经济效益。

拓展阅读

锦江之星推出手机 App 客户端

随着第三方应用程序的广泛流行运用，越来越多的企业都推出了手机客户端抢占终端市场，经济型连锁酒店品牌锦江之星于 2 月中旬正式推出了手机 APP 客户端。据介绍，用户打开该客户端程序之后，可查询及预订锦江之星旗下的包括锦江之星、白玉兰、金广快捷在内的近千家连锁酒店。除了预订酒店，通过该程序还可以查询锦江之星推出的各种优惠活动，以及登记完善会员信息等。目前，锦江之星推出的 APP 手机客户端暂时只适用于苹果操作系统，安卓系统的客户端也将在 3 月份正式推出。

案例讨论与单元实训

小王是一家中型旅行社的负责人，他现在觉得业绩越来越难做。因为现在很多人外出旅游都自己在网上召集结伴，自己在线订机票、订酒店、购买迪斯尼及海洋公园等景区的门票……很多人甚至在出发前的好几天就将此行所需的各种票务在线买好了。价格比现场低廉还不用排大队。

同时，各地很多景区也在积极完善在线服务、网络营销、网上预订、网上支付等智慧旅游服务。酒店行业内，不仅是大型酒店、连锁快捷酒店注重网上预订业务，而且以接待自助游散客为主的众多农家宾馆也都积极参与其中，通过各种旅游网站推介自己，接受预订，进行在线营销扩大客源。

在线旅游预订服务不用面对面，却呈现出更直接、更激烈的市场竞争。

（资料来源：新华网，2013-02-20）

思考题

如果你是小王，那么采用什么样的营销对策可以让自己旅行社的业绩越来越好，能在智慧旅游的浪潮中分得一杯羹？

第十四章

旅游业关系营销

本章节内容精要全览

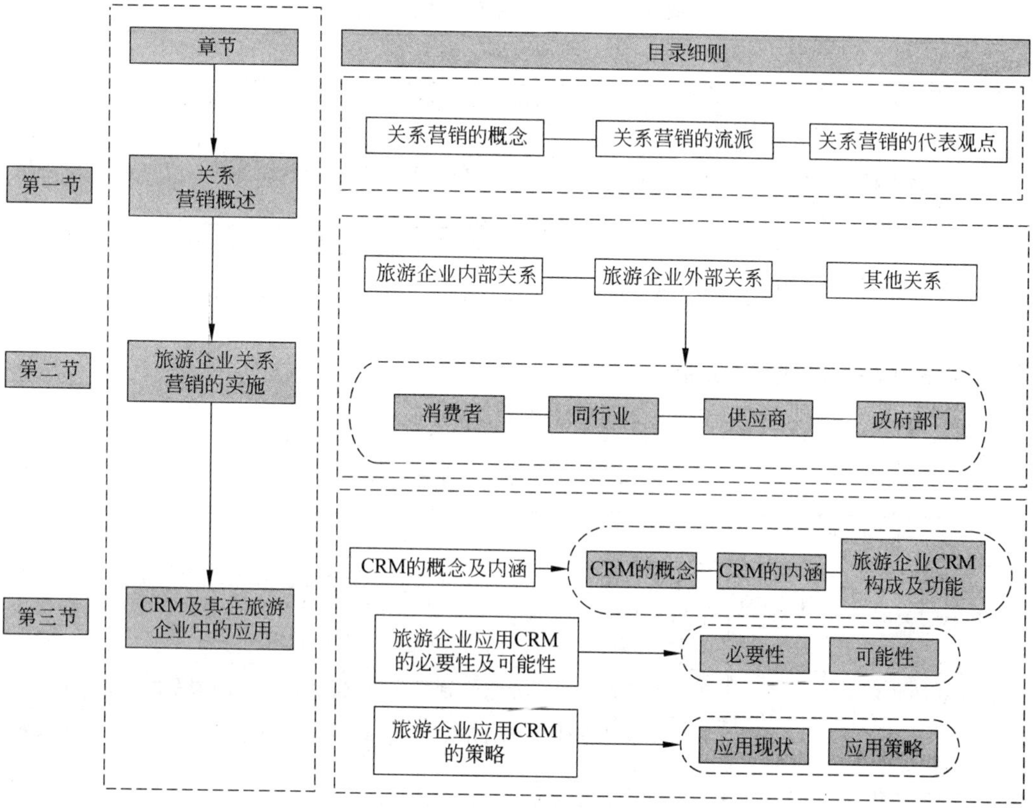

第一节　关系营销概述

市场营销大师科特勒曾经这样精辟地阐述：企业营销应成为买卖双方之间创造更亲密工作关系和相互依赖关系的艺术。

一、关系营销的概念

关系营销的研究始于20世纪70年代北欧的诺丁服务学派和产业营销学派，其倡导关系导向，当时称为“交互营销”或“交互关系”。关系营销的概念则最早由贝瑞(Berry)在1983年提出：“关系营销是吸引、维持和改善与顾客的关系。”而后美国营销学者巴巴拉·杰克逊等又从不同的角度对关系营销进行了探索。所谓关系营销是指建立、发展和保持成功的交换关系的所有营销活动。从广义上说，是指企业与消费者、销售商、供应者甚至政府等相关者建立一种长期、信任、互惠、发展的关系，编织一系列有利于本企业生存和发展又兼顾消费者和其他合作者利益的关系。

二、关系营销的流派

自从“关系营销”概念提出以来，理论研究者和实践家从各个方面对其展开了研究。营销学家库特将众多针对关系营销的研究成果划分为三大流派(见表 14-1)：

表 14-1 关系营销研究主要流派

序号	主要研究流派
1	建立在克里斯托弗、佩恩等研究基础上，强调将质量管理、服务营销理念和客户关系经济学紧密联系在一起的英澳流派
2	以格鲁路斯为代表的建立在工业营销的互动网络原理、服务营销理念和客户关系经济学相结合的北欧流派
3	以白瑞为代表的主张在企业内部就买卖双方的关系进行强化教育，并相应地提高企业在这方面的经营管理水平的北美流派

三、关系营销的代表观点

研究关系营销的主要学者及代表观点如下(见表 14-2)：

表 14-2 主要学者及代表观点

主要学者	代表观点
L. Berry(1983)	从建立重视客户关系的企业文化，将会对企业进行的外部营销活动产生积极的影响，企业保持老顾客比吸引新顾客的营销效率更高的现象出发，认为：关系营销的实质是保持和改善现有顾客
Jackson(1985)	认为关系营销是企业与个别顾客发展稳固、持续的关系的营销导向
Gronroos(1989)	认为关系营销建立、维持和加强与顾客的关系，通过相互交换和实践承诺来达成满足双方的目标
Copulsky&Wolf(1990)	认为关系营销结合了广告、销售促进、公共关系和直销等要素，来建立一种比较有效率的营销方式，这种营销方式旨在通过一些相关的产品和服务，来发展与消费者的持续关系
Berry&Parasuraman(1991)	认为关系营销是吸引、发展和保持与顾客之间的关系
Doely&Roth(1992)	认为关系营销就是通过与主要客户建立、维持长期的良好关系，从而使企业成为主要供应商的过程
Gummesson(1994)	则从企业竞争网络化的角度来定义关系营销，他认为：全球竞争日益在企业网络之间进行，而不再是单个企业之间的竞争。关系营销就是把营销看作关系、网络和互动
Berman(1996)	认为关系营销就是以信任和承诺为基础在买卖双方间建立及维持长期的关系

续表

主要学者	代表观点
Harker(1999)	总结出关系营销的七个构成要素：建立、发展、保持、长期、互动、情感内容和结果。建立、发展和保持表示形成长期关系经历的三个阶段，说明形成关系需要一个过程；长期说明关系的特点；互动和情感说明关系形成的途径；结果说明关系的作用

从国外学者在不同时期给出的关系营销概念的解释可以看出，关系营销学者对关系市场的认识经历了一个由窄到宽的过程，关系营销的核心内容就是关系的创建、维持和提升，所以也有学者将关系营销称为一种关系导向的战略思想。

拓展阅读

从"欢迎中国"看旅游关系营销

2014 年 6 月 26 日，由中国旅游研究院和哲意集团共同主办的"欢迎中国发布会"(Welcome Chinese)在罗马召开。本次发布会以"国际旅游市场的新待客之道"为主题。戴斌在发布会上做了"好客之道需要更多的日常关注"的主题演讲。他指出，随着中意全面战略伙伴关系的不断深化，两国在旅游领域的交流与合作也日趋密切，旅游互访人数稳步增长。2013 年，首站来意大利旅游的中国公民近 50 万人次，居欧洲各国的前列。访意中国游客的满意度指数为 81.25，在 25 个样本国家和地区中居于第 8 位。目前意大利的酒店、机场、高铁公司、免税店、博物馆和城市公共服务部门已经为更好地接待中国游客做出了相应的努力。为了让更多的中国游客了解提供这些项目和服务的企业，也为了更有效地提升面向中国游客的服务水准，中国旅游研究院与合作伙伴——意大利的哲意控股在全球联合推出了"欢迎中国"认证项目。在发布会现场，戴斌和 Jacopo 共同向罗马机场、意大利新旅客运输公司(NTV)等机构颁发了"欢迎中国"认证证书。

"欢迎中国"是由中国官方唯一认可的面向中国游客的境外旅游服务标准，致力于研究和推广一套"为中国游客定制"的服务标准体系，通过与境外目的地的住宿、餐饮、购物、交通、主题公园等通力合作，为中国游客提供更好的服务，拥有更为便捷、友好的接待环境，满足中国游客在境外旅游当中最基本的生活需求。

"欢迎中国"标准认证根据商户提供的针对中国游客的不同服务内容可分为铜级、银级和金级。目前，通过认证标准的主要是酒店，但将来该认证体系将扩展到其他相关部门，如交通业、零售业、餐饮业、博物馆和景区。目前已有希尔顿酒店、四季酒店等大小酒店及集团成为了认证酒店。

第二节 旅游企业关系营销的实施

旅游企业的关系营销主要涉及以下几个方面(见图 14-1)：

(1) 旅游企业内部关系；

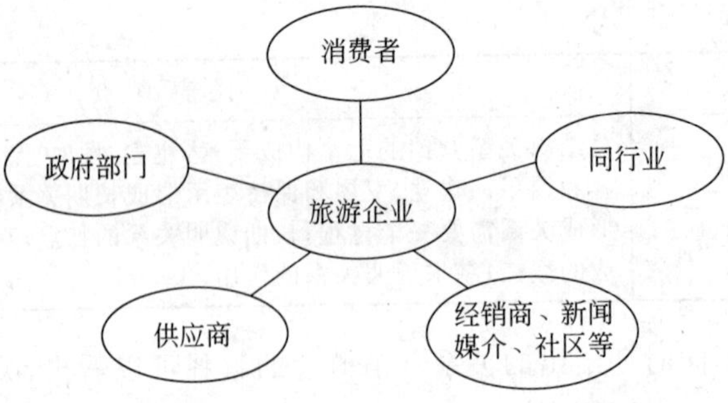

图 14-1 旅游企业关系营销网络示意图

(2) 旅游企业和消费者之间的关系；

(3) 旅游企业和同行业之间的关系；

(4) 旅游企业和政府部门之间的关系；

(5) 旅游企业和供应商之间的关系；

(6) 其他关系(如经销商、新闻媒介、社区等)。

一、旅游企业内部的关系

企业公共关系中的首要关系，就是企业内部公共关系。旅游企业内部公共关系的实施，是要在尽量满足其物质和精神需求的基础上培养起主动参与企业建设的“主人翁”意识(见图 14-2)：

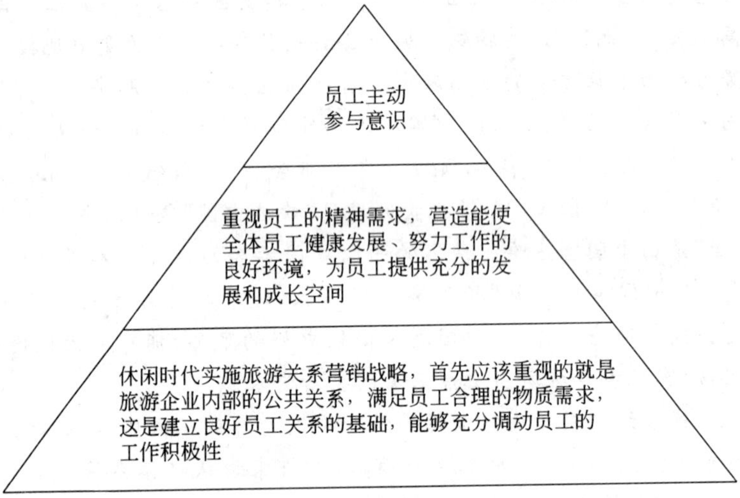

图 14-2 旅游企业内部关系

案例 14-1

关心员工，更关心员工子女

在 2013 年第 64 个国际“六一”儿童节之际，安徽环球国旅在采蝶轩 DIY 工坊举办了员工亲子活动。

环球国旅在职的几十名员工及子女参加了此次亲子活动。难得过周末的家长在活动现场是“怨声载道”,休息日早早的就被孩子催着出了门。阴雨天气丝毫没有影响到孩子们过节的热情。孩子们吃惯了买来的饼干、蛋糕,但是对他们的制作却是一无所知,在采蝶轩 DIY 工坊,现场工作人员演示了制作工艺,孩子们都聚精会神地看着,生怕错过每一个小环节。家长们看到孩子入迷的表情,纷纷表示:“如果不是公司举办这样的活动,还真不知道孩子对自己动手做东西这么感兴趣,真应该多带他们来参加这样的活动。”自己制作的甜点出炉后孩子们情不自禁的欢呼雀跃,拿到自己亲手制作的甜点后,孩子们不是独享成果,而是让家长优先享用,这些小动作都让在场的家长倍感欣喜。

儿童是祖国的未来、家庭的希望,更是父母的心肝宝贝,关爱员工必须从关爱员工家庭开始,环球国旅深知这一点。此次六一亲子活动,正是环球国旅十年庆典回馈员工的一个举措,目的就是为了让公司的员工及其子女在活动的参与当中感受到环球大家庭的温暖,进而增强企业凝聚力。

评析:环球国旅在儿童节举办活动,关心员工及其子女,是关系营销中理顺内部关系的一个案例。第一,可以提升旅游企业员工的幸福感和对企业的忠诚度,可以增强旅游企业内部的凝聚力;第二,可调动员工的积极性,使员工对企业各种活动的开展更加积极和自觉自愿,进而增强旅游企业员工的执行力和提升员工的工作成效。

二、旅游企业与消费者之间的关系

社会的不断发展进步和市场竞争的实践证明:只有企业真正地心系顾客才能赢得竞争的主动权,在竞争中取胜。关系营销就是要求企业广结人员、积极保持和发展顾客,减少交易成本最终达到资源优化配置。旅游企业只要以消费者为中心,真正围绕顾客转变,才能在市场竞争中获胜。旅游企业和消费者之间关系如下(见图 14-3):

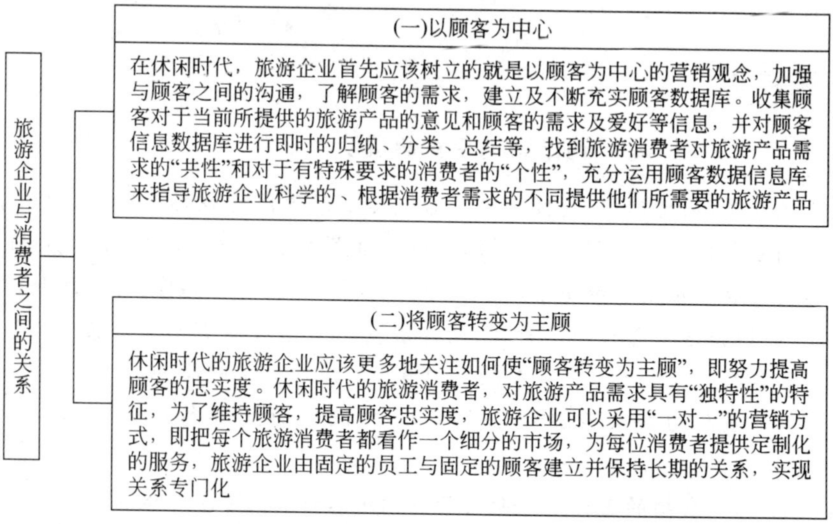

图 14-3 旅游企业与消费者之间的关系

案例 14-2

景区贴心服务受游客赞誉

2012 年 10 月国庆节黄金周期间，索溪峪景区办事处结合辖区游览线长、范围广的实际，组织全员上岗，引导客流服务游客。上午把主要人力集中在排长队较为集中的区域天子山索道下站和百龙电梯下站；下午把主要人力集中在水绕四门、十里画廊两个客人集散中心和卧龙岭游览线，及时引导和疏散客人。晚上，组织人力到南天门和卧龙岭游览线护送徒步下山的游客，为客人送去手电筒和矿泉水。10 月 5 日因为担心下雨路滑，游客不便，更是冒雨帮助游客安全下山。截至 10 月 6 日，索溪峪景区共为游客提供咨询服务 2 万多人次，找回掉队的老人和小孩 20 多人，共调处旅游纠纷 20 多起，受到游客的广泛赞誉。

（资料来源：http://www.zjjzx.cn，张家界在线，2012 年 10 月 6 日）

评析：武陵源区索溪峪景区办事处工作人员关心消费者的行为，真正视游客为中心和主顾，处处替游客着想，提升了景区作为旅游企业的服务质量，也增加了游客对于到该地旅游的满意度，这会在一定程度上提升游客的忠诚度。

三、旅游企业与同行业者的关系

旅游企业要积极处理好与同行业之间的关系。只有与同行业者在竞争中求合作、求发展，才能达到双赢的结果。竞争是商品经济矛盾运动中的必然产物，是价值规律得以贯彻和实现的条件，企业的经营也是在竞争环境中进行并得到发展的。竞争双方应当在竞争中相互理解和支持，在竞争中求合作、求发展，避开不必要的竞争，利用彼此的优势产生“1＋1＞2”的效果。

案例 14-3

两江游携手黄鹤楼淡季不淡

武汉景点众多，相关部门、景区都曾开通连接不同景区的旅游交通线，但因景区与旅游车分属不同经营体，时间、利益难以协调，最终难成气候。而在 2014 年 3 月 31 日，两江游与黄鹤楼景区联手推出旅游套票，150 元买一张票，就能登黄鹤楼、游两江和晴川阁，还有免费巴士、导游接送。合作一个月余，两江游览公司通过原有码头售票 5 000 余张，通过黄鹤楼买联票的人数也有 5 030 人次，“相当于客流增加了一倍，两江游淡季不淡”。这改变了两江游轮虽作为武汉旅游标志性项目，但 2013 年仅接待游客 15 万人次的不良业绩。

业内人士表示，成功的关键在于两大景区向游客让利：两江游承担了旅游车的费用，黄鹤楼则愿意“亏本”向两江游输送游客，“只有各景区抱团发展，才有可能提高整个武汉市的旅游口碑和影响力”。

（资料来源：湖北日报，2014-05-14）

评析：黄鹤楼景区和武汉两江游览公司携手合作，一改以往旅游企业只相互竞争的局面，携手合作进行营销活动，其结果也表明不同旅游企业的合作也可产生共生“1+1>2”的效果。所以，如何在激烈竞争中找到合作共生的路径也是旅游企业营销的一大问题。

四、旅游企业与政府部门的关系

旅游企业在发展中还要良好地处理与政府部门之间的关系。在休闲时代条件下，旅游企业要想在激烈的市场竞争中取得优势，就必须得到社会的认可，尤其是政府的支持。旅游企业与政府部门建立良好的关系，需做到如下三点（见图 14-4）：

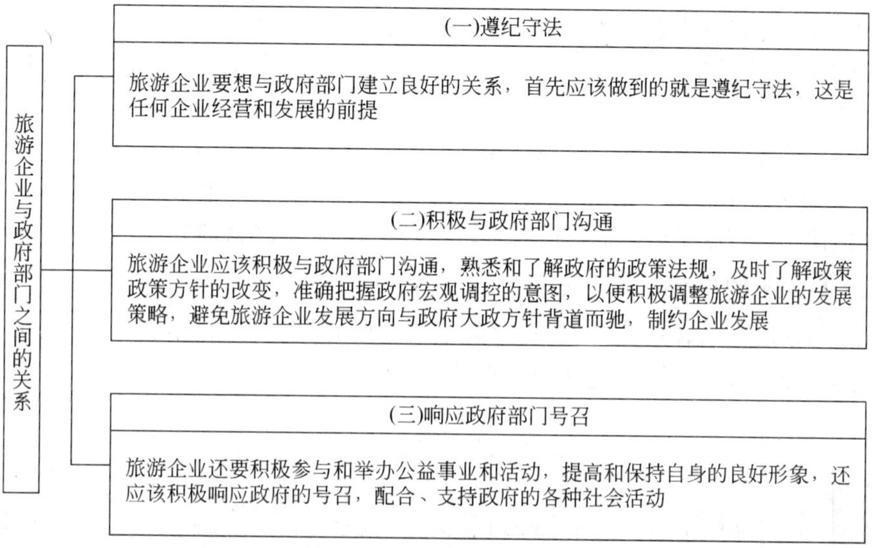

图 14-4　旅游企业与政府部门之间关系实施示意图

五、旅游企业与供应商的关系

旅游企业的发展不是孤立的，需要依赖许多行业、企业提供本企业发展所必需的产品供应、辅助服务等。这些可为旅游企业发展提供物资保证，辅助服务的企业就是旅游企业的供应商。它们与旅游企业之间是一种相互依赖的关系；旅游企业在市场上的声誉也将受到与供应商所形成的关系的影响。

旅游企业与供应商之间可以运用先进的技术建立起信息共享平台，建立畅通的信息沟通与反馈渠道，以确保长期、密切的合作伙伴关系。

六、旅游企业的其他关系

旅游企业除了要处理好与内部员工之间的关系、与顾客之间的关系、与政府之间的关系、与供应商之间的关系，还应该处理好与经销商、新闻媒介、社区等影响者之间的关系，通过这些影响者展开营销策略可以使旅游企业在社会上扩大影响，树立良好的形象，为旅游企业目标的实现提供助力，为旅游企业发展保驾护航。

第三节 CRM及其在旅游企业中的应用

一、CRM的概念及内涵

（一）CRM的概念

CRM(customer relationship management)，即客户关系管理，这个概念最初是由Gartner Group高德纳咨询公司所提出的。

客户关系管理是一种商业战略，是企业各个部门、各个环节、各个层面都以客户为中心，协调和统一客户之间的交往，以便获取、发展、留住有价值的客户，挖掘潜在客户，提高客户满意度，培育客户的忠诚度，实现企业盈利能力的最大化。

客户关系管理是现代信息技术、经营理念和管理思想的结合体，它以信息技术为手段，通过以客户为中心的业务流程和重新组合和设计，形成一个自动解决方案，以提高客户的忠诚度，最终实现企业效益的提高和利润的增长。

其核心思想是：将企业的客户(包括最终客户、分销商和合作伙伴)作为最重要的资源了解他们的需求，尽量满足他们的需求，从而提高企业的经营绩效。

（二）CRM的内涵

CRM的核心是以客户为中心，其内涵也是围绕客户展开，包括客户价值、关系价值以及支持前述两项所必需的信息技术(见图14-5)。

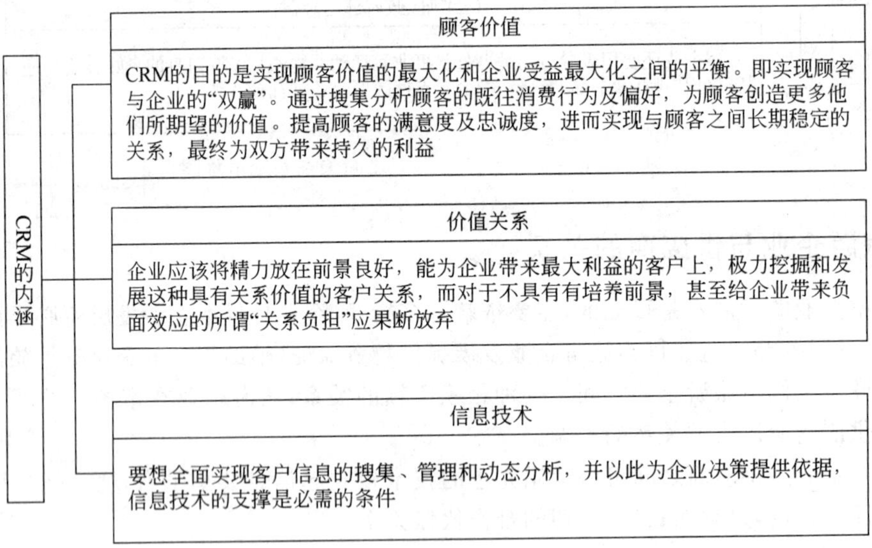

图14-5 CRM的内涵

（三）旅游企业CRM构成及功能

旅游企业CRM构成及功能如下(见图14-6)：

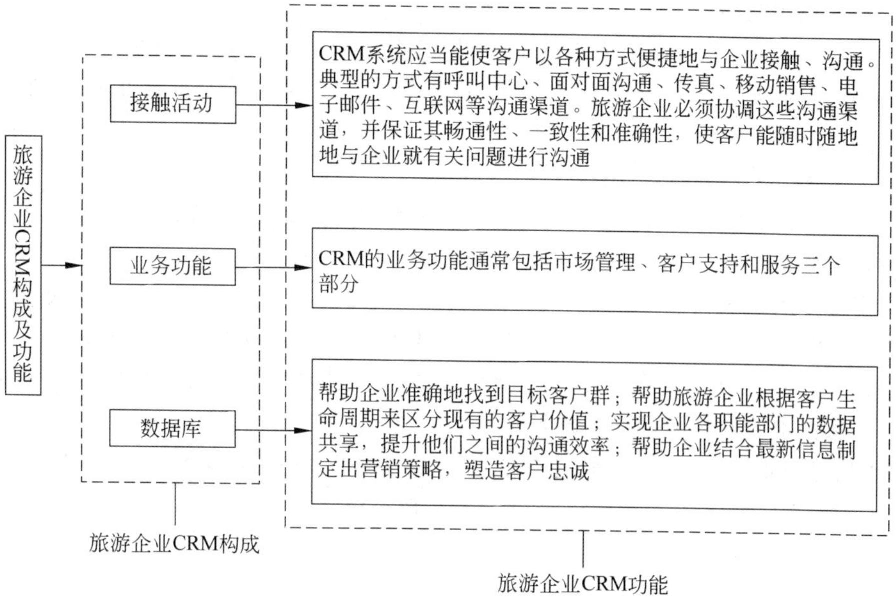

图 14-6　旅游企业 CRM 构成及功能

二、旅游企业应用 CRM 的意义

在旅游业中，客户的满意度对旅游企业的经济效益有着重要的影响，因此应重视客户资源，在现有的基础上建立完善的游客导向和经营目标。旅游业因以下需求有必要引入 CRM 进行应用(见图 14-7)，而信息技术的发展和网络的普及使得其成为可能。

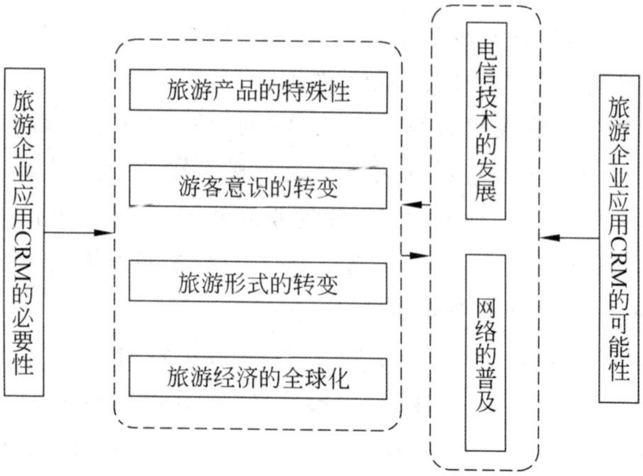

图 14-7　旅游企业应用 CRM 的必要性及可能性

1. 旅游产品的特殊性

旅游产品具有不可转移性和不可储存性，其直接与顾客接触，生产和销售是同时进行，这些特征使得旅游产业的创新和销售往往都是体现在游客对它的理解和认可程度上。所以，旅游企业在不断创新旅游产品的同时也要把发展重心放在对客户的服务上。

2. 游客意识的转变

随着人们对物质和文化的需求的不断提高，客户的消费观念正由传统的理性消费逐步转化为情感消费。在旅游业越来越多的游客在消费的过程中更加重视心理层次的满足。

3. 旅游形式的转变

自助游的旅游方式逐渐成熟，越来越多的旅客希望能够自己选择旅游路线和旅游方式。这种旅游形式使得挖掘潜在消费者和留住消费者尤其重要。

4. 旅游经济的全球化

旅游产品遍布于世界各地，随着旅游业的迅速发展，导致全球的旅游消费范围也在增大，客户的选择性也越来越强，因此在旅游业的发展中更应注重企业和顾客之间的关系。

5. 信息技术的发展和网络的普及

随着信息技术的飞速发展，先进的信息及网络技术使得旅游营销更加方便有效，同时也使得 CRM 在旅游业中的实施成为可能。在信息技术和网络应用的基础上 CRM 在旅游业中的发展将更加容易。

案例 14-4

海外旅业集团迎合时代需求上线旅游百事通 CRM

网络技术的普及和网民的迅猛增长使旅游业市场发生深刻的变化。旅游百事通客户关系管理系统(CRM)是海外旅业集团于 2013 年 1 月 7 日启动的一个重要项目建设，至 2013 年 12 月 19 日已顺利完成系统一期全国推广并正式上线使用。

CRM 系统是海外旅业集团与全球最大的管理软件解决方案的供应商 SAP 合作伙伴生态圈体系战略合作开发完成的旅游百事通 CRM 系统。其将先进的技术平台与成熟的应用方案相结合，具有高性能、高可靠性、操作便捷、易用高效等特点，并将企业市场管理、销售管理、服务管理三个领域应用三位一体化，有利于旅游百事通各分公司实施精细化管理和不断提升企业效益，促进门店和供应商的管理服务水平进一步提升，帮助企业提升整体营销管理竞争力、提高销售工作效率、提高服务满意度和顾客忠诚度，为企业提供市场决策以及客户深度经营的量化依据，增强盈利能力和提高现代化管理水平，从而全面提升旅游百事通在旅游服务行业的市场竞争能力。

旅游百事通各个站点都先后为了 CRM 上线使用提前对员工进行了培训，主要针对百事通 CRM 系统的开发背景、远景目标、实际意义、操作要求等几个环节，让员工与门店对 CRM 系统有了清晰的认知与理解，让员工第一时间上手使用，促使员工对 CRM 系统的实际操作有较为全面的了解。通过培训，员工意识到要改变自己的传统经营理念，才能跟上百事通的脚步，才能够更好地维护客户，产生更多价值，节约更多成本。

(资料来源：旅游百事通官网，2013-12-18)

评析： 网络时代，旅游市场的深刻变化使客户关系管理尤为重要，而旅游百事通 CRM 系统是海外旅业集团看准市场形势、适应网络时代要求的成果，在这一成果的有益作用下，海外旅业集团将在客户关系管理水平上更进一步。通过对员工进行旅游百事通 CRM 操作培训，员工对 CRM 了解和熟练后才能使 CRM 效用更好地发挥,CRM 才能物尽其用。

三、旅游企业应用 CRM 的策略

旅行业要想树立良好形象,建立起满意的顾客关系和稳固的顾客关系群,首先要一切以顾客为中心,一切从顾客出发,必须充分重视他们的需求,重视他们对不同文化层次和信息的需求,尽最大限度满足他们的需求,从而增加他们购买的总价值。旅游企业应用和实施 CRM 的策略如下(见图 14-8):

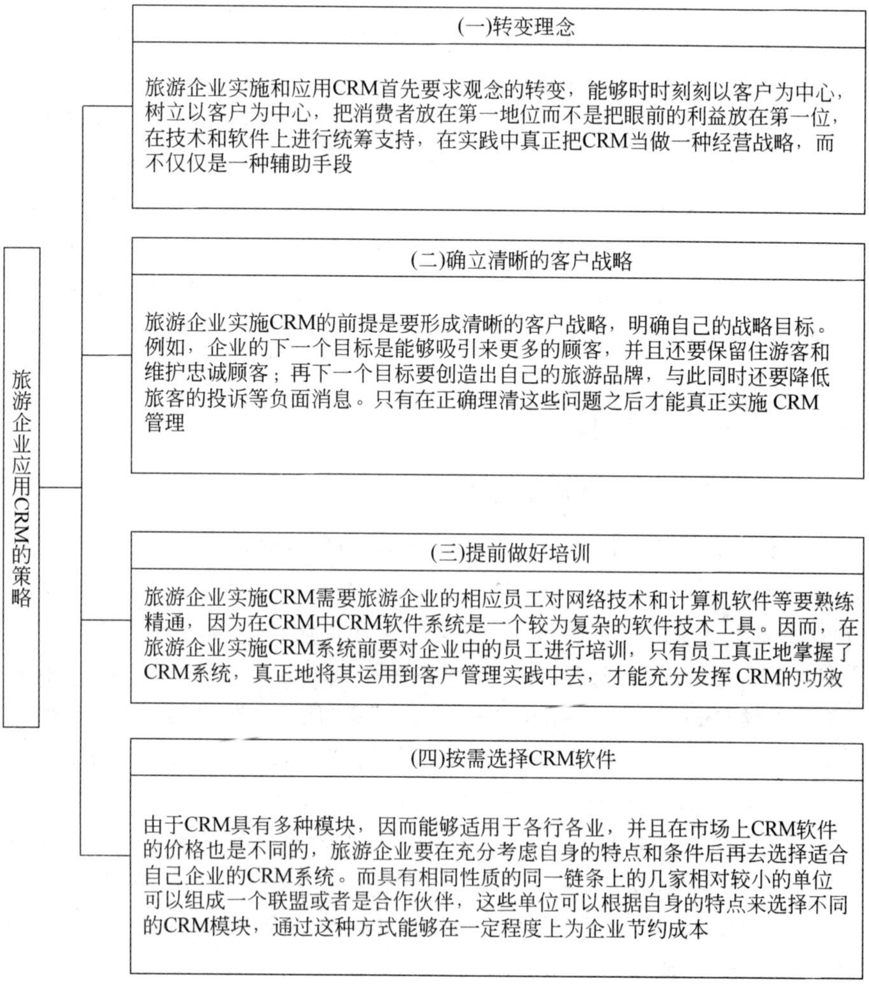

图 14-8　旅游企业应用 CRM 的策略

案例 14-5

康辉针对实际需求选择和引进 CRM 系统

湖北康辉国际旅行社有限责任公司成立于 2003 年 12 月,是中国康辉旅行社集团在湖北省内的控股子公司，同时也是“康辉”品牌在湖北省内的授权管理公司。康辉旅行社十分注重对客户的服务，并且希望运用先进的技术对企业进行管理，将服务做到更细致。但是一直以来，康辉旅行社运用电子表格对客户进行管理，始终无法达到预期效果，也没有找到一款适合的管理软件。后来针对此问题，其有针对性地选择和引进亿客 CRM，帮助康辉旅行社解决相关问题。新引进的 CRM 系统根据企业实际情况来建立新字段，比如客户的爱好、客户的级别、曾经去过的国家、经济能力等；针对每一位客户，建立一个小档案，记录客户的重要个人信息，还有每次出游的时间、地点、人数等；利用数据统计图表，就能很清晰地发现客户群体的需求，以及哪些地区是热门旅游点。

康辉 CRM 的针对性有效应用使其不仅对其客户的所有信息都能进行合理管理，方便查阅记录，而且还能挖掘出客户的潜在需求，对市场进行彻底调查，针对不同的消费群体推出不一样的旅行计划，让康辉旅行社被每一位客户所信任，给旅行社带来更大效益。

评析：康辉国际旅行社针对自身客户管理和服务存在的不足，明确自身要解决的目标问题，引进相应的 CRM 系统，有效地解决了其在客户管理服务方面存在的不足；有效管理客户信息提升客户满意度的同时，用具体数据挖掘客户潜在需求，从而有利于提升企业的经济效益。旅行社之间也彼此有异，存在的问题也各不相同，因此，针对性地选择 CRM 系统是非常必要的。

案例讨论与单元实训

同程旅游为何主推“一元门票”?

2014 年旅游界最火的名词非“一元门票”莫属，而同程旅游则在“一元门票”的营销中遥遥领先。2014 年 3 至 8 月，同程旅游在全国 120 个城市举办了 3 000 场次的 1 元门票活动，为 600 多万游客节省门票费用 5 亿多元。9 月 2 日，同程旅游喊出“再送 1 亿张，开启中国景点门票 1 元时代”。携程、去哪儿都不甘心做看客。2014 年 7 月，携程宣布与国内数百家景区及腾讯合作，展开不限量“一元门票”及“微信支付再返一元”活动。据透露，携程门票销售量已达每日 5 万～10 万张。9 月，去哪儿搞起了团购门票天天抢，每天 10 点、14 点、16 点各进行一轮限量抢购，每个景点投放量级为几十张。

然而，在 2014 环球旅讯峰会上，“一元门票”却成为争议的焦点：一部分业内人士表示应该将其持久战、常态化，应免收或象征性地收取门票来吸引和服务广大消费者；而部分景区和 OTA 则表示疑虑和不满。比如说“扰乱价格体系”、“影响用户体验”、“没有带来增量”、“回头客流少”、“为他人作嫁衣”等。

思考题

1. 试从 CRM 的视角，谈谈你对“一元门票”这种营销方式的看法。
2. 如果你是景区的负责人，你是否愿意景区参加“一元门票”的营销？理由是什么？

参考文献

[1] 菲利普·科特勒，等. 旅游市场营销[M]. 5版. 大连：东北财经大学出版社，2011.
[2] 谢彦君，等. 旅游营销学 [M]. 北京：中国旅游出版社，2007.
[3] 林南枝，黄晶. 旅游市场学[M]. 天津：南开大学出版社，2010.
[4] 李天元. 旅游市场营销[M]. 北京：中国人民大学出版社，2013.
[5] 马爱萍. 21世纪旅游产品营销战略与策略[M]. 北京：水利水电出版社，2007.
[6] 邹统钎，陈芸. 旅游目的地营销[M]. 北京：经济管理出版社，2012.
[7] (美)伯克，雷斯尼克. 旅游产品的营销与推销[M]. 叶敏，等译. 2版. 北京：电子工业出版社，2004.
[8] (美)莫里森. 旅游服务业市场营销[M]. 李天元，译. 4版北京：中国人民大学出版社，2012.
[9] (美)洛夫洛克，沃茨. 服务营销(全球版)[M]. 韦福祥，等译. 7版. 北京：中国人民大学出版社，2014.
[10] 石美玉，等. 旅游市场营销学[M]. 北京：北京大学出版社，2013.
[11] 刘峰. 旅游景区营销[M]. 北京：中国旅游出版社，2012.
[12] 郭英之. 旅游市场营销[M]. 2版. 大连：东北财经大学出版社，2010.
[13] 舒伯阳. 旅游市场营销 [M]. 北京：清华大学出版社，2010.
[14] 贺学良. 饭店营销高效管理[M]. 2版. 北京：旅游教育出版社，2008.
[15] 钱炜. 饭店营销学[M]. 4版. 北京：旅游教育出版社，2013.
[16] 张红英. 旅行社营销[M]. 上海：复旦大学出版社，2011.
[17] 乌兰. 生态旅游市场营销 [M]. 北京：经济管理出版社，2013.
[18] 熊晓敏. 旅行社Sales外联营销手册[M]. 北京：中国旅游出版社，2009.
[19] 兰世秋. 最新经典旅游创意案例集[M]. 重庆：重庆大学出版社，2011.
[20] 李宏. 旅游目的地新媒体营销 [M]. 北京：旅游教育出版社，2014.
[21] (美)Pizam A，等. 旅游消费者行为研究[M]. 舒伯阳，等译. 大连：东北财经大学出版社，2005.
[22] 张树夫. 旅游消费行为[M]. 北京：中国林业出版社，2004.
[23] (德)托斯腾·格克. 旅游广告实用手册[M]. 尹倩，译. 北京：东方出版社，2008.
[24] 深度旅游营销网：www. deeptour. cc.
[25] MBA智库百科：wiki. mbalib. com.

教学支持说明

尊敬的老师：

您好！为方便教学，我们为采用本书作为教材的老师提供教学辅助资源。鉴于部分资源仅提供给授课教师使用，请您填写如下信息，发电子邮件或传真给我们，我们将会及时提供给您教学资源或使用说明。

（本表电子版下载地址：http://www.tup.com.cn/sub_press/3/）

- -

课程信息

书　　名			
作　　者		书号(ISBN)	
课程名称		学生人数	
学生类型	□本科　□研究生　□MBA/EMBA　□在职培训		
本书作为	□主要教材　□参考教材		

您的信息

学　　校			
学　　院		系/专业	
姓　　名		职称/职务	
电　　话		电子邮件	
通信地址		邮　　编	
对本教材建议			
有何出版计划			

________年____月____日

清华大学出版社

E-mail：tupfuwu@163.com

电话：8610-62770175-4903/4506

地址：北京市海淀区双清路学研大厦B座506室

网址：http://www.tup.com.cn/

传真：8610-62775511

邮编：100084